ICT职业素养训练
ICT Professional Quality Training
（职场篇）

主　编　王真文　向　艳　涂　智
副主编　熊仕全　于晓波　石　君
　　　　赖啸月

大连理工大学出版社

图书在版编目(CIP)数据

ICT 职业素养训练.职场篇 / 王真文，向艳，涂智主编. -- 大连：大连理工大学出版社，2022.8
ISBN 978-7-5685-3884-8

Ⅰ. ①I… Ⅱ. ①王… ②向… ③涂… Ⅲ. ①信息产业－高等职业教育－教材 Ⅳ. ①F49

中国版本图书馆 CIP 数据核字(2022)第 140846 号

ICT ZHIYE SUYANG XUNLIAN(ZHICHANG PIAN)

大连理工大学出版社出版
地址：大连市软件园路 80 号　邮政编码：116023
发行：0411-84708842　邮购：0411-84708943　传真：0411-84701466
E-mail:dutp@dutp.cn　URL:https://www.dutp.cn
辽宁虎驰科技传媒有限公司印刷　　大连理工大学出版社发行

幅面尺寸：185mm×260mm	印张：16	字数：370 千字
2022 年 8 月第 1 版		2022 年 8 月第 1 次印刷

责任编辑：齐　欣　　　　　　　　　　　　　　责任校对：孙兴乐
封面设计：对岸书影

ISBN 978-7-5685-3884-8　　　　　　　　　　　定　价：59.80 元

本书如有印装质量问题，请与我社发行部联系更换。

编委会

主　编　王真文　四川长江职业学院

　　　　　向　艳　杭州喜马拉雅信息科技有限公司

　　　　　涂　智　成都职业技术学院

副主编　熊仕全　四川长江职业学院

　　　　　于晓波　成都职业技术学院

　　　　　石　君　四川准达信息技术股份有限公司

　　　　　赖啸月　四川长江职业学院

内容提要

《ICT职业素养训练(职场篇)》可作为高校ICT专业的职业素养或专业课程的教学用书,也可作为新入职前职后培训的参考用书,还可作为教师、培训师备课的参考手册来使用。

本教材是"ICT职业素养训练"系列教材的第三册,编者基于多年的ICT行业项目管理经验、人力资源管理经验和高校就业工作经验,查阅大量研究资料编写而成。

本教材着眼于培养职业化、落地于正确地做事,属于完成工作的具体"战术"和方法,共分为五章。第一章培养学生严格遵守规章制度,并学会做人、做事,这是正确做事的前提。第二章培养学生树立职业化是正确做事的基础的意识,并重视树立职场第一印象。有时,写个会议纪要这样的"小事"就能体现你做事的职业化,帮你树立良好的第一印象。第三章培养学生形成尊重主管、做好本职工作的意识,并以正确的方式接受任务。第四章则要求学生制订计划,每日审视;迭代推进工作,注重过程汇报;兑现承诺,对结果负责;注重做事闭环,总结提升。整章通过完成任务来模拟未来职场。第五章则通过培养战略思维、发展他人、关注组织与平台建设和"外部"视野来培养学生形成必要的"野心"。

未经许可,不得以任何方式复制或抄袭本书内容。版权所有,侵权必究。

前言 Preface

随着我国经济转型的不断加速，ICT作为产业经济结构转型的新动能，价值日益凸显。ICT行业保持着较为快速的发展，新一代信息技术已全面融合、渗透到经济社会的各个领域，改变着社会的生产、生活和思维方式，成为推动经济发展的重要引擎。我国ICT产业面临着人才供给绝对量小、人才错位、企业招不到合适的新人等问题，严重制约了ICT产业的健康、快速发展。为此，寻求破解ICT产业人才入门困境的方法，快速、高质量地训练ICT产业人才的职业认知与职业可迁移能力成为刻不容缓的研究课题。

虽然ICT领域存在巨大的人才需求缺口，但这一需求在供给端并未形成人才抢手的反馈。这种供需结构性错位问题的存在有两方面原因：一方面，ICT应用要求专业人才具有一定的工作和实践经验，且伴随着诸多新岗位的诞生，这一要求将日益凸显；另一方面，行业新人往往只有技能型基础学习能力，在职业认知、团队协作、解决问题和企业文化理解等诸多应用层面有所欠缺，导致就业难，招聘更难，新人找不到合适的工作，企业同样难以找到适合公司发展的求职者。

从ICT企业对新人的希望来看：

"应知应会是不够的，我们需要心智成熟的人。"

"知识转化为生产力的确需要一点时间，但最好别超过一个月。"

"最希望看到的是新人的实操经验和诸多发展的可能。"

……

因此，结合现代ICT企业对职业素养应用层面的用人需求，从大学生体验式学习的趣味性出发，编者编写了"ICT职业素养训练"系列丛书。该套教材共分为四册，第一册《ICT职业素养训练（基础篇）》旨在促进大学生做好职业规划，扎实地修炼"内功"，认识自我，切实提升、磨炼自己的行业素养；第二册《ICT职业素养训练（心态篇）》旨在帮助大学生提高认识社会和自身定位的高度及转换角度的能力，指导大学生正确看待各种社会和职场现象，帮助其以良好的心态选择做正确的事，正确对待学习和工作中可能出现的各种状况；第三册《ICT职业素养训练（职场篇）》通过培养职业化的习惯和思维，保证大学生在今后工作中能正确地做事，并在职场中迅速脱颖而出；第四册《ICT职业素养训练（出道篇）》则通过学习求职过程的相关知识和技能，使得大学生自信从容地找到心仪的工作岗位，从心理和实操上解答入职前后可能遇到的问题，帮助大学生实现从学生到职业人的快速转变，在大有可为的ICT领域茁壮成长，聚焦岗位基础素质，在未来形成一个可以自生长的ICT人才生态环境。

本教材具有以下突出特点：

（1）理论体系完整且系统性强。本教材的重点在于培养学生重视职业生涯规划的理念，积累实践经验，执行自己的规划以提升职业综合素质。全书逻辑清晰，体系完整。纵观"ICT 职业素养训练"系列教材,第一册是奠定大学生"做成事情的基础",也是个人的成长基石;第二册是培养大学生的世界观,选择"做正确的事情";第三册是锻炼大学生的方法论,选择"正确地做事情";第四册是进入职场前后的训练、演练和实战,也是大学生自我完善的过程。因此,整套教材的理论体系是完整而严密的。

(2) 融入思政元素。为响应教育部全面推进高等学校课程思政建设工作的要求,本教材融入思政元素,将思政教学润物细无声地融入案例,逐步培养学生正确的思政意识,树立肩负建设国家的重任,从而实现全员、全过程、全方位育人,指引学生树立爱国主义情感,积极学习,立志成为社会主义事业建设者和接班人。

(3) 编写注重新颖性。本教材把课堂活动和知识讲解结合起来,以活动引入新概念,以活动思考和体会加深对新知识的理解;以方法参考或建议参考的方式,形成知识和技能落地应用、转化为能力的切入点,学以致用,引导学生完成章节任务。

(4) 具有现实针对性。本教材丰富的 ICT 案例和分析聚焦 ICT 行业岗位,对于该行业所覆盖专业的学生来说针对性和实用性都较强,能充分发挥对大学生 ICT 行业职业素养认知的指导作用。

(5) 内容夯实。除正文外,扩展内容以扫描二维码查看或指导利用互联网进行查询的方式扩展学习广度,辅以第二课堂来加深记忆和巩固所学。

在本教材的使用过程中,教师授课时可以先让学生了解本节的"任务",并分析如何完成任务;在"实现准备"环节,以活动为主、讲解为辅的方式展开,引导学生接受新知识并启迪思考;在"实现参考"环节,结合给出的参考观点和参考建议提升学生解决问题、完成任务所需的能力;在"任务实现"环节,基于本节学到的知识,指导学生完成本节任务;在最后的"任务总结"环节,或启发学生思考,或提炼本节的思想精华,或承上启下,引入后面的相关内容。

参照学校的课时安排,可以根据学生需求和具体教学情况有选择地开展实训和知识讲解,要以学生为中心,促进师生间和学生间的互动,有效激发学生的学习兴趣,挖掘学生的潜力。在提升学生职业素养的同时,使其体验到学习知识的乐趣和课内外活动带来的快乐。

本教材由四川长江职业学院王真文、杭州喜马拉雅信息科技有限公司向艳、成都职业技术学院涂智任主编,四川长江职业学院熊仕全、成都职业技术学院于晓波、四川准达信息技术股份有限公司石君、四川长江职业学院赖啸月任副主编。

在编写本教材的过程中,编者参考、引用和改编了国内外出版物中的相关资料以及网络资源,在此表示深深的谢意!相关著作权人看到本教材后,请与出版社联系,出版社将按照相关法律的规定支付稿酬。

限于水平,书中仍有疏漏和不妥之处,敬请专家和读者批评指正,以使教材日臻完善。

编 者
2022 年 8 月

所有意见和建议请发往:dutpbk@163.com
欢迎访问高教数字化服务平台:https://www.dutp.cn/hep/
联系电话:0411-84707019　84708462

目录

第一章 遵守规章制度,学习做人、做事 / 1

第一节 严格遵守规章制度 / 2
  任务:了解学生管理规章制度 / 2
  一、实现准备:规章制度的作用和意义 / 2
  二、实现参考:毕业生在遵守规章制度时存在的问题和改进建议 / 11
  三、任务实现:了解与学生管理有关的规章制度 / 17
  四、任务总结:遵守规章制度,强化自律意识 / 17

第二节 学会做人、做事 / 18
  任务:遇到主管这样的安排,你怎么办? / 18
  一、实现准备:了解企业用人标准和IT业、通信业人才的素质要求 / 18
  二、实现参考:学会做人、做事,做受欢迎的大学毕业生 / 25
  三、任务实现:遇到主管这样的安排,你怎么办? / 29
  四、任务总结:新员工学会做人、做事,才能快速融入单位 / 29

第二章 正确做事从职业化开始 / 32

第一节 职业化是正确做事的基础 / 33
  任务:需要与老板再沟通,请他同意付款 / 33
  一、实现准备:职业化是正确做事的基础 / 33
  二、实现参考:职业化素养的自我培养 / 46
  三、任务实现:与老板沟通,请他收回成命并同意付款 / 49
  四、任务总结:培养工作职业化,登上四级台阶 / 50

第二节 树立职场第一印象 / 51
  任务:学习写会议纪要 / 51
  一、实现准备:职场第一印象的重要性 / 51
  二、实现参考:如何树立良好的职场第一印象? / 54

三、任务实现：分组完成这堂课的会议纪要 / 69

四、任务总结：良好的第一印象或许将使你事半功倍 / 69

第三章　确认要你做什么 / 70

第一节　尊重主管，做好本职工作 / 71

任务：与你关系不好的同事成了你的领导，该怎么处理？ / 71

一、实现准备：职场中要尊重主管和领导 / 71

二、实现参考：做好本职工作是对主管最好的尊重 / 75

三、任务实现：与你关系不好的同事成了你的领导，该怎么处理？ / 84

四、任务总结：尊重领导是一条重要的职场规则 / 84

第二节　确认，确认，再确认 / 85

任务："互联网＋"大学生创新创业大赛准备 / 85

一、实现准备：做对的事情，比把事情做对更重要 / 85

二、实现参考：正确接受任务，保证做对的事情 / 93

三、任务实现：确定"互联网＋"大学生创新创业大赛项目 / 101

四、任务总结：正确理解领导工作意图，不要自我揣测 / 104

第四章　做个"靠谱"的人 / 105

第一节　制订计划，每日审视 / 106

任务：大学生"互联网＋"创新创业大赛项目计划制订和开发 / 106

一、实现准备1：工作开展PDCA之计划和做工作记录 / 106

二、实现参考：工作计划和交付件的汇报与确认 / 117

三、实现准备2：工作开展PDCA之每日执行和总结 / 119

四、任务实现："互联网＋"大学生创新创业大赛项目计划制订和开发 / 123

五、任务总结：没有计划，实现目标很可能是一句空话 / 125

第二节　迭代推进工作，注重过程汇报 / 126

任务：进行"互联网＋"大学生创新创业大赛项目备赛 / 126

一、实现准备：迭代式逼近工作目标，过程汇报才能不断改进 / 126

二、实现参考：如何进行工作过程中的汇报和改进？ / 134

三、任务实现：继续进行"互联网＋"大学生创新创业大赛项目备赛 / 140

四、任务总结：人人都可以进行自我迭代 / 142

目录

第三节 兑现承诺,对结果负责 / 143

    任务:高质量完成"互联网+"大学生创新创业大赛项目备赛 / 143

    一、实现准备:不要被人催你"交货",要对交付质量负责 / 143

    二、实现参考:如何保证按时输出好的工作结果? / 150

    三、任务实现:高质量完成"互联网+"大学生创新创业大赛项目备赛 / 159

    四、任务总结:按时完成任务、对结果负责才是真的负责 / 160

第四节 做事闭环,总结提升 / 161

    任务:参加"互联网+"大学生创新创业大赛并进行项目总结 / 161

    一、实现准备:为什么这么看重事毕回复和总结工作? / 161

    二、实现参考:如何做到事毕回复?怎么进行工作和项目总结? / 170

    三、任务实现:参加"互联网+"大学生创新创业大赛并总结项目 / 178

    四、任务总结:善于总结,不断进步 / 178

第五章 你是否有"野心" / 180

第一节 战略思维 / 181

    任务:怎样才能抓住AI带来的机会? / 181

    一、实现准备:战略思维是领导力素质,但每个人的工作都需要 / 181

    二、实现参考:如何培养战略思维? / 189

    三、任务实现:进行培养战略思维的讨论——怎样才能抓住AI带来的机会 / 197

    四、任务总结:你的战略思维能力被老板发现了吗? / 199

第二节 发展他人 / 200

    任务:培养下属重要,还是发展业务重要? / 200

    一、实现准备:能干的下属是你的业绩与荣耀 / 200

    二、实现参考:如何让下属真正成长? / 206

    三、任务实现:讨论培养下属重要,还是发展业务重要 / 212

    四、任务总结:领导要能与下属彼此成就 / 212

第三节 关注组织与平台建设 / 213

    任务:人人都来讲讲课 / 213

    一、实现准备:组织建设和平台建设是每个员工的职责 / 213

    二、实现参考:每个员工在培训中是学生也是老师 / 220

    三、任务实现:人人都来讲讲课 / 228

四、任务总结：力所能及关注组织建设和平台建设 / 228

第四节 "外部"视野 / 229

任务：拓展项目——七巧板 / 229

一、实现准备：跨部门协作是工作的重要部分 / 229

二、实现参考：如何做好跨部门协作？/ 234

三、任务实现：完成拓展项目活动——七巧板 / 242

四、任务总结：跨部门协作需要多方位思考和全面落实 / 245

参考文献 / 246

第一章 遵守规章制度，学习做人、做事

学习目标

➢ 了解规章制度的作用，理解遵守单位规章制度的必要性，并学习如何自觉遵守规章制度。

➢ 了解用人单位对人才的要求，使自己成为用人单位欢迎的毕业生，学习如何做人、做事。

任务安排

➢ 收集、整理学生管理的规章制度。

➢ 遇到主管这样的工作安排，你怎么处理？

学习指南

➢ 通过参与"课堂活动"中的案例分析、小组讨论和分享来了解新的概念和知识，通过课堂讲解、问题答疑来理解知识点。

➢ 扫描书上二维码进行扩展阅读，增加知识面，加深理解深度；自学"实现参考"和课外活动来将知识点转化成自己的收获或能力。

第一节　严格遵守规章制度

📖 任务：了解学生管理规章制度

1. 任务描述
了解学生管理规章制度。

2. 任务分析
从思想认识上高度重视规章制度，学习如何遵守规章制度。在此基础上，收集、整理与学生管理有关的规章制度。

实现准备	课堂活动	活动一：被开除的谢某
	课堂讲解	规章制度的作用和意义
实现参考	课堂活动	活动二：华为的管理要"削足适履"
	课堂讲解	毕业生在遵守规章制度时存在的问题和改进建议 学会如何遵守规章制度
任务实现	课堂实训	了解与学生管理有关的规章制度
任务总结	课后思考	遵守规章制度，强化自律意识

一、实现准备：规章制度的作用和意义

（一）活动一：被开除的谢某

1. 活动目的
了解企业规章制度的作用，理解遵守企业规章制度的重要性。

2. 活动流程
（1）阅读案例

谢某是一家大型中外合资企业流水线上的一位员工，因年终奖数额问题与部门领导发生争议。由于一时情绪难以控制，该员工将流水线上的关键生产设备拆下并藏匿起来，致整条生产线停工一天，企业无法按时交货，不得不承担延迟交货的违约金 10 万余元。

企业当即决定解除与该名员工的劳动合同关系，员工不服，提起了劳动争议仲裁申请，要求恢复劳动关系。仲裁过程中，单位提供了经员工签字认可的《员工手册》。该《员工手册》中的奖惩制度里面明确规定了"破坏生产设备"属于违纪行为，同时也明确规定了关于严重违反规章制度的标准，即对公司造成直接经济损失达到 3 万元及以上者为"严重"。

最后，劳动争议仲裁委员会驳回了谢某的请求。

（2）分组讨论
- 对谢某的行为及其受到的处罚，你怎么看？
- 你怎么认识企业规章制度的作用？你认为是否应该遵守企业的规章制度？

（3）课堂分享

各小组安排 1 人分享小组讨论结论，其他成员可以补充，也可以分享不同观点。

(二)规章制度的作用和意义

1. 规章制度的概念

规章制度是指国家机关、社会团体、事业单位为了维护正常的工作、劳动、生产、学习以及生活秩序,保证各项政策的顺利执行和各项工作正常开展,依照法律法令、政策而制定的具有法规性、权威性、指导性、约束力的应用文件,是各种行政法规章程、管理制度的总称。

规章制度的使用范围极其广泛,大至国家机关、社会团体、各行各业、各系统,小到单位、部门、班组。它是国家法律、法令和政策的具体化,是人们行动的准则和依据。因此,规章制度对社会经济、科学技术、文化教育事业的发展,对社会公共秩序的维护有着十分重要的意义。

具体到公司规章制度,是用于规范公司全体成员及所有经济活动的标准和规定,它是公司内部经济责任制的具体化。公司规章制度的制定,应体现公司经济活动的特点和要求。同时,公司规章制度的制定要以《中华人民共和国劳动法》(简称《劳动法》)为具体依据,不能出现违背相关法律条款的情况。

制定规章制度既是用人单位的法定权利,也是用人单位的法定义务。根据《劳动法》第四条规定:用人单位应当依法建立和完善规章制度,保障劳动者享有劳动权利和履行劳动义务。可见,完善的单位规章制度有助于保护劳动者的权益。

完善的规章制度可以使用人单位的劳动管理行为规范化,从而避免用人单位任意发号施令、乱施处罚权,保障劳动者合法权利。而不合理的、违法的规章制度会大面积地侵犯职工权益,最终受损失的还是企业。

合理的规章制度有助于职工明确自己的权利和职责,同时,遵守规章制度也比完全听从随意性的"长官意志"更容易让职工接受。好的规章制度通过赋予特定职位相应的权利、义务和责任,使职工能预测到自己的行为和努力可能对自己和单位产生的积极结果,激励职工的工作热情。

对法律明确规定需有职代会或职工大会通过的规章制度,企业在制定该类规章制度时,必须通过职代会或职工代表大会表决通过。这是职工通过法定程序参与单位民主管理的形式。

2. 规章制度的分类

通常,规章制度包括行政法规、章程、制度和公约四大类,而公司的规章制度比较宽泛(比如案例1-1)。一般来说,公司规章制度涉及面很广,包括企业经营管理制度、组织机构管理制度、办公总务管理制度、财务管理制度、会计管理制度、人事管理制度、员工勤务管理制度、员工培训制度、员工福利管理制度、生产管理制度、设备管理制度、质量管理制度、采购管理制度、仓储管理制度、销售管理制度、代理连锁业务管理制度、广告策划制度、CI管理制度、进出口管理制度、工程管理制度、信息管理制度、安全生产管理制度、紧急预案、涉危涉化紧急预案、公司产品技术和信息保密制度等。

案例 1-1

某公司的管理制度大纲

为加强公司的规范化管理,完善各项工作制度,促进公司发展壮大,提高经济效益,根据国家有关法律、法规及公司章程的规定,特制定本公司管理制度大纲。

一、公司全体员工必须遵守公司章程,遵守公司的各项规章制度和决定。

二、公司倡导树立整体利益思想,禁止任何部门、个人做有损公司利益、形象、声誉或破坏公司发展的事情。

三、公司通过发挥全体员工的积极性、创造性和提高全体员工的技术、管理、经营水平,不断完善公司的经营、管理体系,实行多种形式的责任制,不断壮大公司实力和提高经济效益。

四、公司为员工提供学习、深造的条件和机会,提倡全体员工刻苦学习科学技术和文化知识,努力提高员工的整体素质和水平,造就一支思想新、作风硬、业务强、技术精的员工队伍。

五、公司鼓励员工积极参与公司的生产和管理,鼓励员工发挥才智,提出合理化建议。

六、公司实行"岗位薪酬制"的分配制度,为员工提供收入和福利保证,并随着经济效益的提高逐步提高员工各方面待遇。公司为员工提供平等的竞争环境和晋升机会;公司推行岗位责任制,实行考勤和绩效考核制度,采用评先树优的活动对做出贡献者予以表彰和奖励。

七、公司提倡求真务实的工作作风,提高工作效率;提倡厉行节约,反对铺张浪费;倡导员工团结互助、同舟共济,发扬集体合作和集体创造精神,增强团体的凝聚力和向心力。

八、员工必须维护公司纪律,对任何违反公司章程和各项规章制度的行为,都要予以追究。

(资料来源:根据网络资料整理)

(1)行政管理

包括考勤管理、印章管理、着装管理、后勤管理、卫生管理、安全管理、档案管理、人力资源管理、办公设备管理、办公用品管理、社会保障、工资福利、岗位职责、绩效考核等方面。

(2)财务管理

包括现金管理、费用开支、差旅费标准、电话费标准、账册报表管理、数据统计分析、计量管理、仓储管理等内容。

(3)生产管理

包括岗位职责、操作规程、产品标准、工艺流程、控制参数、安全规程、设备管理、现场管理、质量管理、产品检验等。

(4)业务管理

包括采购管理、销售管理、经销商管理、价格管理、物流运输、市场调研、宣传推广、客户服务等内容。

(5)其他

如产品研发、科技创新、资本运作、进出口贸易等。一般小企业可能不涉及这些规章制度。

3.规章制度的效力

《最高人民法院关于审理劳动争议案件适用法律问题的解释(一)》第五十条规定:"用人单位根据劳动合同法第四条规定,通过民主程序制定的规章制度,不违反国家法律、行政法规及政策规定,并已向劳动者公示的,可以作为确定双方权利义务的依据。"这条司法解释实际上赋予了用人单位的规章制度具备类似于法律的效力。

4.规章制度的特点

(1)约束性

规章制度明确规定了应该做什么,不应该做什么,它是人们的行为准则。一经生效,有关单位和个人就必须严格遵守和遵照执行,如果违反有关条款,就要受到相应的处罚。

(2)权威性

规章制度的权威性来源于其制定单位部门的权威性。规章制度的作者是法定的,即依法能以自己的名义行使权利和承担义务的组织。规章制度是这些法定作者根据自己的职责和权限制定,是本级权力意志的反映。

(3)稳定性

规章制度既然是人们的行为准则,就不宜经常变动和修改,应具有相对的稳定性。因此,不能将脱离实际的条文,属于临时性的、个别性的或暂时还没有条件执行的条文引入规章制度。

但是,稳定性并不意味着规章制度是一成不变的,在条件成熟的时候或环境发生变化的情况下,可以及时修改并完善相关规章制度。

(4)规范性

规章制度必须出自单位有相应权力的部门,或经其审查、批准的文件。规章制度必须按照单位内部规定的程序制作,如果法律对单位规章制度的制定规范了特定的程序,必须遵循该程序。而且,单位规章制度必须向劳动者公示。

5.企业规章制度的作用

企业的规章制度对于规范企业和员工的行为,树立企业的形象,实现企业的正常运营,促进企业的长远发展具有重大的作用。

(1)规章制度使得企业可实现标准化、规范化的管理

规章制度可以规范员工的行为,规范企业管理等。有全面完善的规章制度,公司内部员工的工作积极性就可以得到广泛调动,因为不会出现有人干的工作少而拿到和干的工作多的同事一样多的薪金待遇,这也是员工最注重的因素,即发展和公平。

规章制度可以防止管理的任意性,保护职工的合法权益。对职工来讲,服从规章制度比服从主管任意性的指挥更易于接受,制定和实施合理的规章制度能满足职工公平感的需要,因此,公平是靠制度来体现的。

- **正面引导与教育作用**

规章制度作为企业内部规范员工行为的一种准则，具有为员工在生产过程中指引方向的作用。规章制度公布后，员工就清楚地知道自己享有哪些权利，怎样获得这些权利；应该履行哪些义务，如何履行义务。

比如，规章制度中规定上下班时间，员工就知道了什么时间是工作时间，什么时间是休息时间，就可以指引员工按时上下班，以防止因迟到或早退而违反劳动纪律的现象。又比如，规章制度中规定工作中的行为规范，可以引导、教育员工约束自己的行为，防止出现不良行为。

由此可见，优秀的规章制度通过合理的权利、义务及责任的设置，可以使职工预测到自己的行为和努力的后果，激励其工作积极性。因此，优秀的规章制度通过合理设置权利、义务、责任，激励员工为企业的目标和使命努力奋斗。

- **反面警戒与威慑作用**

规章制度反面的警戒和威慑作用主要体现在以下几个方面：

首先，通过对员工违反规章制度的后果做出惩戒的规定来威慑员工，使员工能事先估计到在劳动生产过程中的不良行为以及将产生的后果，自觉抑制不法行为的发生。

其次，对违反规章制度的行为予以惩处，让违反规章制度的员工从中受到教育的同时，也使其他员工看到违反规章制度的后果，达到警戒和威慑全体员工的效果。

- **事后支持与提供处理劳动争议证据的作用**

由于劳动关系具有对抗性的一面，因此，企业在劳动生产过程中，劳资矛盾是无法避免的。人力资源管理者所能做到的也只是尽量缓和劳资矛盾，无法消除、杜绝劳资矛盾的发生。

当劳资矛盾无法通过协调解决时，诉诸法律就是唯一的选择。劳动争议仲裁机构和法院审理劳动争议案件时，需要依据国家法规政策、劳动合同、集体合同。由于规章制度涉及劳资双方的权利和义务，裁判机关也会参考企业的规章制度来裁判案件。

特别是在国家法规、劳动合同和集体合同对纠纷的有关事项规定不明确、不具体时，规章制度就显得尤为重要。

规范的企业正是在制定规章制度的时候，就充分考虑所有的情形，将可能成为争议焦点的内容加以细化，并用书面的形式固定下来，一旦发生争议，这样的规章制度便能维护企业和劳动者的合法权益。

可以说，规章制度的重要性贯穿于企业管理和纠纷解决的全过程。

(2) 企业规章制度有对法律补充的作用

企业的规章制度不仅是公司规范化、制度化管理的基础和重要手段，同时也是预防和解决劳动争议的重要依据。鉴于劳动关系中劳动者和用人单位之间的从属关系，由于国家法律法规对企业管理的有关事项缺乏详尽的规定，所以事实上，用人单位依法制定的规章制度在劳动管理中可以起到类似于法律的效力。因而用人单位合法的规章制度在此起到了补充法律规定的作用。

如《中华人民共和国劳动合同法》(简称《劳动合同法》)规定，员工严重违反公司规章制度，公司可以解除劳动关系并予以辞退。那么，这些规章制度就是企业内部为保障正常生产经营工作秩序所制定的各项规定。

(3) 依法制定的规章制度可以保障企业合法有序地运作,将纠纷降低到最低限度

企业生产劳动的过程也是劳资双方履行义务、享受权利的过程。劳资双方权利义务的实现需要多种措施来保证,国家法规政策、劳动合同、集体合同重要保证,企业规章制度也是重要的保证。规章制度不仅可以明确劳资双方的权利和义务,而且还可以更为具体地明确劳资双方实现权利和义务的措施、途径和方法等。

因此,当劳资双方的权利和义务以及权利和义务实现的措施、途径和方法通过规章制度加以明确、具体后,就可以大范围地防止纠纷的发生,从而维护企业正常的生产和工作秩序。比如,休息、休假属于劳动合同的必备条款,但是劳动合同中可能仅仅涉及假期的种类,至于各类假期的请假条件、请假手续、假期期间的待遇等一般不会在劳动合同中进行详细约定,这就需要企业在规章制度中对休假进行详细规定,否则,可能会引起很多纠纷。

案例 1-2

张某的请假不符合《员工手册》

某公司以连续旷工 12 天为由,单方解除了与张某的劳动合同关系,并及时办理了辞退等相应手续。办理离职手续后,张某向劳动争议仲裁委员会申请劳动仲裁,要求支付经济补偿金。

庭审中,双方各执一词:张某拿出了自己手写的请假条以及部门经理的批准证明,用以证明这期间属于请事假而非旷工。而用人单位则出具了经过张某曾经签收的《员工手册》。

该《员工手册》明确规定了各级员工的请假审批程序:"员工一次性请假 1 天以内的,由部门主管审批;一次性请假 3 天以内的,由部门经理审批;一次性请假 5 天以内的,由部门部总审批;一次性请假 7 天以内的,由公司分管领导审批;一次性请假 8 天以上的,由总经理批准;否则,视为旷工。"同时,单位还规定了"连续旷工 10 天以上属于严重违反规章制度,可以解除劳动合同关系"。

(资料来源:员工旷工,公司能解雇员工吗? HR 案例网 2019 年 09 月 03 日)

(4) 好的规章制度可以保障企业运作有序化、规范化,降低经营运作成本

良好的规章制度为企业节约大量的人力、物力,为企业的正常运行提供保障,并降低经营运作成本。

(5) 规章制度还有满足政策合规的重要作用

比如,设立股份制企业的申报材料中,有一项就是公司章程及管理制度,必须有着非常完善的企业规章制度才可以申请注册公司。

同理,许多项目竞标也需企业提供本公司的规章制度,并将其作为考核企业是否合格的标准之一。比如,房地产在申报招投标资料中就要求施工单位必须提供全套的施工方案及各种管理制度;再比如,许多企业申报争取项目基金的材料中,就要求企业必须提供

完善的财经管理规章制度,这样才可能申请到国家的项目基金支持。

(6) 完善的规章制度可以得到合作伙伴的信任,容易赢得商业机会

企业在选择合作伙伴时,会进行相关的尽职调查,而完善的企业规章制度将是必选项,帮助企业赢得更多商业机会。

6. 规章制度的意义

每个人都有其社会性,而成为一个企业的员工,职业身份和职业操守是第一位的。企业的每一项规章制度都是依据国家法律法规、结合公司管理特点和企业文化制定的。

企业规章制度的目的不是惩罚和控制,而是实现公司管理的公平性,使企业和员工始终保持在统一的价值标准内,为了同一目标努力,实现双方更好的可持续发展。

案例 1-3

周总理冒雨借书

一次,周恩来总理去北戴河,需要看世界地图和一些书籍。工作人员给北戴河文化馆打电话,说有位领导要看世界地图和其他一些书籍。

接电话的小黄回答:"我们有规定,图书不外借。要看,请自己来。"周恩来总理便冒雨到图书馆借书,小黄一见周总理,心里很懊悔。

"哎,小同志,你把书管得很好嘛!"周恩来笑着回答她,"没有章程制度办不好事。我为了看书,淋点雨、走点路根本不算什么。"说完,周恩来就翻开书,坐在桌旁认真地翻看起来。

(资料来源:周恩来与书 人民网 2016 年 12 月 14 日)

(1) 企业内部规章制度是法律、法规的延伸和具体化,是《劳动法》规定的义务

企业内部规章制度的制定权是法律赋予企业用人权的重要组成部分。《中华人民共和国宪法》(简称《宪法》)规定,遵守劳动纪律是公民的一项义务。《劳动法》规定,用人单位应当依法建立和完善规章制度,劳动者应当遵守劳动纪律。

制定和实施内部劳动规章制度,是企业在其自主权限内用规范化、制度化的方法对劳动过程进行组织和管理的行为,是企业行使用工自主权的重要方式之一。因此,规章制度也称为"企业内部法",是相关法律、法规在企业管理过程中的延伸。对违反规章制度的企业应当追究法律责任。职工与企业因执行规章制度发生争议,应当依法定的劳动争议处理程序处理。

(2) 制定企业规章制度是建立现代企业制度的需要

建立现代企业制度,是市场经济主体建设的目标。公司法等一系列关于"企业主体"的法律从宏观的层面上规范了企业的组织与行为,如何在微观上建立企业的组织行为架构,有必要制定企业规章,使现代企业制度中已经法律化的权利、义务在实践中更具有可操作性,并能解决实际问题,这是一项尤为复杂和重要的工作。

决策层与管理层的分工,职、权、责的划分,章程的细化,都依赖于企业的规章制度来

体现、实施和保障。

（3）规范、指引企业部门工作与职工行为，有利于保证生产和经营的安全有效

规章制度所具有的明确性、稳定性的特点有助于规范企业内部各组织、部门、员工的行为，使员工各司其职，各尽其责。

一个好的规章制度体现了职、权、责的统一，能够充分调动企业部门、员工的积极性，为企业创造更多的财富。企业的规范治理，同样应当减少"人治"，应当依据规章制度做出管理行为，被管理者的行为亦应当依据规章制度而规范。

企业应当通过入职培训，使企业的员工明确企业各部门之间的分工配合，明确岗位职责，知悉哪些可以为，哪些禁止为，哪些鼓励为。员工在熟悉企业规章制度后，才能目标明确，行为统一，形成完整的企业文化，并体现企业精神。

企业制定规章制度主要是规范内部的生产经营和劳动管理，使企业的生产经营和各项活动规范化，提高生产效率，促进生产经营的发展，增强企业在市场上的竞争力。

因此，为了保证企业生产或经营的正常秩序，企业有权对违反规章制度的职工采取某些处理措施，从而保证企业有序生产或经营。

（4）完善"劳动合同制"是解决劳动争议不可缺少的有力手段，并有利于保护职工的合法权益

劳动合同制是适应社会主义市场经济的劳动制度，规范了企业员工的合理、有序流动，成为处理劳动争议的基本制度。然而劳动争议具有复杂多样性，仅靠劳动合同并不足以协调，需要借助企业规章制度才能处理解决。

劳动法立法之初就考虑到企业规章制度在处理劳动争议时的不可替代性，在总则部分第四章直接规定了企业劳动制度中规定职工权利、义务的合法性，在第三章劳动合同部分又直接规定了用人单位的规章制度是解决与劳动者合同纠纷的依据。因此，缺乏了企业规章制度，仅用劳动合同处理争议就会力不从心。

企业依法制定的内部规章制度有很多内容都涉及对职工合法权益的保护，如有关劳动过程中安全生产、技术规程的要求，解除劳动合同的经济补偿，社会保险待遇，员工福利，休息日、年休假、女工产假等内容。因此，企业内部规章制度有利于保护职工的合法权益。

案例 1-4

"违纪"解除须谨慎，弄巧成拙吞苦果

赵某于1999年9月进入外资公司某某（中国）投资有限公司（以下简称"公司"）工作，担任销售经理一职，双方签订的最后一份劳动合同于2009年3月31日到期。

2007年11月20日，赵某收到公司一份邮政特快专递"关于解除劳动合同的通知"，该通知称"赵某在公司工作期间，存有以下违反公司规定的行为：

一、其妻子在公司的经销商处工作，但是赵某未按公司《职业行为准则》申报，违反公司《利益冲突政策》。

二、其向经销商借款人民币2万元，违反公司《利益冲突政策》。

公司决定与赵某于2007年11月20日正式解除劳动合同。"

赵某认为自己在工作期间从未违反任何规章制度,公司系违法解除与其之间的劳动合同,公司的行为严重侵犯了自己的合法权益。于是,赵某委托上海君拓律师事务所代理此案,向公司所在地劳动争议仲裁委员会提起仲裁,要求公司支付违法解除劳动合同的经济补偿金人民币120 000元及替代通知金15 000元。

本案中,公司应当对赵某之妻在公司的经销商处工作和赵某向经销商借款的事实负举证责任。在庭审中,公司提供了《会议记录》,证明赵某承认向经销商借款2万元的事实。同时,公司向仲裁委陈述公司曾打电话向经销商询问,经销商称赵某的妻子在该处工作。对这两份证据,赵某均不予认可。赵某称从未参加过公司的会议,也没有看到过《会议记录》,且没有在会议记录上签字,对真实性不予认可。同时,赵某向仲裁委提供了赵某妻子的工作证,证明其并非在经销商处工作,而是在一所大学任专职教师。从双方提供的证据来看,很显然,公司认为赵某之妻在公司的经销商处工作和赵某向经销商借款的事实很难被仲裁委员会采信。

从适用法律来看,《劳动法》第二十五条规定,劳动者严重违反劳动纪律或者用人单位规章制度的,用人单位可以解除劳动合同。用人单位的规章制度是规范员工管理的"尚方宝剑",员工严重违反其规章制度的,用人单位可以单方解除劳动合同,且无须支付经济补偿金或赔偿金。

在庭审中,公司提供了《职业行为准则》(2002年版)和《职业行为准则》(2007年版),其中《职业行为准则》(2002年版)有赵某的签字确认,而2007年版的《职业行为准则》没有赵某的签字,两个版本的《职业行为准则》都规定了《利益冲突政策》,公司认为无论适用哪个版本,赵某都应当遵守。但2007年版本的《职业行为准则》是最新版本,是对2002年版本的重新修订,2007年版本生效则意味着2002年版本失效。赵某对失效的版本曾签字确认,但因其自身的失效对赵某无约束力;同理,因2007年版本的《职业行为准则》并没有赵某的签字确认,公司也无相关已公示或告知的其他证据,该《职业行为准则》也同样对赵某无约束力,公司的"尚方宝剑"不能"伤及"赵某毫发。

仲裁委经过审理,认为公司未能提供有效的证据证明赵某严重违反规章制度,公司也未提供有效证据证明曾将2007年版本的《职业行为准则》告知赵某。因此,公司对赵某严重违反规章制度而解除劳动合同,缺乏事实和法律依据,不能成立,根据相关法律法规,对赵某的申诉请求,予以支持。

(资料来源:无端被"违纪"解除劳动合同,到底谁有理? 搜狐网2021年5月18日)

(5)企业内部规章制度有利于避免用人单位的任意行事

企业制定的各项规章制度,使职工在劳动过程中有了共同的行为规范,对职工的劳动有了统一的衡量标准,如工资与劳动报酬的确定、工作时间、劳动安全卫生条件和保障措施、员工培训、劳动纪律、岗位职责、职工上岗标准、职工奖惩规定等,这些规章制度有利于避免用人单位对职工的不公平对待。

综上所述,我们应当深刻理解企业内部规章制度的重要意义,它与企业的经营管理和职工合法权益的维护有着密切的关系。

二、实现参考：毕业生在遵守规章制度时存在的问题和改进建议

(一)活动二：华为的管理要"削足适履"

1. 活动目的

了解规章制度在企业中的地位、企业执行规章制度的权威性和重视程度。

2. 活动流程

(1)阅读材料

任正非：华为的管理要"削足适履"

华为取得既往成功的关键因素，除了人才、资金、技术，更有管理与服务。人才、资金、技术都不是生死攸关的问题，这些都是可以引进来的，而管理与服务是不可照搬引进的，只有依靠全体员工共同努力去确认先进的管理与服务理论，并与自身的实践紧密结合起来，才能形成自己有效的管理与服务体系。

管理与服务的进步远远比技术进步重要。没有管理，人才、资金和技术就形不成合力；没有服务，管理就没有方向。

到底是实行对人负责制，还是对事负责制，这是管理的两个原则。

华为公司确定的是对事负责的流程责任制。

华为是一群从青纱帐里出来的土八路，没有企业文化建设规划，还习惯于埋个地雷、端个炮楼的工作方法，还不习惯于职业化、表格化、模板化、规范化的管理。重复劳动、重叠的管理还十分多，这就是效率不高的根源。

在管理上，我不是一个激进主义者，而是一个改良主义者，主张不断地管理进步。现在我们需要脱下草鞋，换上一双新鞋，但穿新鞋走老路照样不行。换鞋以后，我们要走的是世界上领先企业走过的路。这些企业已经活了很长时间，它们走过的路被证明是一条企业生存之路，这就是我们先僵化和机械引入HAY(HAY Group, 一家全球性管理咨询公司)系统的唯一理由，换句话讲，因为我们要活下去。

对华为来说，为客户创造价值永远是第一位的。客户关心的不是你知道的有多少，他们更想知道你对他们有多关心！

只有生存是最本质、最重要的目标，才是永恒不变的自然法则。创业难，守业难，知难不难。高科技企业以往的成功，往往是失败之母，在这瞬息万变的信息社会，唯有惶者才能生存。

一个企业需要有世界性的战略眼光才能奋发图强；一个民族需要汲取世界性的精髓才能繁荣昌盛；一个公司需要建立世界性的商业生态系统才能生生息息；一个员工需要具备四海为家的胸怀和本领才能收获出类拔萃的职业生涯。

在管理改进和学习先进管理方面，华为的方针是"削足适履"，对系统先僵化、后优化、再固化。

我们要管理创新、制度创新，但对一个正常的公司来说，频繁地变革，内外秩序就很难安定地保障和延续。不变革不能提升整体核心竞争力与岗位工作效率。变革，究竟变什么？这是严肃的问题，各级部门切忌草率。一个有效的流程应长期稳定运行，不应有一点问题就常去改动它，改动的成本会抵消改进的效益。

企业就是要发展一批"狼"。狼有三大特性,一是敏锐的嗅觉,二是不屈不挠、奋不顾身的进攻精神,三是群体奋斗。企业要扩张,必须有这三要素。

(2)快速讨论
- 如何理解华为的管理要"削足适履",对系统先僵化、后优化、再固化?
- 华为为何提出"削足适履"这样的管理规定?你会遵守这样的规章制度吗?

(二)毕业生在遵守规章制度时存在的问题

1.毕业生对企业规章制度的几种错误看法

(1)企业规章制度是一种束缚枷锁

企业需要的不是说问题的嘴巴,而是良好的执行者,因此企业需要制定相关的规章制度来让员工朝着企业发展的方向进步。毕业生的进入如同新鲜的血液注入躯体,增加活力的同时出现"排异"现象也是正常的。毕业生要学会适应,学会控制自己的行为。

(2)企业规章制度是一种对自由的摧残

在学校时,觉得社会里充满了自由的空气,没有作业,没有上课、下课,没有老师、家长的管束。上班后才发现,公司管得更严,而且还有加班。

一分辛劳一分收获,为了将来的辉煌我们必须要做出"牺牲"。

(3)企业规章制度禁锢着我们的思想

规章制度无法制约我们的思想,思想的喷发只是缺少了足够的积累、适宜的时间和环境等。

(4)企业规章制度要我们改变许多自己的生活方式

无规矩不成方圆,改变只要是好的,又有何不可呢?

2.毕业生面对企业规章制度时出现的问题

(1)心态问题
- 企业规章制度与自己预想出现差距,出现消极抵触情绪,影响工作状态。
- 在学校时有老师、家长监督,犯错也不会有严重的后果。工作后企业不会给太多机会,并且有可能引起严重的后果,导致毕业生在企业规章制度的压力下,做事畏畏缩缩。
- 对企业的现行规章制度产生怀疑,加之周围的老员工相互抱怨,产生抵触情绪。
- 当个人利益与企业规章制度产生冲突时,不考虑解决方法,取而代之的是心生抵触,甚至怨恨。

(2)无法满足对工作时间的限定

为提高企业效益,规范企业管理,企业普遍会对上班时间做出严格的规定。有的毕业生头痛有两种可能:
- 在校时,就没有时间观念;到企业后,缺少人员敦促,变本加厉。
- 住处离公司有一定距离,无法准时到达。

案例1-5

无法准时上班,只有离职

某职业院校3名学生同时在成都某儿童摄影面试成功。进入工作岗位后,因3名学生的租住房离公司较远,一开始就连续几天无法准时上班,最后3人不得不同时离职。

男生李某,在校期间就喜欢玩网络游戏,由于班主任监管力度较强,学生未出现较大问题。在成都某创新图文有限公司上班后,缺少了老师的监管,不但整天萎靡不振,而且经常迟到,上班一月后便被开除了。

(资料来源:根据某校毕业生就业案例整理)

(3)无法满足对个人生活习惯的规定

每一个员工都代表着企业的形象,是企业文化和企业实力的体现,所以有一定规模的大企业对于员工在公司的一些个人行为都会做出相关的规定。规定包括言谈举止、着装礼仪等。有的毕业生在平时的生活中难免养成一些不好的动作及语言,进入公司后常常不经意地表现出来。

案例 1-6

言谈举止不雅被弃用

毕业生张某进入某图文上班,因经常接待客户,公司做出了不许翘二郎腿的规定。开始时张某对此事相当上心,所以几乎没有发生过。时间长了,与客户的关系日渐加深,交谈时一不注意就翘起二郎腿。老板发现后经几次提醒无效,最终将张某开除。

毕业生徐某前往某网络科技公司面试,一切进行得非常顺利,在徐某起身离开时,突然接到好友的电话,顺口说起了脏话。其面试结果自然可想而知。企业只留了一句话:我公司的第一条规定就是不许讲脏话。

(资料来源:根据某校毕业生就业案例整理)

(4)违反企业生产流程的规定

为了规范企业生产秩序,各公司都会根据行业特点制定相关的生产流程。有的毕业生在上岗后,图简单或想当然地认为该程序无用,在工作中跳过该部分的工作。

案例 1-7

不按企业流程,造成公司损失

李某在成都某装饰工程有限公司担任设计师职务,入职一段时间后自认为对装饰材料的价格了如指掌,跳过了预算部的审核直接与客户签单。没想到该天然大理石板材价格几天之内上涨了两倍,给公司造成了巨大的经济损失,不得不主动提出辞职。

毕业生李某在××策划公司上班,方案定稿以后,李某未按程序跟印刷厂方进行细节沟通,造成上万册宣传册封面偏色,客户拒绝接货。李某最后也不得不以自动离职收场。

(资料来源:根据某校毕业生就业案例整理)

现代企业管理处于流程管理和制度管理的时代。企业制定的每一个流程都有其用意所在。我们要学会从所谓的"烦琐"中培养一种做事的方法和态度。

(5)违反企业保密规则的相关规定

对保守企业的商业机密,各企业都做出了严格的规定,其中包括客户资料、内部文件、工艺流程等。为了维护员工团结,对机密的薪资待遇也有相关规定。

但有的毕业生步入社会时间不长,社会经验不够,加之思想单纯,与人沟通中容易不经意泄密。

案例 1-8

泄露商业秘密被开除

毕业生王某就职于某图文公司,在与一熟人聊天时提到新接的一套房地产标书,并聊到标书中提到的一处新楼盘的相关数据,并抱怨房价太贵。

说者无心,听者有意,该消息通过此熟人传到其他竞标企业耳中,不但造成客户竞标失败,也破坏了某图文公司的企业形象,最后王某被企业开除。

(资料来源:根据某校毕业生就业案例整理)

每家企业都有自己的规章制度来限制企业内部的相关信息传播层级,在企业工作的我们更应该学会为企业保密,这也是我们最起码的职业道德。

(三)建议参考:学会如何遵守规章制度
1. 新员工遵守企业规章制度应具有的自身素质

作为新员工,初入一个陌生的职场环境,学习和执行规章制度尤为重要,它是让你全面了解一个公司最直接的途径和手段。它不仅仅是向你陈述公司的价值观,了解企业文化,也是让你更直观、更清晰地了解在公司所拥有的基本权利、应履行的责任和义务,能够帮助你更快地适应新的工作环境,迅速地融入团队,愉快地开展工作。

(1)要平衡自己的心理,调整好自己的心态。

作为新员工,要尽快地进行角色转变,不要让企业来适应你,而是要去适应企业。毕业生在学校学习时对未来工作充满梦想,但当梦想和企业的规章制度出现差距时,如果选择逃避或出现情绪低落、每况愈下的情况,将会导致最终出局。

(2)要加强对规章制度的学习

企业的规章制度有很多是根据行业的性质来制定的,只有充分了解规章制度的含义,才能更有针对性地不断学习,提高自身的业务能力。

新员工通过对公司各项规章制度的学习,增加对公司的了解,才能增强遵守公司规章制度的自觉性和紧迫性。规章制度是一个企业发展的重要基础,是一个企业发展的保障,没有规章制度就没有企业的发展,就不可能达到预期的目的,正所谓"没有规矩不成方圆"。相反,一个企业没有健全的规章制度,在发展过程中就会杂乱无章、无章可循、失去方向,从而影响企业的发展。只有人人都学规章制度,人人都按规章制度办事,企业才能得到有序的发展,企业才会越做越强、越做越大。

(3)以身作则,做执行公司规章制度的典范

规章制度执行得好坏,对企业的发展至关重要。这就要求每个员工以身作则,时时以执行规章制度为荣,处处做执行规章制度的表率,自觉遵守公司的各项规章制度,一切以规章制度为标准来要求自己、衡量自己。

严格执行公司规章制度也是员工承担责任的一种表现,既是对企业负责,也是对员工个人发展负责。

> **案例 1-9**

从小就要学会自己担责

两位妈妈对待一件事情表现出不同的态度。A妈妈坐在桌子旁,一个孩子从远处跑过来,不小心磕到桌子角上。A妈妈连忙扶起孩子,说:"宝贝,磕着了没?别哭别哭,妈妈打它,妈妈打它。"于是装作打桌子状。

而B妈妈却说:"孩子,你再跑一遍,看还能碰着吗?"

A妈妈的表现从一个侧面反映了给孩子灌输推卸责任的思想的情况:本来就不是桌子的错,她为了让孩子不哭,却把责任转嫁到桌子上,还培养了孩子的报复心理。

(资料来源:编者根据资料整理)

(4)要讲究解决问题的方式、方法

新员工进入岗位后,在适应企业规章制度的过程中,难免会出现问题,这时应主动对问题进行改正;当遇到无法解决的问题时,应谦虚、委婉地与企业负责人沟通解决。

2. 毕业生应对企业规章制度的措施

(1)知己知彼,百战不殆

要在企业规章制度面前游刃有余,首先要充分了解企业规章制度。除了要了解它的外在,还要了解它的本质,这样我们才能做到更充分地贯彻执行。

- 人事制度
  - ➤考勤制度:上下班打卡(注意不要忘打卡)、迟到、早退、旷工、出差。
  - ➤休假制度:公假、事假、病假、婚假、丧假、产假、年假。
  - ➤离职制度:提前30天通知公司,按规定进行工作交接,归还公司物品。
- 财务制度
  - ➤报销:整理报销单据,写清事由;领导、财务签字;出纳报销。
  - ➤薪资:薪资构成(基本工资、岗位工资、奖金、扣款等);发薪时间。
- 行政制度
  - ➤着装礼仪
  - ➤工作礼仪

(2)遇海填海,遇河造舟

当遇到企业规章制度与实际情况发生冲突时,首先是与自己的直接领导沟通,看是否能够协调。实在无法协调时,针对实际情况,寻求解决办法。

> **案例 1-10**

多想办法解决上班可能迟到的问题

毕业生张某住处与公司之间的距离需要一小时的车程,公司上班时间为8:30,公交

车最早班车为 7:30 分,时间很紧,无法保证准时上班。在与公司协调无果后,张某的解决办法有以下几个:

- 对公交线路进行查询,寻求最近的转车路线。
- 询问老板及同事中在该方向有车,请求有偿搭车上班。
- 购买自行车或电瓶车,提前出门。
- 与附近同事或朋友合租。

总之,积极寻求最佳解决方案,解决现实问题,比放弃要好得多。

(资料来源:作者根据资料整理)

(3)明辨是非,严格执行

在执行企业规章制度时,往往会遇到个别老员工主动"指点迷津",诱导你做出一些对他有利的事情。所以,在企业当中,为防止被这样的人利用,我们要对规章制度严格执行,少说话、多做事。

案例 1-11

听"好言相劝"的后果

某图文公司内部竞争激烈,为排除竞争对手,一位老员工告诉刚到该公司任职的新员工王某:"这个公司你永远别想有机会上机修图,反正没前途,要想轻松点,晚班时就到隔壁小房间多睡会儿。"

新员工王某听其"好言相劝"后违反规章,被认为消极怠工,最后只能离岗。

(资料来源:根据某校毕业生就业案例整理)

企业内部的竞争是残酷的,作为新人,要做好自己的本职工作,严格遵守企业的规章制度,要相信规章制度而不是轻信所谓的"指点迷津"。

(4)乐观积极,永不言弃

在企业的规章制度中,可能会有很多条条框框来束缚员工,可能很多毕业生在踏入企业后短时间内无法适应,或理想与现实的工作差距过大,进而丧失工作信心与乐趣,产生逃避的思想。毕业生应调整心态,乐观积极,永不言弃。

案例 1-12

"主动调适、永不言弃"结硕果

毕业生李某,毕业之初在桥梁建设处工作,前期是测绘员,由于工作环境是深山,生活各方面条件极其恶劣,再加上公司规定每天要准时将一天的信息汇总制图,在刚到单位时,李某每天都要工作近 15 个小时才能完成一天的工作。经过 3 个多月的努力与坚持,李某得到了单位领导和同事的认可,从一个普通的测绘员升级成为设计师,从单位里一个无名的角色转变成为年薪 16 万的骨干人才。

李某成功的原因是什么?用他自己的话说:"我取得今天的成功,原因在于我有一种乐观的心态,在任何困难面前我始终坚持'自我调适、自我安慰、永不言弃'"。

(资料来源:根据某校毕业生就业案例整理)

三、任务实现:了解与学生管理有关的规章制度

1. 收集、整理你应该遵守的学校规章制度

分小组收集、整理你应该遵守的学校规章制度,包括考勤、上课、考试、实习、就业等所有规章制度。

收集的内容,包括规章制度名称、发文单位、内容要点,并进行分类归纳整理,形成Word 或 PPT 文档。

2. 课堂分享,提交老师

将各小组整理的规章制度文档在课堂分享,并提交老师审阅。

四、任务总结:遵守规章制度,强化自律意识

从表面上看,规章制度似乎是一种限制和约束,但实际上,规章制度是对人们正常生产、生活和工作的保护。规章制度让每个人的行为都有限制,目的是不让个人的权力和自由越界,不破坏公序良俗。不守规则,不仅构成了对其他相关人的侵害,而且扰乱了社会正常秩序,造成了种种的社会不公。

在法律、规则和制度面前,人人都平等,每个人都一样,谁都不是特例,理应遵守制度。既然选择了这个单位,就是选择了其规章制度,遵守它就成了我们的义务。它可以培养我们的品行和道德素养。

遵守规章制度需要他律与自律相结合。他律就是制度应体现出它的威慑力,既然制定了就应该被实施。古代春秋时期的法家认为社会安定需要靠法的实施,此观点同样适用于现代社会。自律就是自我约束,每个公民要发自内心地敬畏规则,将规章制度作为自己的行动准则,无论何时何地都将规则内化于心、外化于行。

第二节　学会做人、做事

任务：遇到主管这样的安排，你怎么办？

1. 任务描述
思考遇到主管这样的安排，你怎么办。

2. 任务分析
了解IT、通信各类单位对人才的素质要求，在大学期间为逐渐学会如何做事进行修炼，同时学习如何做人。

实现准备	课堂活动	活动一：为什么他毕业即失业？
	课堂讲解	了解企业用人标准和IT业、通信业人才的素质要求
实现参考	课堂活动	活动二：大师的鞋带松了
	课堂讲解	学会做人、做事，做受欢迎的大学毕业生
任务实现	课堂实训	遇到主管这样的安排，你怎么办？
任务总结	课后思考	新员工学会做人、做事才能快速融入单位

一、实现准备：了解企业用人标准和IT业、通信业人才的素质要求

（一）活动一：为什么他毕业即失业？

1. 活动目的
了解企业用人要求和标准，有针对性地培养行业和企业需要的素质和能力，在今后的工作中占据有利位置。

2. 活动流程
（1）阅读材料

刘峰是2020年茫茫毕业生大军中的一员，面对毕业即失业的问题他给出了无奈的回答：是的，工作真的难找，十多次求职，连基本的面试关都过不去。

虽然读的"985"大学本科，修的专业有一定的社会认可，却还是连连"败北"，他只能在心里羡慕那些面试一次过的求职者，却始终不明白自己到底差在哪里。

第一次投简历，刘峰以为凭借自己的学校和在校时社团的实践经验，找份像样的工作应该没有传说中那么难。他按照网上的模板做了一份自己的简历，先试着投递了10家公司，过了一周就收到3家公司的面试邀请。

回复最快的是一家民企，不过刘峰当时对民企印象一般，去公司面试的时候并没有做什么准备。在陈述一些引以为傲的大学实践成果后被问到岗位需要的专业知识时，刘峰就语塞了，自己当时并没有准确记清楚该岗位的要求。

后来面对面试官提出来的即兴销售测试问题时，他思维也不够灵敏，回答问题颠三倒四，缺乏逻辑性，导致本来很有把握的这家民企，面试后就杳无音讯了。

这次面试多少对刘峰造成了一点挫折感，不过还没丢掉自己名校毕业生的光环。

在应对接下来的两家公司面试时,也许是由于失败经历加剧了紧张,刘峰回答问题过于急迫,专注于讨论薪资,而忽视了自己的优势能力展示,且在面试表现中暴露出了自己缺乏人际交往经验、分析问题不够细致等缺点,最后,居然没有一家公司愿意录取他。

这下刘峰真慌了,不看企业名声大不大,环境怎么样,又连续投了几十家公司,每天手忙脚乱地应对一场又一场的面试,但真正的入职机会却等不来。

刘峰很苦恼,解决不了自己的问题,更搞不懂企业的选人和用人标准是什么?为什么有时感觉面试官和蔼可亲,但面试结果却还是拒绝?

(2)分组讨论
- 刘峰面试失败的主要原因是什么?
- 你知道单位选人用人的标准吗?

(二)了解企业用人标准和IT业、通信业人才的素质要求

1. 企业通用用人标准

企业通用用人标准包括:品德、勤奋、责任、能力等方面。

(1)品德

品德即道德品质,是道德在个体身上的体现,即指个体依据一定的社会道德准则和规范行动时,对社会、他人、周围事物所表现出来的稳定心理特征和倾向。

- 品德决定成败

品德就是财富,我们每个人都要不断打造并一生拥有这笔财富,做一个品德大赢家。品德包括诚信、正直、公正、勇敢、善良等。

案例 1-13

蒙牛集团用人标准

有德有才,破格重用;有德无才,培养使用;

有才无德,限制录用;无德无才,坚决不用。

(资料来源:根据网络信息整理)

- 建立良好品德的前提条件

▶养成良好的生活习惯

人的习惯形成大约需要21天时间,其中可以分为前期3天、中期7天、后期11天,这样可以形成一个初步稳定的习惯。3个月能形成长期稳定的习惯,坚持半年就可以形成一个终身稳定的习惯(如学会运用礼貌用语、形成较强的时间观念、珍惜他人的劳动成果、爱护公物等)。

以看书为例,我们每天坚持看10页书(这个标准很低),一年以300天算,我们就可以看3 000页书,这相当于6本左右的名著。可见,良好习惯需要坚持。

▶真诚对待身边的每一个人。

如:团结同学、帮助他人、热情主动等。

> 认真做好每一件事

认真是成功的基础,要认真而不敷衍。"好"是目标和目的,没有认真就不可能做好,没有"做好"这样的期望和目标,认真也无从谈起。

同时,做好每件事而不是一件事,可能是我们喜欢做的事,也可能是我们不喜欢但必须做的事。其实,日常生活中更多的是一些平凡而琐碎的小事,如按时上课、按时完成工作、不迟到、不旷课、不早退、保持宿舍个人卫生。这些都是最简单不过的事了,但是有多少人把它做到位了呢?

(2)勤奋

勤奋就是认认真真,努力干好一件事情,不怕吃苦,踏实工作。勤奋是成功的基础,是传统的美德。勤,是要珍惜时间,勤学习、勤思考、勤探究、勤实践。

文学家说,勤奋是打开文学殿堂之门的一把钥匙;科学家说,勤奋能使人聪明;政治家说,勤奋是实现理想的基石。

- 勤奋的内涵

自古以来,学有建树的人,都离不开一个"苦"字。屠格涅夫说:你想成为幸福的人吗?但愿你首先学会吃得起苦。爱因斯坦认为,成功等于艰苦劳动,加上个正确方法和少说空话。爱迪生说,天才就是99%的汗水加1%的灵感。

案例 1-14

勤奋的屈原和李时珍

屈原小时候不顾长辈的反对,不论刮风下雨、天寒地冻,躲到山洞里偷读《诗经》。经过整整三年,他熟读了《诗经》305篇,从这些民歌民谣中吸收了丰富的营养,终于成为一位伟大诗人。

李时珍花了31年功夫,读了八百多种书籍,写了上千万字笔记,游历了7个省,收集了成千上万个单方,为了了解一些草药的解毒效果,吞服了一些剧烈的毒药,最后写成了中国医药学的辉煌巨著——《本草纲目》。

(资料来源:根据网络信息整理)

- 怎样养成勤奋好学的品质

> 虚心研究、热爱学习:在生活、工作中不断学习给自己充电。
> 主动工作、善于总结:工作积极主动、及时总结提高。
> 挑战自我、多多实践:做别人不愿做的事、做别人干不了的事。

(3)责任

责任通常在两个意义上使用:一是指分内应做的事,如职责、岗位责任等;二是指没有做好分内的事,而应承担的不利后果或强制性义务。

这里所说的责任,主要指分内应做的事情,也就是承担应当承担的任务,完成应当完成的使命,做好应当做好的工作。责任感是衡量一个人精神素质的重要指标。责任和自由是对应的概念,而自由只能存在于责任之中。

因此,责任是一种职责或任务。它伴随着人类社会的出现而出现,有社会就有责任,如身处社会的个体成员必须遵守的规则等,带有强制性。

责任分为个人的责任和集体的责任。个人的责任指一个完全具备行为能力的人(成年人)所必须去履行的职责。集体的责任指一个集体必须去承担的一种职责。

案例 1-15

每桶 4 美元的标准石油

美国标准石油公司曾经有一位小职员叫阿基勃特。他在出差住旅馆的时候,总是在自己签名的下方,写上"每桶 4 美元的标准石油"字样。在书信及收据上也不例外,签了名后,就一定写上那几个字。他因此被同事叫作"每桶 4 美元",而他的真名倒没有人叫了。

公司董事长洛克菲勒知道这件事后说:"竟有职员如此努力宣扬公司的声誉,我要见见他。"于是,他邀请阿基勃特共进晚餐。后来,洛克菲勒卸任,阿基勃特成了第二任董事长。

(资料来源:根据网络信息整理)

领导交代的任何事,可以做好,也可以做得更好,还有人可能做坏;可以做成 60 分,也可以做成 80 分,但只有主动的人,才会把工作做得尽善尽美。主动的人实际完成的工作往往比他原来承诺的要多,质量要高。无怪乎,主动的人不缺乏加薪和升迁的机会。

(4)能力

能力是指能明确区分个人在特定工作岗位和组织环境中杰出绩效水平和一般绩效水平的特征,即为担任某一特定的任务角色,所需要具备的能力素质的总和。

如果说品德、勤奋、责任是顺利就业的前提,那能力就是顺利就业的保障!

- **能力的种类**
  - 一般能力和特殊能力。
  - 模仿能力和创造能力。
  - 认识能力、操作能力和社交能力。

- **能力的内容**
  - 知识:个人的综合素质水平及对事物的认识程度。
  - 技能:自身专业水平、专业特长及核心竞争力。
  - 敏捷的思维、吃苦耐劳的性格、诚实守信的原则等其他特质。

- **怎样练就超凡的能力**
  - 保持一个积极向上的心态:务实、乐观、向上、不怕困难、制定合理目标。
  - 主动同他人交往沟通:虚心学习,加强相互之间的沟通、交流,反复总结、练习。
  - 工作多做一点点:吃苦耐劳、勇于承担责任、严格要求自己。

2. IT 业人才需求的素质要求

IT 行业对创新性的要求是最高的,IT 行业也越来越需要全面性的人才。全面性人才要具备哪些素质呢?如图 1-1 所示。

Ability	Professional	Technology	Experience	Communication	Habit
……	……	……	开发文档	……	……
分析解决问题能力	开发流程	数据库技术	设计和实现	客户沟通	不断更新
创新能力	文档规范	前沿开发技术	分析设计及项目管理	团队沟通	积极主动
学习能力	界面规范	开发平台和语言	编程及规范	演讲	职业素质
	代码规范				
能力	专业	技术	经验	沟通	习惯

图 1-1　全面性人才应具备的素质

(1) 要具备熟练的职业技能

职业技能是对从事 IT 行业人员的最基本的要求。大部分的教育人士或者专业人士认为,就业最根本的基础就是要掌握一门专业的技能。

虽然 IT 培训的时间要比大学课程的时间短,但是 IT 培训的学生掌握的专业技能很多。这也就是为什么经过专业 IT 培训的人工作上手快的原因。如果大学生经过 IT 培训,专业技能扎实,理论知识强大,会更受这些企业的欢迎。

(2) 要具备良好的职业素养

较高的职业素养就是一种良好的工作状态,它要求的是在对的时间、对的地点用对的方式说合适的话、做对的事。

职业素养有助于提高员工的素质和职业形象,有利于提高工作效率和效果,更加有利于企业的形象。因此,员工的职业素养是企业非常重视的人才素质要求。

(3) 要具备较强的学习能力

通常说人的能力的时候,有三种说法:人的专业知识能力、人的执行能力和人的学习能力。而在这三种能力当中,最重要的就是学习能力。

前两种能力都是可以通过学习来拥有,学习能力差那就没有办法弥补了。所以 IT 行业是很看重有没有学习能力的。

(4) 要具备较好的表达能力

表达能力分为两种,一种是能说出来,一种是能写出来,这二者是相辅相成的。做 IT 行业,本来就更注重沟通、协作,在工作中你不能把你的意见和想法通过这两种方式表达出来,是难以很好地完成工作的。

(5) 要具备很高的稳定性

没有企业希望培养了一个员工没多长时间就辞职了。企业都喜欢稳定性高的人才,因为培养出一个员工的成本是很高的,IT 行业更是如此。

案例 1-16

中软国际对软件人员的"1-2-1"要求

"1"指的是一精通。即精通一种技术体系,如.NET、JAVA 开发或嵌入式开发,包含编程技术、软件架构、测试技术等。

"2"指的是二熟练。即熟练掌握一门外语,并熟练掌握某行业领域的管理流程。对外语的要求主要指英语或日语的听说读写能力,要能够与发包方团队或客户进行无障碍的沟通。对行业管理流程的要求主要是熟悉行业特定管理理论、工作流程,如项目管理、服务管理等。

"1"指的是一素质。即具备良好的综合素质,如沟通能力、团队协作、演讲能力、书面写作能力、意志、性格等。

(资料来源:根据资料整理)

3.通信业人才的素质要求

(1)素质结构要求

素质结构包括思想道德素质、文化素质、专业素质和身心素质四方面内容。

- **思想道德素质方面**

要求能运用马克思主义的立场、观点、方法去分析和解决实际问题,具有爱国主义、集体主义精神,具有追求真理的科学精神。

懂得现代科学技术的发展规律及其对经济社会发展的促进作用;能遵守社会公德和相关职业道德,能正确对待自己、他人、集体、社会、国家、全人类和自然环境,具有一定的法律意识、诚信意识和团结意识。

- **文化素质方面**

要求具有良好的科学、文学、艺术、历史、哲学的修养,能较好地继承中国传统文化和世界文化的精华,具有辨别真、善、美和假、丑、恶的能力,具备开放的意识。

能够迅速适应环境的变化,能与来自不同文化背景、不同文化层次,甚至不同语言的人共同工作;具有清晰的表达能力、协调能力和攻关意识,具有豁达的性格和乐观的态度。

- **专业素质方面**

要求具有一定的抽象思维、形象思维和逻辑思维能力,善于进行独创性思维,发现新问题、研究新情况、提出新观点;具有敏锐的创新精神和艰苦奋斗精神,善于利用现有技术开创新的应用领域;善于用理论指导工程应用。

掌握将科学知识用于具体产品的研制和设计以及解决工程问题的方法,具有一定的设计技巧;具有工程意识、市场意识、知识产权意识、法律意识和政策意识;重视将科研成果直接转化为生产力,使技术与经济契合,满足市场需求。

- **身心素质方面**

要求具有健全的体魄、旺盛的精力和健康的心理,具有积极向上、乐观、大度、灵活、敏锐和坦荡的心理,具有较强的意志力,具有长期从事艰苦工作的耐力和对疾病侵袭的抵御能力,具有止于至善的追求和承受挫折的能力。

(2)能力结构要求

从事通信工程工作的学生能力应包括学习能力、协作能力、应用能力和创新能力。

- **学习能力方面**

应具有勤学、细察、多思、质疑等良好的学习品质,具有善于运用学习策略的能力;具有通过书籍、文献、网络与别人交流学习新知识、新技能的能力。

- **协作能力方面**

应具有让人清楚、给人印象深刻的文字和口头表达能力;善于与他人沟通,善于建立良好的人际关系;能使用网络等信息技术与他人进行交流与合作。

- **应用能力方面**

应具有使用计算机进行辅助设计、图形文字处理、数值计算和查阅资料的能力;具备分析和设计的基本能力;具有研究、开发新系统、新技术的初步能力;具有一定的科学研究能力,具有在工程中考虑经济、社会、法律、政策等方面问题的工程综合能力。

- **创新能力方面**

应具有分析与综合、逻辑与抽象、继承与创新的思维能力,具有创新、创业和创造的"三创"能力,具备运用创造性思维,独立自主地发现问题、分析问题和解决问题的初步能力。

(3)知识结构要求

从事通信行业工作的毕业生应具备工具性知识、人文社会科学知识、自然科学知识、经济管理知识和专业知识。

- **工具性知识方面**

应掌握一门外语,具有扎实的语言基础,掌握良好的语言学习方法,具有较强的阅读能力和一定的听、说、写、译能力。

掌握计算机网络的基本理论,具有使用和管理计算机的能力;掌握计算机软、硬件技术的基本知识,具有使用系统开发工具构造应用的初步能力。

掌握文献检索、资料查询、科技写作的基本方法;掌握演绎、归纳、类比等常用的科学研究方法。

- **人文社会科学知识方面**

应具有现代汉语、古代汉语的基本知识,了解中国文化史、中国经济史和中国思想史,掌握马克思主义哲学和科学技术哲学的基本内容;掌握政治学的基本知识,了解当代中国政治制度、中国政治思想史和当代政治思潮。

掌握社会学的基本知识,了解党和国家的重大方针、政策和法规,善于分析各种社会现象和问题;掌握宪法和行政法、知识产权法的基本知识,了解行政诉讼法、民法和商法;具有音乐、绘画艺术设计的一些基本知识,能理解和欣赏音乐、绘画、舞蹈等艺术,掌握心理学的基本知识。

- **自然科学知识方面**

掌握应用数学的基本理论和基本方法,具有应用数学知识解决实际问题,特别是建立数学模型的初步能力。掌握普通物理学的基本知识和实验方法,了解物理学发展的前沿和科学发展的总体趋势,了解普通化学的基本知识、基本原理和基本实验技能;理解生命科学和环境科学的基本知识,了解应用前景和最新发展动态。

- **经济管理知识方面**

应掌握经济学、管理学的基本知识和现代经济分析方法,具有定量分析能力,具有基本的管理沟通、协调合作和组织实施的工作能力;了解中国经济体制改革和经济发展,了解党和国家的经济方针、政策和法规。

• 专业知识方面

应掌握电子电路的基本理论和实践技术,掌握信息的产生、传输、变换和处理的基本理论和技术,了解电子系统和信息系统的基本理论。

二、实现参考:学会做人、做事,做受欢迎的大学毕业生

(一)活动二:大师的鞋带松了

1. 活动目的

了解工作生活中,做人的重要性。

2. 活动流程

(1)阅读材料

有一位表演家上场前,他的弟子告诉他鞋带松了。表演家点头致谢,蹲下来仔细系好。等到弟子转身后,又蹲下来将鞋带解松。

有个旁观者看到了这一切,不解地问:"你为什么又要将鞋带解松呢?"表演家回答道:"因为我饰演的是一位劳累的旅者,长途跋涉让他的鞋带松开,可以通过这个细节表现他的劳累憔悴。"

"那你为什么不直接告诉你的弟子呢?""他能细心地发现我的鞋带松了,并且热心地告诉我,我一定要保护他这种热情的积极性,及时地给他鼓励,至于为什么要将鞋带解开,将来会有更多的机会教他表演,可以下一次再说啊!"

(2)快速思考

• 如果你是他的弟子,遇到这种情况你会怎样做?你理解这位表演家的做法吗?

• 你受到什么了启发?从这位表演家和弟子的角度进行思考。

(二)学会做人、做事,做受欢迎的大学毕业生

很多大学新生都知道,大学阶段要考过英语四、六级,要多拿几张职业技能证书,要多参加社会活动,要培养自己的表达能力、沟通能力,有些还要为考研做好准备……但是,在众多需要完成的任务当中,哪些才是在大学阶段必须学会的本事呢?学会做人、做事,可能是大学阶段的"必修课"。

所谓做人,是指人们在人际交往中所表现出来的待人与做事的原则、方式和态度。作为受教育者的大学生,在大学学习的过程中,首先要学会做人,因为它不仅是大学阶段的主要任务,也是决定你在多大程度上实现职业发展和人生规划的重要基础。

"学会做人"是一个既深奥又抽象的话题,大学里没有"如何做人"的教材,也没有开设"如何做人"的课程,这就需要大学生自己去认真思考和用心体会,在日常学习和生活中做个有心人,从老师、同学和朋友的言行中去分析、去揣摩,总结在面对同样一件事情上,别人为什么比我处理得得体,我从中应该吸取什么经验。同时,要认识到,"学会做人"是一个逐渐积累和潜移默化的过程,要有恒心、有毅力,在学习和生活的点滴小事中去养成和提高。

大学阶段还有一个非常重要的任务,就是要充分利用大学的优质资源培养自己的职业能力,也就是"学会做事"。职业能力是人们顺利完成某种职业活动所必须具备的素质和技能,能力高的人,适应面广,能胜任的职位也就相对多些。大学是人生难得的自我提

升场所,大学生应该充分认识到这一点,在职业发展和人生规划目标的指导下充分利用大学这段宝贵的时间和难得的环境,多做事,学会做事,培养和储备自己的职业能力,为将来拓展自己的职业选择面和职业发展空间打下坚实的基础。

欲做事,先做人。这句话很好地诠释了做人、做事之间的关系。对于大学生来讲,如何做人要先于如何做事。所以,如果想让自己有个美好的未来,要先从做人做起!

1. 做个有志向的人

毛泽东说过"自信人生二百年,会当水击三千里。"拿破仑也曾经说过"不想当将军的士兵,不是好士兵。"这些名言就是告诉我们,做人应该有信仰,应该有信心。

信仰是引导我们走向成功的航灯,自信是帮助我们达到人生顶峰的动力。美好的前途来自自强、自立、自信,要不达目的不罢休,咬定青山不放松。打垮自己的往往不是别人而是自己,不要把一次的失败看成是人生的定局,逃是懦弱的,避是消极的,退就显得更加无能。成功的道路得靠自己闯,做人有困惑,做事有困境,世上没有一帆风顺的事,只有坚强不倒的信心与毅力。人生在世,不怕失败,不言放弃。

成功时,不要骄傲;失败时,不要灰心丧气,不要怨天尤人。面对"山重水复"之关卡,唯有勇往直前,持之以恒,用信心去克服一切困难。想成就一番事业,就要甘于干大事,揽难事。立个志向,树个目标,人生才有行走的方向。心在哪里,路就在哪里。有了志向,才有做人的本事、气魄和胆略。所以,做人需要问问自己的志向在哪里,要问问自己有没有信心。

2. 做个善良的人

"人之初,性本善。"善良是人性光辉中最温暖、最美丽、最让人感动的一缕阳光。

不一定人人都很成功,不一定人人都能成为英雄豪杰,但一定要善良仁慈。善良是和谐、美好之道,心中充满善良,才能感动和温暖人间。没有善良,就不可能有内心的平和,就不可能有世界的祥和与美好。

所谓善良,就是拥有一颗大爱心、同情心,不害人、不坑人、不骗人。有了善良的品性,就有真心地爱父母、爱他人的基础和可能。一个善良的人就像一盏明灯,既照亮了周围的人,也温暖了自己。善良无须灌输和强迫,只会相互感染和传播。所以,做人不一定要轰轰烈烈,但一定要善良真诚。

3. 做个有教养的人

中华民族是一个非常讲究修身养性、崇尚道德的民族。五千年来,无论世事如何变化,勤俭、忠义、谦让、孝顺都是亘古不变的美德,多少古圣先贤更是视之为传家宝。

大凡成功的人,往往都是德行高尚的人。所谓教养,就是应该知深浅、明尊卑、懂高低、识轻重。有教养的人,应该讲规矩、守道义,往往不以术而以德,往往不以谋而以道,往往不以权而以礼;有教养的人,在自己独处时,超脱自然,会管好自己的心,在与人相处的时候,则为他人着想,与人为善,淡然从容,管好自己的口。做到宁静致远、自我反思,则事事放心、顺心。所以,做人要反思自己有没有教养。

4. 做个乐观的人

不要天天板着面孔,整日忧愁、悲伤、苦恼、失意。世上没有绝对幸福的人,只有不肯快乐的心。这世界像一面镜子,你对它笑,它也对你笑;你对它哭,它也对你哭;你心平气和,它就还你一个心平气和;你气势汹汹,它也还你一个横眉冷对。

乐听赞美,不喜他人的批评;心欲名利,患得患失,这种心态只会像锁链一样囚住自己。只有超越它们,才可体验自在与快乐。拥有一颗快乐之心,见到的就是一个值得欢欣的世界;心中满是忧伤,见到的则只是一个充满悲哀的世界。与其对不能得到的耿耿于怀,倒不如对你已经拥有的满足感恩。快乐不在心外寻求,只能在心内寻得,心中若满足快乐,哪怕身处困境,一样可以悠然自在。存好心、做好人,欢喜充心、愉悦映脸、乐观向上,这样就能走出一道亮丽的风景。

只要我们学会了做人,做事则是水到渠成。不需挖空心思、钩心斗角,亦能博得众人好感,使自己"左右逢源",进而在事业上能蒸蒸日上。海纳百川,有容乃大,我们要以博大的胸怀面对世间百态。这样才是一个合格的人才!

5.做个受企业欢迎的大学毕业生

- 思想政治素质较高。
- 有事业心与责任感。
- 有吃苦精神。
- 基础扎实、知识面宽。
- 懂专业、会管理、善交际。

应做到既有合理的知识结构,又有良好的职业意识。职业意识包括规范意识、质量意识、服务意识、团队合作意识和较强的沟通能力。毕业生只有具备了职业意识,才能迎合现代企业文化的要求,更好地适应企业。

(1)要有合理的知识、智能结构

智能是智力、能力的统称。它包括身体力、知识力(知识储备量、学习能力、记忆能力)、认识力(观察、想象、思维能力)、实践力(组织、操作、社会活动、信息处理能力)、创造力(发现新事物、提出新见解、解决新问题的能力)。

合理的结构是以专业培养目标为依据,由深厚的知识基础、协调发展的智能、创造精神有机组成的立体和开放结构。

要处理好博与专的关系。重点是抓好一基二具:一基为本专业的基础知识、基本技能,二具是语言工具(中、外文水平)和计算机应用工具等。

(2)规范意识

- 什么是规范

规范是人们以交换为目的的行为准则,是人类为了满足需要而建立或自然形成的,是价值观念的具体化,包括习俗、道德、纪律、法律,具有标准性、普遍适用性、导向性、强制性、权变性的共同特征。

这里的规范,除了企业的规章制度,还包括业务流程、道德等更广的适用范围。

- 树立规范意识的建议

➢从"要我做"到"我要做"
➢把美德化为习惯
➢从我做起

（3）质量意识

质量意识是一个企业从领导决策层到每一个员工对质量和质量工作的认识和理解，是一种自觉地去保证企业生产产品的工作质量及服务质量的意志力。质量意识对质量行为起着极其重要的影响和制约作用。因此，质量意识在产品质量形成中的作用是不言而喻的。

企业以质量求生存、求发展，质量意识则是企业生存和发展的思想基础。质量意识是通过企业质量管理、质量教育和质量责任等来建立和施加影响的，并且通过质量激励机制使之自我调节，从而一步步地、缓慢地形成起来。

质量意识差，是工作质量差的根本原因。

质量能力弱，工作质量当然不会好，但能力可以通过学习、训练得到提高。

产品质量长期上不去，工作质量经常出差错，追究起来往往发现问题出在质量意识上。质量意识如何，可以衡量一个员工的工作质量，也可以衡量一个组织的质量管理成效。因此，树立质量意识的建议包括：

- 要谈质量，先谈意识。
- 顾客的需求也是质量的需要。
- 不要因为小的缺陷，引发大的麻烦。
- 高质量产品的生产靠高质量的人。
- 人人都有顾客，人人都是顾客。
- 克服短期利益行为。
- 诚信是弥补过失的策略。

（4）服务意识

服务意识是指全体员工在与同企业利益相关的人或企业的交往中所体现的为其提供热情、周到、主动服务的欲望和意识。即自觉主动做好服务工作的一种观念和愿望，它发自员工的内心。

服务意识强是现代人才的一个重要特征。养成良好的服务意识有助于大学生树立集体意识和社会服务意识，练就大学生礼貌大方、诚恳谦逊的待人态度和人际沟通能力，提高大学生的社会适应能力，从而更好地实现自我价值。

案例1-17

服务意识有助于获得工作机会

学校召开某重要会议，众多企业相关人员参加，由学生志愿者担当服务工作。其中一名大学生由于其细微、周到、热情、大方的服务，赢得到会企业的赞许，会后几家单位明确表态要聘用其到自己公司。

（资料来源：根据某校毕业生就业案例整理）

很多时候，我们的服务质量忽高忽低、时好时坏，服务的随意性很大，主要原因还是在思想意识上，是服务意识不够强烈，服务不够规范，没有将服务形成一种本能的反映。树立服务意识的建议是：
- 摆正心态,克服心理障碍:任何工作本质上都是服务。
- 服务发自内心:认识到服务是从心开始的。服务必须发自内心,否则,再系统的理论、再多再好的培训都无济于事。
- 拥有一颗感恩的心:若我们心存感恩,就能深深地体会到平凡中的美丽,让原本平淡的生活焕发出迷人的光彩;心存感恩,就会充满自信和活力,并将这种快乐传递给他人,不经意间去服务他人。
- 培养五种服务态度:真诚质朴、尊敬备至、乐于助人、温良谦恭、彬彬有礼。
- 造就优质服务,具体做到:

➢不欺诈顾客。
➢不要告诉顾客,你没法完成他提出的服务要求。
➢不夸口许诺,要始终出色地工作。
➢待客有礼。
➢努力使事情一次办成,接受偶尔的失败。
➢正确认识顾客投诉,正确处理顾客抱怨。
➢学会为同事服务。

三、任务实现:遇到主管这样的安排,你怎么办?

1. 任务目的
讨论如何处理遇到的不公平,学会如何做人。

2. 任务流程
(1)任务内容

因为某些原因,你的主管对你有意见,把本来属于你职责内的事情交给其他人做,而把一些小事交给你,你怎么办?

(2)分组讨论

(3)课堂分享

各小组安排1人分享小组讨论结论,其他成员可以补充,也可以分享不同观点。

还要服从安排吗?

3. 观点分享:还要服从安排吗?

这种情况下,还需要服从安排吗?我们该如何改变这种情况呢?请扫描二维码阅读参考观点。

四、任务总结:新员工学会做人、做事,才能快速融入单位

随着企业劳动用工的需求以及人力资源的调整,一部分经面试遴选后的新员工相继步入企业的大门,他们为企业注入了新鲜血液,带来了新的思维、新的活力。作为新入职的员工,面对陌生的环境、陌生的同事,在激情涌动之时难免会陡升茫然的心绪,那么新员工该如何快速融入企业呢?

1. 要平衡自己的心理,调整好自己的心态

作为新员工,要尽快地进行角色转变,既不能满足于固有的思维而因循守旧,也不能过分地求新求高而变得盲目自负,而是要通过自己细心的观察和了解,归纳出相同点和不同点,力求获得最佳平衡,然后找准切入点,这才会事半功倍,否则,就会出现心理不平衡,导致情绪低落、每况愈下,最终面临出局的危险。

2. 要有谦虚谨慎、好学多问的良好品格

新员工进入岗位以后,应当利用各种方式与老员工进行沟通,采取务实的态度虚心请教、谨言慎行,逐步建立互信,得到同事和主管的认可。"满招损,谦受益"告诫了我们做人的方法。即使自己在某一方面有独到的过人之处,也切忌出现夜郎自大、目空一切的自傲作风。

3. 要加强学习

所谓"活到老,学到老",而如今应是"学到老,活到老",看似只是顺序的变换,意义却完全不同。对于新员工来说,只有学习才能提高,才能更快地融入公司,更好地适应所担任的工作。新员工进入企业以后,应当积极了解企业文化、组织机构、操作规程、管理章程等一些有关规定,知道自己的权利、责任和义务,明确自己的工作目标和质量目标。严格自律,杜绝出现违纪违规的现象。因此,只有通过学习不断提升自己的职业技能,强化职业道德,才能成长为一名有用的人才。

4. 要注重团结,搞好人际关系

我们可以有众多的选择,但我们不能选择同事。做好工作的前置条件是一定要搞好与同事间的人际关系,保持良性互动,增加彼此的信任,给同事造成一种安全的心理感受,从而在工作中相携与共,发挥团队的集体力量。反之,纵然技艺超群,也很难在这个团队里有立足之地。

5. 要保持好的态度

好的态度才是好的开始,不论以前有什么样的工作经历,到一个新公司更加重要的是个人心态的调整。过去的经历和经验毕竟是过去的,新的环境就是新的开端,"心态归零"非常关键。在新的工作环境中要勤于思考。所谓"夫未战而庙算胜者,得算多也;未战而庙算不胜者,得算少也。多算胜少算,而况于无算乎!"就是说,做事开始前有无思考,成与败就决定好了,这就告诫我们要多想,不可盲目。

(1) 把握尊重原则

有的新员工不屑于从琐碎的事情开始做起。别小看打水、扫地、擦桌子,主管和同事习惯从这些小事中品人。新人如果扎扎实实坚持做这些"小事",势必能很快融入新环境。当有一个新项目或者新机会时,大家就会首先想到与那些善于做小事的新同事合作。有了合作的机会,才有展示才华的平台。

在日常交往中,新员工不要将自己禁锢在自我心里,适当地向同事敞开心扉,也是对他人的尊重。因为在人际沟通中有一个非常重要的"对等原则",就是别人对你袒露相关的个人资料,你在接收以后,要尽可能提供给对方相应的对等信息。

(2) 不要斤斤计较

领导在安排工作的时候,有时会安排新员工加班。应以积极的心态来工作,带着好的

心态去面对。

此外,除了不要斤斤计较加班这样的事情,还不要过于计较他人的评点和误解。许多新员工都常常有这样的感觉,就是越担心出错,越错误不断。

所以,坦然面对自己的错误,勇于承担责任,诚恳地向同事和领导请教,把坏事当成好事。反之,如果总是没完没了地推脱责任,千方百计找客观原因,就会给人留下不成熟和难以承担责任的印象。

(3)少发表个人观点

在其他同事聊天有意无意地评点不在场的人时,新人不可退避三舍,坐下来听听,是不会给自己惹来"杀身之祸"的。但要注意的是,千万不要轻易发表自己的观点,更不要将一些信息传给不在场的人。否则,会给大家留下"新来的员工怎么这么是非"的不良印象。

不要认为大家在一起闲聊就可以信口开河。公司非常注重员工的合理化建议,如果你对工作流程和工作环境还不十分熟悉,就不要贸然评点,否则,尽管你的出发点是好的,希望工作变得更加科学、合理,但是由于你的建议缺乏较高的视点,又缺乏相应的调查研究,很可能变成了不负责的"乱弹琴"。

6.要保持工作的激情,要有克服困难、战胜困难的信心

新员工在进入企业以后会遇到各种各样的困难或疑惑。当面对这些困难或疑惑时,切不可轻言放弃,应当采取积极的心态勇于面对,保持清醒的头脑,认真总结经验教训。可以自我调节,可以求助于同事、部门领导,不管采取哪种方法,应当是能够达到殊途同归的效果。

走出校门的我们,在今后的成长道路上会遇到很多挑战,但正是这些挑战使我们迅速地成长起来。

我们是年轻人,我们有朝气、有活力、有拼劲,我们要对未来充满信心。我们要更理性地认识自己和未来。长风破浪会有时,直挂云帆济沧海!让我们展翅高飞,奔向未来!

第二章 正确做事从职业化开始

学习目标

➢ 了解职业化是正确做事的基础,并注重职业化素养的自我培养。
➢ 认识职场第一印象的重要性,学习如何树立良好的职场第一印象。

任务安排

➢ 与老板再沟通,请他收回成命并同意付款。
➢ 请完成这堂课的会议纪要。

学习指南

➢ 在"课堂活动"中的案例分析和材料阅读中了解职场实际状况后,通过小组讨论来了解新的知识,再通过课堂讲解、问题答疑来理解知识点。
➢ 参考"实现参考"的方法和思路,完成课内、外任务,将所学知识点转化成自己的收获或能力。

第一节　职业化是正确做事的基础

📖 任务：需要与老板再沟通，请他同意付款

1. 任务描述
与老板再沟通，请他收回成命并同意付款。

2. 任务分析
学习、理解职业化是正确做事的基础，开始学会职业化地思考和做事。

实现准备	课堂活动	活动一：以什么理由要求涨工资？
	课堂讲解	职业化是正确做事的基础
实现参考	课堂活动	活动二：这些缺乏职业化的表现，你中了几招？
	课堂讲解	职业化素养的自我培养
任务实现	课堂实训	与老板沟通，请他收回成命并同意付款
任务总结	课后思考	培养工作职业化，登上四级台阶

一、实现准备：职业化是正确做事的基础

(一) 活动一：以什么理由要求涨工资？

1. 活动目的
了解什么是职业化，认识职业化做事的重要性。

2. 活动流程
(1) 阅读案例

公司的某个中高层有一天跟老板说：老板，我最近刚刚结婚，又买了房子，经济比较困难，能不能给我涨点工资？

钱不够花了，所以想涨工资，听上去似乎合情合理，就好像有人毕业时候找工作，企业问为什么要求这个薪金标准，他说扣除基本的房租、水电、饮食、应酬，他就需要这个数目。

然而那个老板的回答是：假如你经济有困难，我私人可以借钱给你。但是涨工资不行，因为公司是个商业集合体，涨工资的唯一理由，就是你给公司创造了更多的价值。

(2) 分组讨论
- 那个要求涨工资的中高层领导说得有道理吗？但老板说得对吗？
- 从中你得到什么启发？什么是职业化？该如何提出涨工资要求呢？

(3) 课堂分享

各小组安排1人分享小组讨论结论，其他成员可以补充，也可以分享不同观点。

3. 观点分享
对于企业来说，雇用任何一名员工都是一种投资，是要看结果的。企业是有投资回报率指标要求的，然而，很多员工根本就不具备这种意识。

因此，以后不管你在面试要求薪金或者工作要求涨薪的时候，建议把投资回报率算出

来,又或者直接把工作业绩摆出来给企业看,这样既可以帮助大家更好认清自身的价值,又能够让企业领导知道,其实你已经具备了多数职场人不具备的商业价值。

(二)职业化是正确做事的基础

1. 职业化的概念

职业化就是一种工作状态的标准化、规范化、制度化,要求人们把社会或组织交代下来的岗位职责,专业地完成到最佳程度,准确扮演好自己的工作角色。职业化的内涵至少包含在工作中应该遵循的职业行为规范、职业素养和匹配的职业技能。即在合适的时间、合适的地点,用合适的方式,说合适的话,做合适的事,不为个人感情所左右,冷静且专业。

职业化包含的职业行为规范(职业化形象、职业化语言、职业化动作)、职业素养(职业道德、职业意识、职业心态)和职业技能(职业资质、职业认证),可以用冰山模型(图2-1)表示。浮在水面的这一部分我们称之为员工的显性部分,而潜在水面之下的绝大部分我们称之为隐性部分。

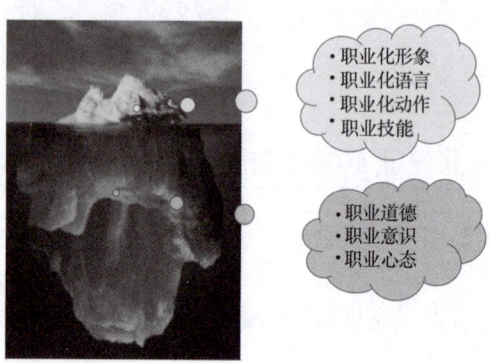

图2-1 职业化内容的冰山模型

2. 理解职业化的显性素养

职业化的显性部分包括职业行为规范(职业化形象、职业化语言、职业化动作)和职业技能。

职业行为规范更多地体现在遵守行业和公司的行为规范。各个行业有各自的行为规范,每个企业也有各自的行为规范。一个职业化程度高的员工能在进入某个行业的某个企业后,严格按照行为规范来要求自己,使自己的思想、语言、动作符合自己的身份。

职业行为规范更多地体现在做事情的章法上,而这些章法的来源包括:
➢ 长期工作经验的积累形成的。
➢ 企业规章制度要求的。
➢ 通过培训、学习形成的。

当我们新进入一家公司,对公司的评判最直接的就是来自对公司员工所表现的行为规范的评判。通常,单位通过监督、激励、培训、示范来形成统一的员工行为规范。

(1)职业化形象

职业化的工作形象就是看起来像那一行的人。客户往往从公司的名片、招牌、员工的穿着和仪表可以大致想象到这家公司的产品和服务。可以说,个人的形象代表企业的形象,职业形象决定职业命运。

华为公司创始人曾说,男性穿上西装,打上领带,女性穿着职业套装,这并非是为了好看,而是为了标准化、规范化、效率化,是要求每个人都充分地表现出最优秀的自己。外表的优秀靠形象,内在的优秀靠智慧;一个从不关注自己外表形象的人,他(她)肯定也不能充分地挖掘出自己的内在智慧。

- 要给别人留下好印象

案例 2-1

路边搭车实验

有一个心理学家做过一个试验,分别让一位戴金丝边眼镜、手持文件夹的青年学者,一位打扮入时的美丽女郎,一位挎着菜篮子、脸色疲惫的中年妇女,一位留着怪异头发、穿着邋遢的男青年在公路边搭车。

结果显示,美丽女郎、青年学者的搭车成功率很高,中年妇女稍微困难一些,那个男青年就很难搭到车。

这个试验说明:不同仪表的人,会有不同的际遇。

(资料来源:巧用"三个效应",给领导留下好印象 搜狐网 2022年01月01日)

研究发现,50%以上的第一印象是由你的外表决定的。你的外表是否清爽、整齐,是让身边的人决定你是否可信的重要条件,也是别人决定如何对待你的首要条件。

那么,是什么决定第一印象呢?

媒体策划专家有一句名言:要给人好印象,你只需要7秒钟。通过大量的案例和数据剖析,研究者们得以成功描绘出影响第一印象形成的因素:

➢第一印象的形成有50%以上内容与外表有关:不仅是容貌,还包含体态、气质、神情和衣着等。

➢第一印象的形成有大约40%的内容与声音有关:音调、语气、语速、节奏都将影响第一印象的形成。

➢第一印象的形成中,只有少于10%的内容与行为举止有关。

因此,要获得他人的好感,不是只注意修饰外表那么简单,有很多地方需要注意。如果你不做任何努力,或者该做的事情都不做,想要获得别人的好感是不可能的。

一个人是否诚信可靠、堪当大任,可以从办公桌的整洁度、做事的条理性上以小见大。很难相信一个座位上杂乱无章、文档堆得像小山一样的人会有很强的纪律性。而擅长归纳总结、做事能分清轻重缓急的人,必定具备化繁为简的能力。

学会在混乱中理出头绪,做到条理分明、秩序井然,工作效率也必然大增。整洁有序的办公桌,自己看着都神清气爽,还得不到领导的赏识吗?

身在职场,给人留下一个好印象至关重要。那么,如何才能给人留下一个好印象呢?后面章节会比较详细地介绍。

- **规范着装能改变你的职场人生**

穿着职业服装不仅是对服务对象的尊重，同时也使着装者有一种职业的自豪感、责任感，是敬业、乐业在服饰上的具体表现。规范穿着职业服装的要求是整齐、清洁、挺括、大方。

- **塑造职业形象的关键是得体、合度**

言语谈笑是交往的重要工具。在社交中，语言艺术是塑造良好社交形象的重要手段。如果言语谈笑处理不当，就可能损坏社交形象。不管对方爱听不爱听，总是喋喋不休，谈个没完，肯定令人讨厌；用语尖酸刻薄、啰唆曲折，也肯定不会招人喜欢；见人吹牛、信口雌黄、自命不凡，人们一定避而远之。得体的言语谈笑能体现言为心声、言之有理又有礼、谈吐风趣幽默、有节制和规范的特点。

言谈应该遵循一定的规律和原则，做到言之有据、言之有理、言之有情、言之有文，才能使交谈达到理想的效果。行为举止要考虑是否有礼貌，是否伤害他人。有的人衣冠楚楚，却举止粗俗，旁若无人，就是不够尊重他人、缺乏教养的表现。

人们在社交中表现出的良好精神面貌和得体的仪表举止，是形成人们社交人格形象的客观依据。待人接物则是交往双方直接发生接触。一个人待人接物的行为、态度如何，直接影响着他交往的对象对他的社交形象的评价。

- **微笑是展现职业形象的最佳名片**

展现职业形象的最佳名片莫过于微笑。世界上最伟大的推销员之一乔·吉拉德说过："一个人的微笑，值四万金。"这位商业奇才的成功，不仅是因为他有高尚的人格和出众的才华，经常微笑也是原因之一。他那颇具魅力的微笑是造就他成功的重要因素。

微笑的力量是巨大的，它是全世界通用的语言。无论你走到哪里，微笑都能为你打开一扇门，让你周围的人都感到愉快，欣喜地接受你。

微笑是人生最好的名片，微笑能给自己一种信心，也能给别人一种信心，从而更好地激发潜能；微笑是朋友间最好的语言，一个自然流露的微笑，胜过千言万语，无论是初次谋面也好，相识已久也好，微笑能拉近人与人之间的距离，令彼此之间倍感温暖；微笑是一种修养，并且是一种很重要的修养，微笑的实质是亲切，是鼓励，是温馨，真正懂得微笑的人，总是容易获得比别人更多的机会。

一个人的内心世界，总是清清楚楚地写在脸上。一张阳光的脸，总会打动很多人；而一张阴郁的脸，总会让人如遇寒秋。一张脸的美丑，我们无法选择，但是一张脸是否阳光，却是可以选择的。一个人的素养、品德、气质等一切后天可为的东西，其实都会反映在一个人的脸上。

快乐地与人相处的方法有很多，而我们的微笑就是最好的方法之一。有谁能够拒绝一个微笑而有礼貌的人的求助呢？有谁会拒绝同一个微笑且容易亲近的人做朋友呢？

当你对自己微笑时，世上没烦事能纠缠你；当你对别人表达诚意时，世上没人能欺骗你。微笑是天使的表情，微笑是叩开他人心扉的一把钥匙，一个真诚的微笑，能化解尴尬、温暖人心，拉近人与人之间的距离，美好的形象从微笑开始。

微笑是一个人品行的最好展现。现实生活中，并不是每个人都备有名片的，但事实上，你的一颦一笑，早已成为别人心目中的名片。

- **你的形象代表着企业的形象**

个人形象不仅仅代表着个人,同时也代表了公司。我们要尽最大的努力在公司为我们提供的广阔平台上为公司的发展贡献一分力量。

良好的企业形象可以使企业在市场竞争中处于有利地位,受益无穷;而平庸乃至恶劣的企业形象无疑会使企业在生产经营中举步维艰,贻害无穷。企业形象不仅靠企业的硬件设施建设和软件条件开发,更要靠每一位员工从自身做起,塑造良好的自身形象。因为,员工的一言一行直接影响企业的外在形象,员工的综合素质就是企业形象的一种表现形式。很多时候,个人的形象代表着公司的形象,甚至一些公司的高层管理者就是通过一个人的外表来"看"这个人的工作表现的。如果你专业,着装得体,符合公司的文化,符合公司的价值观,那么你就能更有效地融入公司。

然而,还是有一些管理者忽略了对员工服装、仪表的要求,同时对员工工作中的一些粗鲁言行也不加以制止,认为自己的主要任务是抓产品质量和公司效益,而不是一些细小的事情。事实上,人品决定着产品,一个素质极差的员工,也不可能生产出好产品,因为他对自身形象都不负责任,谁还敢认为他会对产品质量负责任呢?

在工作中,个人的内在能力和专业技能非常重要,但是一个人的着装也影响着他的发展,因为人们通常根据一个人的外表来判断这个人和其所在的公司。员工的一举一动,无不在外人的眼中影响着企业的形象,员工的形象也就是企业的形象,特别是在客户的眼里,员工的谈吐影响着企业的信誉。如果员工在与客户沟通的时候满口脏话,客户对这个员工所讲的话就要产生一半的怀疑,也可能会对企业有不好的看法。

另外,一个员工如果没有维护公司形象的意识,他肯定是一名不合格的员工!作为公司的一名员工,不管走到哪里,都始终要记得自己是公司的一员,记得维护公司的形象,这是作为公司员工最基本的职业素质要求。

- **职业形象决定职业命运**

在这个日益全球化的社会,一个人尤其是职场人士的形象将可能左右其职业生涯发展前景,甚至会直接影响到一个人的成败。据著名形象设计公司英国 CMB(Color Me Beautiful)对 300 名金融公司决策人的调查显示,成功的形象塑造是获得高职位的关键。另一项调查显示,形象直接影响到收入水平,那些有形象魅力的人收入通常比一般同事高 14%。

各大公司物色和招聘员工时,对应聘者的职业形象会高度关注。它们认定那些职业形象不合格、职业气质差的员工不可能在同事和客户面前获得高度认可,极有可能令工作效果打折扣。

当然,对职场新人和资深职场人来说,职业形象的表现和要求都不尽相同。外在形象只是职业形象的一部分,一个人在一个行业做了三十多年,他的业绩和口碑已经很好,无须外在形象的刻意包装;但对于刚步入职场的人来说,得体的衣着和谈吐包装很重要。

职场中一个人的工作能力是关键,但同时需要注重自身形象的设计,特别是在求职、工作、会议、商务谈判等重要活动的场合,形象好坏是决定做事成败的重要因素之一。职场上的魅力不仅仅是有能力,还要体现出个人的素质、品位,以及拥有一个良好的个人职业形象。内在独特气质加上外在专业的形象,才能在职场上展现出独特的个人魅力。

追求美而不误解美、亵渎美,这就要求每一个热爱美、追求美的人都要从生活中领悟美的真谛,把美的外貌和美的气质、美的德行与美的语言结合起来,展现出人格、气质、外表的一个完整的美好形象来。拥有好的职业形象,你的职场生涯也会变得越来越好。

(2) 职业化语言

职业化语言首先要求能够控制自己的情绪。无论在任何情况下,都能够表现出彬彬有礼、不卑不亢的人毫无疑问是一个符合职业化的人,而脾气暴躁、很情绪化的人则很难给别人留下一个好的印象。

职业化语言其次是通过沟通的技巧,达到相应的沟通效果。

案例 2-2

加工资的沟通

小张来公司做网络安全服务解决方案已经一年,工作业绩突出,职位由刚来的销售人员晋升为销售经理。年底了,小张管理的6位销售人员都希望自己的成绩得到公司的肯定,小张也希望自己的工资得到提升。经与人力资源部商量,小张决定去找负责销售的李总沟通。李总为人较为严厉,而且很忙,但今天刚好在办公室。

"李总,我来公司一年了,这一年我负责的公司这块业务的销售增长很快,为公司带来很多收益。明年我计划买辆车,但我的工资目前较低,您看公司能不能给我加薪?"李总:"你给公司带来多少收益就要个人利益了?明年公司业务发展怎么计划的?"小张一时语塞,不知如何回答。

如果小张换一种说法,结果会怎样呢?

"李总,这一年来,我和我团队负责的公司这块业务比去年同期增长了三倍,为公司实现了300万元的税前利润,预期明年上半年的利润将再次翻倍,为激励我们团队的积极性和凝聚力,是否可以考虑给我们的团队进行一次调薪?"

(资料来源:用职业化语言说话.百度文库 2017 年 04 月 16 日)

- 自信的态度

职业化语言沟通,要有自己的想法与作风,对自己了解得相当清楚,并且自我肯定。有自信的人常常是最会沟通的人。

- 体谅他人的行为

所谓体谅,是指设身处地为别人着想,并且体会对方的感受与需要。当我们想对他人表示体谅与关心,就需要设身处地为对方着想。由于我们的了解与尊重,对方也会相对体谅你的立场与好意,从而做出积极而合适的回应。

- 适当地提示对方

交谈中产生隔阂与误解的原因如果是对方的健忘,提示正可使对方信守承诺;反之,若是对方有意食言,提示就代表我们并未忘记事情,并且希望对方信守诺言。

- 有效地直接告诉对方

一位知名的谈判专家分享他成功的谈判经验时说道:"我在各个国际商谈场合中,时常会以'我觉得''我希望'为开端,结果常会令人极为满意。"

其实,这就是直言不讳地告诉对方我们的要求与感受。若能有效地直接告诉你所想要表达的对象,将会帮助我们建立良好的人际网络。但要切记"三不谈":时间不恰当不谈;气氛不恰当不谈;对象不恰当不谈。

- **善用询问与倾听**

询问与倾听是用来控制自己的行为的,不要因为急于维护自己的权利而侵犯他人。尤其是在对方行为退缩、默不作声或欲言又止的时候,可用询问行为引出对方真正的想法,了解对方的立场以及对方的需求、愿望、意见与感受,并且运用积极倾听的方式,来引导对方发表意见,进而对自己产生好感。一位沟通好手,绝对善于询问,积极倾听他人的意见以及照顾他人的感受。

- **注意维护公司形象**

在与客户交往的时候,应该时刻注意维护公司的形象,不说、不做有损公司形象的言论和行为。要知道,此时你代表的不仅仅是个人,而是整个公司。

如果你毫无顾忌地在任何场合批评自己的公司,那么就如同往自己喝水的井里吐痰,弄脏了井水,自己也得不到任何好处。

每个人都有自己的个性。在生活中,个性是我们引以为傲的东西。但在公司这个大环境下,当我们的个性遇到公司的共性时,要懂得将公司的共性放在第一位,把自己的个人风格后置。

每一个敬业的员工都会自觉地维护公司的形象。因为,在别人眼里,你就是公司的"金字招牌"。

- **要注意职业化的肢体语言**

肢体语言的内容非常丰富,包括我们的动作、表情、眼神。实际上,在我们的声音里也包含着非常丰富的肢体语言。我们在说每一句话的时候,用什么样的音色去说,用什么样的语气抑扬顿挫地去说等,这都是肢体语言的一部分。肢体语言与职业化动作联系在一起。

(3)职业化动作

职业化动作是指个人在经过系统的职业化训练后,在组织或团队工作中,所表现出来的具备相当职业素养的动作,包括但不限于下面这些内容:

➢举止文明端正、落落大方。
➢保持良好的坐立姿态,做到立姿端正、坐姿文雅、走姿稳重。
➢上班时全身心投入,保持良好的工作状态,严格遵守各项规章制度和操作规程。
➢上班时间积极工作,不嬉笑打闹,不做娱乐活动,不吃零食。
➢不看与工作无关的书报,不接打私人电话,不玩电脑游戏、聊天,不浏览与工作无关的网站。
➢爱护花草树木,不随意践踏和破坏,不随地吐痰。
➢接待客人的职业化程序:就座、拿、递、翻阅、放东西等。

依据不同的职业和职位,职业化动作包含的内容会有特定的指向,标准也会有很大的不同。

从良好到卓越的职业化动作需要强大的知识储备和自身行为素养的修炼和提升。应逐步使自己具备标准化的职业动作能力。

(4) 职业技能

职业技能是企业员工对工作的一种胜任能力。通俗地讲,就是你有这个能力来担当这个工作任务。职业技能大致可以包括两个方面的内容。

- 职业资质

学历认证是最基础的职业资质,专科、本科、硕士研究生、博士研究生等,通常这是进入某个行业、某个级别企业的通行证。

- 资格认证

资格认证是对某种专业化的东西的一种专业认证,比如注册会计师资格认证、精算师资格证书。

学历认证和资格认证都是有证书的认证,但是在现实中,还有一种没有证书的认证,就是社会认证。社会认证通常就是这个人在社会中的地位,比如你是某个行业著名的专家、学者,即便你没有证书认证,但是社会承认你,这就代表着你在这个行业、这个领域的资质。

职业技能是在步入职场之后表现的职业素质,也就是说,职业素养是职业素质的表现。而职业素质包括身体素质、心理素质(认知、感知、记忆、想象、情感、意志、态度、兴趣、能力、气质、性格、习惯)、政治素质、思想素质、道德素质、科技文化素质、审美素质、专业素质、社会交往和适应素质、学习和创新素质等。

3. 理解职业化的隐性素养

职业化的隐性素养(图 2-2)包含职业道德、职业意识、职业心态,是职业化素养的重要内容。隐性素养支撑着显性素养。作为一名合格的职业人、企业员工,不仅要具备一定的显性素养,更重要的是要具备隐性素养。

职业道德	职业意识	职业心态
诚实守信 忠诚敬业 遵章守纪 严守机密 顾全大局 团结协作	使命感 责任感 主人翁 奉献精神 服务意识	空杯心态 学习心态 双赢心态 包容心态 自信心态 服从心态

图 2-2 职业化的隐性素养

(1) 职业道德

职业人应该遵循的职业道德:诚实、正直、守信、忠诚、公平、关心他人、尊重他人、追求卓越、承担责任。这些都是最基本的职业化素养。

(2) 职业意识

职业意识是作为职业人所具有的意识,包括使命感、责任感,也叫作主人翁精神。职业意识是人们对职业劳动的认识、评价、情感和态度等心理成分的综合反映,是支配和调控全部职业行为和职业活动的调节器。

职业意识由就业意识和择业意识构成。就业意识指人们对自己从事的工作和任职角色的看法;择业意识指人们对自己希望从事的职业的看法。因此,职业意识既影响个人的就业和择业方向,又影响整个社会的就业状况。

(3) 职业心态

职业心态是指在职业当中,应该根据职业的需求,表露出来的心理感情,即指职业活动对自己职业及其职业能否成功的各种心理反应。

好的职业心态是营养品,会滋养我们的人生,积累小自信,成就大雄心;积累小成绩,成就大事业。有相当数量的人,分不清个人心态和职业心态,凭自己的情绪,用自己的个人心态来对待工作。分清个人心态与职业心态,能够更好地胜任自己的职场工作。

职业化必备的18种职业心态:

➢积极的心态。这是职业心态的首位。两个重要的表现:一是不轻言放弃;二是不怨天尤人。

➢主动的心态。职业化员工有四件事情要学会主动:一是本职工作要主动;二是协助他人要主动;三是对公司、对团队有利的事情要主动;四是对提升自我能力和素质的事情要主动。

➢空杯心态。要有谦逊的心态。

➢学习心态。要有三人行必有我师的心态,认识到学习是没有止境的。

➢双赢心态。娱乐活动有时也会反映出不同的心态:桥牌——团队合作;围棋——大局观念;麻将——各自为政。

➢包容心态。要学会严于律己,宽以待人。

➢自信心态。自信而不自负。

➢行动心态。凡事都要实践而不只是学会理论。

➢老板心态。主人翁的心态。

➢方圆心态。"方"讲的是做人的原则,"圆"讲的是处事的原则。

➢舍得心态。付出与收获。

➢反省心态。反省是改进、提升的前提。

➢服务心态。内部与外部服务。

➢服从心态。服从不仅是军人的天职,也是每一个组织成员的天职。

➢奉献心态。奉献是一种道德要求。

➢竞争心态。要有不服输的精神和上进心,既竞争又合作。

➢专注心态。执着,并追求卓越。

➢感恩心态。心存感激,便能真切体会到人生的快乐、人间的温暖以及人生的价值。

如果我们把整个职业化比喻为一棵树,那么职业心态则是这棵树的树根。图2-3是职业心态的划分示意图,包括个人层面、工作层面和公司层面三个层次。每个层面列举了部分心态。

诚信心态
服从心态
竞争心态
学习心态　　个人层面

主动心态
包容心态
专注心态　　工作层面

服务心态
双赢心态　　公司层面

图 2-3　职业心态的划分

这里,再重点讲一下服从的心态。为什么要服从?服从是所有团队协调运作的前提条件,只有服从,企业的运作才能步调一致,企业的发展战略、规划才能得到有效执行,各项工作才能得以顺利开展。因此,在企业内部,下级服从上级是开展各项工作的首要条件。

同时,工作就意味着责任。我们提倡积极主动的工作态度、强有力的执行力和自动自发的想象力和创造力。

因此,在日常的工作中,解决问题、处理事务、策划市场、管理企业,每一件事都没有捷径可走,大量的工作都是由一些琐碎、繁杂、细小的事情组成的。只有踏踏实实从每件小事做起,不断从中总结、提炼其中的精华,把工作做得比别人更完美、更迅速、更正确,才是我们职业人的工作态度。

持续不断地、有意识地学习,才能适应各种环境和职业的变化,不会被飞速发展的社会所淘汰。

4. 职业素养的基本特征

(1) 职业性

不同的职业,职业素养是不同的。对建筑工人的素养要求,不同于对护士的素养要求;对商业服务人员的素养要求,不同于对教师的素养要求。

李某的职业素养始终是和她作为一名优秀的售票员联系在一起的,正如她自己所说:"如果我能把十米车厢、三尺票台当成为人民服务的岗位,实实在在去为社会做贡献,就能在服务中融入真情,为社会增添一分美好。即便有时自己有点烦心事,只要一上车,一见到乘客,就不烦了。"

(2) 稳定性

一个人的职业素养是在长期执业时间中日积月累形成的,它一旦形成,便产生相对的稳定性。比如,一位教师,经过三年五载的教学生涯,就逐渐形成了备课、讲课、热爱自己的学生、为人师表等一系列教师职业素养,于是,便保持相对的稳定。

当然,随着继续学习、工作和环境的影响,这种素养还会继续提高。

(3)内在性

职业从业人员在长期的职业活动中,经过自己学习、认识和亲身体验,觉得怎样做是对的,怎样做是不对的。这样有意识地内化、积淀和升华的这一心理品质,就是职业素养的内在性。

我们常说:"把这件事交给××去做,有把握,请放心。"人们之所以放心他,就是因为他的内在素养好。

(4)整体性

一个从业人员的职业素养是和他这个人的整体素养有关的。我们说某某同志职业素养好,不仅指他的思想政治素养、职业道德素养好,而且还包括他的科学文化素养、专业技能素养好,甚至还包括身体和心理素养好。

一个从业人员,虽然思想道德素养好,但科学文化素养、专业技能素养差,就不能说这个人整体素养好。相反,一个从业人员科学文化素养、专业技能素养都不错,但思想道德素养比较差,同样,我们也不能说这个人整体素养好。所以,职业素养一个很重要的特点就是整体性。

(5)发展性

一个人的素养是通过教育、自身社会实践和社会影响逐步形成的,它具有相对性和稳定性。但是,随着社会发展对人们不断提出的要求,人们为了更好地适应、满足、促进社会的发展的需要,总是不断地提高自己的素养,所以,职业素养具有发展性。

5.职业化的主要作用

职业化创造工作价值。职业化的作用体现在:工作价值等于个人能力和职业化程度的乘积,职业化程度与工作价值成正比:工作价值=个人能力×职业化的程度。

如果一个人有100分的能力,而职业化的程度只有50%,那么其工作价值显然只发挥了一半。如果一个人的职业化程度很高,那么能力、价值就能够得到充分、稳定的发挥,而且是逐步上升的。如果一个人的能力比较强,却自我感觉发挥得很不理想,总有"怀才不遇"的感慨,那就很可能是自身的职业化程度不够高造成的,这样就使得个人的工作价值大为降低。

职业人的核心目标是客户满意。职业人总是准备提供超过客户期望值的服务。

(1)一个中心:提供客户满意的服务

职业化的一个中心:提供客户满意的服务。客户指广义上的概念,包括主管、同事、家人、下属和职场上的客户。

以客户为中心的第一个含义是能够对客户产生影响。你能够使客户满意,意味着你必须具有一定的能力,使客户接受为他提供的服务,也就是有能力才能产生影响。

以客户为中心的第二个含义是互赖,也就是在职业圈子里创造互赖的关系,这样才能协调好各个环节,使其功能发挥达到最佳状态。

职业化的中心是提供客户满意的服务,从另一种意义来说,就是提升客户的竞争力,使客户的价值得到提升,帮助客户取得成功。

以客户为中心还意味着你必须关注整体的把握,而关注整体,意味着你要关注那些限制整体发展的因素。"木桶理论"说明,限制最大产出的是数量最少的资源(组成木桶的最短板)。职业人的要务之一就是帮助客户以尽量小的投入获得尽量大的产出。

(2)三个基本点

- **职业人要为高标准的产出负责**

最主要的是做到两点:一是行为和思考的出发点是客户最感兴趣的;二是有义务保守与客户合作之间的所有秘密。

对老板而言,职业人能够做他做不了的事情,他之所以雇用你,是因为这些因素。

➢你是有竞争力的:具有专业优势和特殊才能。

➢你的判断是客观的:职业人很重要的一点是用数据说话。首先,你的所有提案是有数据支持的;其次,你的所有行动方案是可以实现的,有量化指标;再次,结果也是可以考量的。

➢你是正直的:职业道德应该是企业用人的重要考核点,因为商业道德问题对于公司的发展是致命的。

- **注重团队协作**

作为职业人必须记住一点,只有团队协作,才能够提供高标准的服务。

这里强调的是职业人士,而不是专业人士。专业人士是专且精的人,而职业人士则是注重团队合作的企业人员。尤其是在分工越来越细的现代社会,团队协作更应该被强调和重视。

- **职业人必须为自己的职业生涯负责**

个人发展要跟上公司发展的主旋律,是选择挣钱还是选择发展?自己要想清楚。其实,有时两者是统一的。在年轻的时候,如果只把挣钱作为人生首选的话,最终可能一贫如洗。

获得成功的"捷径"(其实世上没有捷径)有两条,一是选对一条路发展,二是选择志同道合的人合作。正确的道路能使你少走很多歧路,只要你坚持不懈,就一定会获得成功;而选择合适的合作人,能获得互相的帮助和鼓励,追求成功的路上有激情和愉悦的过程。

同时,不要过分高看自己,地球不会因为谁而不转动。如果你不坚持学习,你的能力跟不上公司发展的速度,你会被淘汰;如果你坚持学习,但不能把握公司的发展方向而做好相应知识和能力持续"充电"的话,你还是会被淘汰。因此,选对方向、获得别人帮助,再加上持续努力,才能使自己跟上时代发展的步伐。

案例 2-3

他们都带了指挥棒

美国著名的指挥家、作曲家达姆罗施在二十多岁时就已经当上乐队指挥。刚开始时,他有些头脑发热、忘乎所以起来,自以为才华横溢,没人能取代自己指挥的位置。

直到有一天排练,他把指挥棒忘在家里,正准备派人去取,秘书对他说:"没关系,向乐队其他人借一根就行。"

这话把他搞糊涂了,他暗想:除了我,谁还可能带指挥棒?但当他问"谁能借我一根指挥棒"时,大提琴手、首席小提琴手和钢琴手分别从他们上衣内袋中掏出一根指挥棒,并恭敬地递到他面前。

他一下子清醒过来,意识到:自己并不是什么必不可少的人物。很多人一直都在暗暗努力,准备随时替代自己。

从此,每当他想偷懒或飘飘然的时候,就会想起那三根指挥棒。

(资料来源:别太把自己当回事!腾讯网 2022 年 2 月 8 日)

要提升客户的竞争力,首先要提升自己的竞争力。处在急剧发展的时代,职业人必须不断地学习,否则只能被社会淘汰。所以说,应变的唯一之道是不断学习!

6. 职业化是正确做事的基础

日本用了短短几十年时间打造了一个让全世界惊讶的新日本。日本人是凭什么做到这一点的呢?客观地观察,就会发现日本公司做得最好的事情——实现职场人员的职业化。

日本职场人员在工作的时候有一种极强的求胜欲,而且为了达到目的可以牺牲旅游、睡觉、谈恋爱甚至几乎全部的时间。在这种精神的驱动下,他们争分夺秒,从不愿浪费一分钟;他们高度负责,不愿意忽略每一个细节,主动积极地完成任务;在他们的眼里没有为别人工作的概念,他们工作是为了实现自己的理想,体现自身的价值。

此外,他们互相影响,让职业化观念和习惯充斥在空气的每个分子中,就连呼吸都能感觉得到。身处在这种环境中的人都能深深地感受到这种气息,他们步伐急促、语速变快,每一个动作都带有简洁、省时、高效的影子,有上进心的人被他们感染,受这种文化氛围的影响,身在其中的外来人也开始跟他们一样,其中包括原来比较懒惰的人,为了实现自己的目标,坚持不懈,努力奋斗。

德国人有极强的时间观念,如果德国人把召开会议的时间定在 8 点,大家会一起看表,时间一到准时开始,绝不延时,绝不等待任何迟到的人,哪怕你的身份再尊贵。

是否注重细节,本身就意味着一种规范。能够注重细节的人,代表着一个人具备良好的修养并且能规范地开展工作。就拿最简单的例子来说,打开一个人的电脑,如果电脑桌面上各种文件、各个目录几乎满屏,没有一点规范。文件名字随便乱取,可能文件名叫"通知"的就有一百个的话,那可以肯定这个人不是一个职业化的人,因为他对工作细节不够注重,也就能推断出他的其他工作应该不会太规范。

再举个例子,如果一个人总是丢三落四的,不是忘了这个就是忘了那个,也绝对不会给人留下一个职业化的印象的。于细节处体现职业化,就是职业化的精髓。职业化的要义在于分清楚什么样的场合要有什么样的行为,在工作的各细节上体现规则、制度、轻重缓急等特征。

综上,职业化就是在明确了做什么的基础上,规范员工如何做的过程,从而保证企业对员工做得怎么样的预期,可以说职业化就是保证我们在工作中正确地做事的基础。

- 职业化管理不仅明确了职业的技能与知识标准,而且明确了职业的素养标准,完善了人才招聘的标准体系,为人才的招聘提供了相对客观的依据。
- 职业化是一种有效的管理手段,它依据一定的标准、原则和措施,运用科学的管理方法和灵活的管理方式对大到公司、小到部门等组织进行管理。
- 职业化体现在造就更有竞争力的企业,个人能为企业创造更大的价值。如果一个人的职业化程度很高,那么能力、价值就能够得到充分和稳定的发挥,而且是逐步上升的。

- 职业化程度高的员工将为自身的成长创造更大的机会和空间。一个人的职业化程度怎样,不仅关系到个人职业生涯发展,而且还体现在社会竞争中的个人品牌和核心价值。
- 职业化管理通过变个人榜样为职业榜样,加速了员工整体业绩的提升。因为职业化不仅要求拥有专业的知识、娴熟的技能和丰富的经验,还要求有优秀的职业品质,包括职业责任、职业道德和职业精神等。
- 职业化管理则通过明确不同职业员工行为的标准,为员工提供了可操作的工作指南,帮助员工在工作中学会正确地做事。
- 职业化管理还通过类型、工种的划分,开辟了多个职业晋升通道,打破了单一行政晋升的局限性。

二、实现参考:职业化素养的自我培养

(一)活动二:这些缺乏职业化的表现,你中了几招?

1. 活动目的
学习常见的缺乏职业化的表现,提醒自己不要犯类似的错误。

2. 活动流程
(1)阅读材料

大家都说大学实际上只是打基础的,毕业后参加工作才是学习的真正开始,然而对于许多人来说,很多能力素质和职业技能是可以从小开始培养的。看看这些缺乏职业化的表现,你中了几招?

- 第一个缺乏职业化的表现:不懂得用投资回报率去剖析自身的价值。
- 第二个缺乏职业化的表现:不懂得换位思考。
- 第三个缺乏职业化的表现:永远没有备用方案(常说的 Plan B)。
- 第四个缺乏职业化的表现:不以结果作为导向。
- 第五个缺乏职业化的表现:缺乏精准沟通的能力。
- 第六个缺乏职业化的表现:没有全局观。

(2)快速思考,写出你的计划

- 你觉得你有哪些不够职业化的表现?
- 除了本节描述的这些内容,还有哪些职业化的表现?
- 你觉得该怎样培养自己的职业化工作习惯?

(二)职业化素养的自我培养

职业化是人人都可以学到并且可以训练出来的,无论原来的处境、气质与智力怎样,只要按照意愿去尝试、去改变,就会得到意想不到的收获。作为大学生,在大学期间应该重视职业化素养的自我培养。

1. 培养职业意识

很多高中毕业生在跨进大学校门之时就认为已经完成了学习任务,可以在大学里尽情地"享受"了。然而,这正是他们在就业时感到压力的根源。

中国社会调查所完成的一项在校大学生心理健康状况调查显示,75%的大学生认为压力主要来源于社会就业;50%的大学生对自己毕业后的发展前途感到迷茫,没有目标;41.7%的大学生表示目前没考虑太多;只有8.3%的人对自己的未来有明确的目标并且充满信心。培养职业意识就是要对自己的未来有规划。因此,大学期间,每个大学生应明确我是一个什么样的人、我将来想做什么、我能做什么、环境能支持我做什么,着重解决一个问题,就是认识自己的个性特征,包括自己的气质、性格和能力,以及自己的个性倾向,包括兴趣、动机、需要和价值观等。

据此来确定自己的个性和价值观是否与理想的职业相符;对自己的优势和不足有一个比较客观的认识,结合市场需要、社会资源等环境确定自己的发展方向和行业选择范围,明确职业发展目标。

2. 完成知识、技能等显性职业化素养的培养

教学及各专业的培养方案是针对社会需要和专业需要来制订的,旨在使学生获得系统化的基础知识及专业知识,加强学生对专业的认知和知识的运用,并使学生获得学习能力、培养学习习惯。

因此,大学生应该积极配合学校的培养计划,认真完成学习任务,尽可能利用学校的教育资源,包括教师、图书馆等获得知识和技能,作为将来职业需要的储备,确保你的能力配得上职位。没有专业能力支撑的人,就像无根之木,是站不稳的。

如果新人不够专业,也许有前辈愿意带一带。但如果工作几年,还没有长进,那么当一茬一茬的年轻人进了公司,他们有着更积极的态度,那老员工的不可替代性在哪儿呢?

3. 有意识地培养职业道德、职业态度等方面的隐性素养

隐性职业素养是大学生职业素养的核心内容。事实表明,部分大学生在这些方面存在不足。有调查发现,缺乏独立性、会抢风头、不愿下基层吃苦等表现容易断送大学生的前程。

比如,一位来自上海某名牌大学的女生在中文笔试和外语口试中都很优秀,但在最后一轮面试中被淘汰。当面试官问她:"你可能被安排在大客户经理助理的岗位,但你的户口能否进深圳还需再争取,你愿意吗?"结果,她十分犹豫,无法做出回答。缺乏独立性使她失掉了工作机会。而喜欢抢风头的人被认为没有团队合作精神,用人单位也不喜欢。如今,有些大学生在思想独立、责任担当、与人分享等方面都不够好,相反他们爱出风头,心理还容易受伤。

因此,大学生应该有意识地在学校的学习和生活中主动培养独立性,学会分享、感恩,勇于承担责任,不要把错误和责任都归咎于他人。自己摔倒了不能怪路不好,要先检讨自己,承认自己的错误和不足。

在职业素养的自我培养方面,大学生应该加强自我修养,在思想、情操、意志、体魄等方面进行自我锻炼。同时,还要培养良好的心理素质,增强应对压力和挫折的能力,善于从逆境中寻找转机。

职业化素养是所有职场人士都应该具备的素养,尤其是渴望得到职业竞争力提升的员工!这是职业人士职场成功的必备素养。职业化素养和职业竞争力关系到每个人的未来,如果不愿意痛苦和难堪地面对各种各样的问题,渴望得到提升,就得首先接受职业化

素养修炼,而不是逃避这些职场必备素养与技能。

4. 有意识地进行职业化的修炼

(1)快乐地去做必须做的事情,不管喜欢还是不喜欢

人们每天都在做两种事情,即喜欢做的事情和必须做的事情。不少人每天都在做必须做的事情,这里面必须面对大量根本不愿意做的事情。

职业化意味着牺牲,职业者必须牺牲一部分自己的个性、爱好,才能与所在的团队一起将工作达成一致。职业者必须明白,只有今天做一些不喜欢的事情,有朝一日才有资格去做自己喜欢的事情。

面对必须要做的事,可以有两种选择:痛苦地去做和快乐地去做。职业化的工作者会选择快乐地做自己不喜欢做的事情。

但快乐与欢乐有所区别,欢乐是没有目标、无忧无虑的盲目兴奋,而快乐是指战胜了痛苦、压力和挑战后带来的成就感、满足感和收获感。可以说,快乐地工作,是职业化的选择。

只有这样才能做到:做事情不为个人感情所左右,冷静且专业,达到职业化的要求。

(2)职业化地做事

• 认真工作。工作是为了自己负责,不是为了给别人看。但凡经过自己手的事情,必须做到心中有数,不潦草马虎。

• 做事不留尾巴。自己做的事情就自己做完,如果中途要交接,除非是不可控的因素,否则绝不给工作交接者留下"坑"。

• 做完事情后是不是会恢复原状,比如说开完会后是不是会把椅子归好位,东西洒在地上的话会不会及时清理干净等。

• 是不是每次做事情别人都会认为是同一个人做的。这就是说在所有的细小的地方都是极其规范的,别人看不出来有什么差异。简单来说,如果有人在写文章的时候,一段话里面就有两种字体而且字号不一样,基本可以断定这个人不够职业化,因为看上去这一段话像是两个完全不同的人写的。

• 完成的工作是不是很容易就找出错误。这里的错误是指那些明显的错误,如错别字,明显错误的数字。经常出明显错误的人,说明他们在工作中根本不用心,不能够提供高质量的"产品",那肯定不是一个太优秀的人。

• 守时。答应了什么时候结束,就什么时候结束,只会提前,绝不迟到;否则,就不要轻易答应。

(3)职业化地说话

• 私下里讲话,开玩笑什么的,怎么样都可以。但是谈工作的时候一定严肃认真对待,千万不要插科打诨、哗众取宠。

• 不和同事、合作伙伴讲私事,尤其是别人的私事。

• 除了赞扬,不公开评价或贬低合作伙伴。

• 抱怨的话最好不要讲,更不要没完没了地讲。

• 职场是工作的地方,是需要创造价值的,自己私生活中的问题不要带进办公室。完全做到这一点很难,但是每天上班路上的时间就可以用来调整自己的情绪。

- 工作交流讲话要简单直接。讲出的话不一定都对,但是自己说的每一句话都是经过认真思考的,每一句话都是围绕主题的,有逻辑、针对重点的。

(4)职业化地待人

- 礼貌友好对待每一个人。不仅仅是对上级尊敬、对平级礼貌,对待下级、职场新人也要客气,因为都是在职场中浮沉的普通人,只不过出道时间有早晚、进步有快慢而已。不要看低别人,也切勿妄自菲薄,要做到不卑不亢。
- 对待合作伙伴,要有原则。如果不愿意做到圆滑世故、千人千面,那么,请保持自己固有的人设,在人前人后,自己的人设和画风一致是很有必要的。

(5)职业化地接物

- 有收纳、整理的习惯,对经过自己手的事物,要有印象,并记得住来龙去脉。
- 控制表情。不是说当个假面人,而是学会管理自己的情绪。不要动不动就大喜大悲,要学会淡定地处事。

三、任务实现:与老板沟通,请他收回成命并同意付款

1.阅读案例

MM公司成立至今已有十多年了,技术出身的老板钱某十分强势、独断,训斥别人时不留一丝余地,高管们总是被他从办公室里骂出来。

5月的一天,老板把人力资源经理小赵叫进了办公室,然后丢给他一份社保数据,质问为什么员工社保缴纳得那么多,接着就是一顿狂骂,连解释的机会也不给,就让小赵马上把社保基数调低。众所周知,社保基数每年4月调整一次,现在已经是5月了,根本就无法调整,老板布置的是个不可能完成的任务。小赵心里也是一肚子气,因为4月调整社保基数是经过老板签字同意的。于是,小赵无视老板的要求,再次提交了付款申请,结果很快就被老板退回。

看着社保局寄来的缴费通知书,小赵深知再不付款就要罚款了,但老板就是不肯支付这笔款项。对此,以下三位网友分别提出了自己的看法。

张三:(1)老板知道现在改不了吗?如果知道,那就是刁难了;如果不知道,赵经理就要想办法让老板知道。(2)如果确实改不了,那么建议赵经理主动认错。具体如下:在合适时机讲出无法更改的事实,并列举如果我们还不缴,可能就要面临被罚款的情况(可以找个被罚款公司的例子),然后跟老板说这都是他的错,没有跟老板再次确认。但是目前已经改不了了,老板认为应该怎么处理才好?而老板自己也需要承担部分责任,希望老板再给他一次机会。(3)当然了,小赵还是要明白:在职场中我们犯了错,越是主动承担责任,越是容易得到别人谅解,如果赵经理还想干下去,就要忍一忍。

李四:(1)对老板的做法表示理解,一个公司应该以利润为中心,在尽可能合规合法的基础上削减运营成本。(2)首先,5月不可以调,政府规定不能这样做,不批付款会导致罚款。其次,如果今后可以调低再申请调整,要说明法律风险:给员工的感觉不好,认为公司不关怀员工,从而打击员工积极性。再次,会很容易导致一些劳资纠纷,员工可以根据公司没有缴足社保而状告公司,提出离职、要求赔偿等。(3)提出其他节约成本的方案。

王五:(1)首先要承认错误:"老板,我错了,当初没有全面分析就请您签字了。现在看

到人事成本上升,我也很后悔,可是现在后悔也不行,社保局的催缴单已经发了两次,还说如果再不缴费,到时就要补缴滞纳金了。"(2)然后进一步解释:"其实,现在员工看到公司社保这一块这么好,有几个本要辞职的员工都留下来了。您看现在招聘也挺难的,今年这个就当作我们招聘的投资,也许就可以更好地抢占人才了。"(3)最后要做出保证:"明年调整社保基数时,我一定会做全方位的分析,确保成本的可支付性。如果您觉得我做错了,我愿意接受公司的处罚。"

2.任务

(1)分组讨论,写出结论

如果你是人力资源经理小赵,你会采取什么策略与老板再沟通,请他收回成命并签字同意付款?请结合自己的思考和分析写出你的策略。

(2)课堂分享

各小组安排1人分享小组讨论结论,其他成员可以补充,也可以分享不同观点。

四、任务总结:培养工作职业化,登上四级台阶

一个具有职业化素养的员工,一定是一个有敬业精神,有责任感,有学习观念,有团队合作意识,有坚定执行力,能积极主动、自动自发做事,对待本职工作充满无比热忱的人。我们每个人为了达到职业化的标准,需要登上四级台阶:

第一级台阶:明确单位对我的要求。员工必须知道单位和领导对自己的要求是什么,而作为一个管理者要做的第一件事情就是让员工明白你对他的要求。

第二级台阶:做事要职业化。

第三级台阶:做一个有影响力的人。大学生从学校走出来的前三年没有太大的变化,在第五年就已经出现差距,过了10年到15年之后差距就已经不可逾越了。只有能够自我突破的人才能够成功,所以,要争取做一个有影响力的人。

第四级台阶:挑起重担。

第二节　树立职场第一印象

📖 任务：学习写会议纪要

1. 任务描述
写这堂课的会议纪要。

2. 任务分析
了解职场第一印象的重要性，践行给人留下良好第一印象的方法。学习商务文档写作的要求后，完成本节任务就顺理成章了。

实现准备	课堂活动	活动一：你都会向哪些人下手呢？
	课堂讲解	职场第一印象的重要性
实现参考	课堂活动	活动二：杨澜凭什么进入央视《正大综艺》？
	课堂讲解	如何树立良好的职场第一印象？
		商务文档写作质量，也许是你留给职场的第一印象
任务实现	课堂实训	分组完成这堂课的会议纪要
任务总结	课后思考	良好的第一印象或许将使你事半功倍

一、实现准备：职场第一印象的重要性

(一)活动一：你都会向哪些人下手呢？

1. 活动目的
了解和认识第一印象的重要性。

2. 活动流程
(1) 阅读材料

一位电视制片人为了制作一部纪录片，采访了一帮年轻人。这帮人的领导者是个才17岁的小伙子，他显得精神头十足，自信心十足，自称在他的职业生涯中，每周至少能获得10 000美元。

艾雷斯："你都会选择哪些人为目标？"

小伙子："那些一个人低着头走路的人，是最好的目标。"

艾雷斯："你会找我吗？"

小伙子："不会，我可不愿意惹你！"

艾雷斯："为什么？"

小伙子："我刚才进屋的时候，你直瞪着我的眼睛，还上下打量我，好像要看看能不能把我打倒似的。这样的人千万不能惹！"

艾雷斯十分感慨：这个才17岁的小伙子都知道，要凭着观察，在极短的时间内，根据第一印象判断对方。

经过研究，专家们已经弄清楚了人们交往时的一些基本规律。研究表明，当我们跟别人见面时，在7秒之内，我们就对对方做出一个基本的评估。这种沟通不需要语言，人们

通过眼神、表情、身体和态度来表达他们对别人的感觉,同时互相产生放心、欣赏、冷淡、无所谓、害怕、抗拒、恐惧等一系列情绪反应。

(2)快速思考

- 你给人的第一印象是什么样的?请列出来(不少于3点)。
- 你对其他人的第一印象准确吗?请举例说明。

(二)职场第一印象的重要性

大家都知道,在形成第一印象时,认知者的好恶评价是最重要的因素。这个好恶评价就是你给人的印象,好的第一印象可能会给他人留下一个美好的回忆,而坏的第一印象则也会给他人留下厌恶的情绪。在职场升迁中,你的上司和老板对你的印象分是很关键的。在这些印象中,你最最不能忽视的就是第一印象了。

案例 2-4

诸葛亮的"面试"

诸葛亮与刘备第一次见面,就是著名的刘备"三顾茅庐"。关于三顾茅庐,《三国志》和诸葛亮的《出师表》都有记载。其实,三顾茅庐就是一次面试。

刘备去诸葛亮住地的第三次才见到他。但当时诸葛亮正在睡觉,刘备与关羽、张飞就站在门外一直等到诸葛亮睡醒。诸葛亮睡醒后,得知刘皇叔前来拜访,却并不立即接待,而是转入后堂更衣,过了很久,诸葛亮才梳洗打扮完毕。

然后,诸葛亮展现在刘备面前的是一副怎样的形象呢?书中是这样描述的:"玄德见孔明身长八尺,面如冠玉,头戴纶巾,身披鹤氅,飘飘然有神仙之概。"这就是诸葛亮给刘备留下的美好的第一印象。

终于见上了面,刘备与诸葛亮交谈,这就是著名的《隆中对》。在《隆中对》里,诸葛亮为刘备分析了天下形势,并且整个过程诸葛亮不卑不亢,既展示了自己的才华,又显得非常谦虚谨慎,使刘备很开心地接纳了他,并且得到了充分的信任。

诸葛亮给刘备的第一印象和面试堪称完美!

(资料来源:根据《三国志》整理)

试想一下,如果一个人刚入职,平时工作不好好干,上班就混着,连简单的事情都老是找别人帮忙,而且还喜欢抱怨工作,你会不会觉得很糟糕、不靠谱且不想和他合作?

如果你是公司领导,新来的员工不仅工作认真、勤快,和同事之间相处也不错,总的来说综合能力、为人处世等方面都不错,你今后是否更愿意重用他?

答案是显而易见的。因此,如果刚走出校门、踏入职场,或是刚跳槽到一家新公司,能够通过良好的表现给别人留下良好的第一印象,势必能为自身赢得职场发展的先机。

很多时候,即便本身实力并不突出,但因为良好的第一印象,领导们也许会对你更宽容一些。属于第一印象的机会只有一次,一旦形成是很难更改的。特别是一旦形成一个坏的印象,后期是需要花费很大的力气去修复和纠正的。

这个就是所谓的光环效应。身在职场,这个第一次的机会一定要把握好。如果第一印象好,那么它就像一个光环一样,为你的职场之路加分。

因此,初入职场,请一定要加倍重视第一印象,自觉地维护好第一印象。

1. 职场中的第一印象可以为人际交往打下基础

案例 2-5

你会买包装盒被压扁的饼干吗?

记得有一次,公司需要在短时间内招一大批软件工程师,所以我们在非常短的时间内集中面试了一批刚毕业不久的技术人才。

这一批高智商的技术型人员很多缺乏基本的着装知识。有的人穿着褶皱的衬衣,打着不般配的领带;有的人穿着一条破旧的牛仔裤;有的人脚上拖着一双沉重的带着泥的雪地靴;最让人不能忍受的是,有的人头发油腻,浑身汗味。

实际上这些应聘者的学历、经历没有谁比谁突出太多。最后拿到聘书的人,都是那些自信心强,表达能力好,而且仪表得当的人。记得在面试小组评定所有申请人的时候,一个同事道出了所有面试官的心声:"我们不期望申请人西装革履,也没有要求他们穿得多么考究,但是起码要干净整洁。如果你来面试前都不特意梳洗一下,穿一件干净平整的衣服,要么说明你这个人从骨子里就邋遢,没有修养;要么就是你对这份工作根本就不在意。那么我为什么要雇用你呢?"

这就好像你去商店买一盒饼干。如果包装盒破损,或者上面有污点,你肯定不会买,因为货架上有很多包装完美的饼干可以供你选择。不注意外表的人,就像那盒包装被挤压过的饼干,即便美味,但在有众多其他选择的时候也会被抛弃。

(资料来源:根据网络信息整理)

职场中的第一印象可以说是人际交往的基础。初入职场的时候,自己的穿着和言语很随意,那就会让同事们感觉你很随意;如果第一印象给人的感觉是严肃认真,那么同事们在没有完全了解你的时候,就会一直觉得你是严肃认真的人。

在没有了解一个人的情况下,第一印象就是判断一个人的依据。

2. 好的第一印象更容易达成合作

给客户一个良好的第一印象,就更容易达成合作,为什么这么说呢?可以试想一下,在双方谈合作时,你更愿意与一个严肃认真的人合作,还是与一个嬉皮笑脸、看起来不可靠的人合作呢?

案例 2-6

商务活动中的第一印象

王总是一家公司的经理,他选中了两家公司,打算沟通成为合作伙伴,约好了时间和地点进行谈判。第一家公司来谈判的老板穿着很随意,有时嘻嘻哈哈地扯些没边际的话语。第二家公司的老板穿得很正式,在谈合作问题的时候也是十分严肃认真,考虑了各方面的因素。虽然第一家公司比第二家公司更具实力,但王总还是选择了第二家公司。

(资料来源:编者根据工作经历整理)

在职场里,给人一个良好的第一印象,可以使对方更愿意和我们交往。而且,与客户交流时,第一印象往往能让客户决定是走还是留。好印象更容易获得客户信任,也会使双方的合作更有可能进一步发展。

二、实现参考:如何树立良好的职场第一印象?

(一)活动二:杨澜凭什么进入央视《正大综艺》?

1. 活动目的

在职场除了要重视衣着、外表、言行等,更要主动展示自己的优势,给人留下良好的第一印象。

2. 活动流程

(1)阅读材料

杨澜当年应聘中央电视台的过程并不顺利。当时,央视的《正大综艺》栏目需要一名女主持。

报名的好几百人经过几轮的淘汰,到最后只剩下几个。最后的几名应聘者中恰好有一名公认的美人,连杨澜自己也承认,她非常漂亮。其他几名应聘者都倍感压力。

杨澜本人是怎么想的呢?我们也许会想,杨澜没有放弃。不是!事实上她自己也认为这一次没有希望了。但是,她希望自己能够给招聘方留下一个良好的印象,即使这一次不行,下次还有机会。并且,如果因为不够漂亮而失去这次机会,她还感觉有一些委屈。她觉得,就是不被录取,也要展示一下自己的能力。

因此,在轮到她面试时,她发表了一通演说,主要的意思就是电视台节目组不应该以貌取人,更应该注重能力。一个女孩子在委屈加自信的心情中,爆发出一种特殊的力量,展现出一种特殊的光彩。这种力量和光彩给招聘的老师留下了深刻的印象。

结果我们已经知道了,杨澜把自己成功地推销了出去。

(2)分组讨论

• 杨澜抓住机会展示了自己的能力,给面试老师留下了深刻的印象,成功获得职位,对你有什么启发?

• 在明知自己希望不大的情况下,还是精心准备、全力以赴,体现了她的哪些良好素质?

(3)课堂分享

各小组安排1人分享小组讨论结论,其他成员可以补充,也可以分享不同观点。

(二)树立良好职场第一印象的方法

面带笑容、积极乐观容易给人留下好印象,无论商务办公,还是与同事来往,都会平添几分好感,相处起来也一般比较愉快;面容阴沉的话,就算为人没有恶意,恐怕也经常被误会。

我们在职场中,都会承担着不同的角色,在不同的场景里,都希望被他人接受。行为表现很重要的就是要符合他人的期待,学会实施有效的印象管理,为自己加分。

成功的第一步就是印象管理。成功的印象管理,要懂得恰如其分,要学会理解,正确地进行人际交往。而不越礼、不冒犯能为我们赢得一个稳妥的初步印象分。

1. 言行举止、穿着打扮能营造出积极活力的明亮形象

好的外表气质、正确的着装打扮、得体的衣着、整齐干净的发型,以及正确的肢体语言应该是相辅相成的,这些都值得好好去推敲琢磨。有意想改善自己形象的人,不妨对着镜子多多练习微笑和谈吐,相信一定能对你的职场进步有帮助。

一个人生下来是阳光型或阴郁型并不是注定好了的,也不是完全不能改变的,注意自己的言行举止、穿着打扮,营造出积极活力的明亮形象,对于工作与同事间的互动交往帮助很大。

穿着打扮反映的是一个人希望别人怎么看待自己。总是一身黑把自己包裹起来的人,希望建立神秘感,不希望被接触或看见;穿着明亮鲜艳的人,总能给人阳光感。

如果是阴郁型的人,不妨先检视自己的穿着打扮,或许会赫然发现,怎么自己喜欢的颜色都偏暗沉。不妨试着改穿明亮或暖色系的衣服,试着用服装替自己营造明亮、轻快的感觉,向周围的人传达你的活力。

检视自己的站姿与走路方式。千万不要弯腰驼背,不要瑟缩在角落,大方一点把自己秀出来,站立的时候要抬头挺胸,走路的时候步伐不妨迈开一点。大步行走,挺直腰,就能给人神清气爽的好印象。

2. 真诚表达,恰如其分

想要给人留下良好的第一印象,首先要真诚地表达,而非刻意表现。

有些职场新人刚进公司,本身能力不一定强到哪里去,嘴上功夫倒是了得,类似"这种事情很简单,我能做得很好"的话一说出来,不免让人感觉自大。这种急于想得到领导和同事认同的想法可以理解,但是浮夸刻意的表现却让人心里不舒服,觉得你把话说得太早、太满。

脚踏实地、务实去做,才能赢得大家的尊重。以认真的态度对待,不过分夸大和吹嘘,少说多做,做好了再说,最后别人一样会发现你的优秀。真诚而不造作,踏实而不浮夸,就是最好的表现方式。

3. 最开始的工作要格外用心

在实际工作中,大家一定要注意,领导们一开始都会通过直接安排任务来考验你,从而对你的工作能力进行判断,更重要的是测试一下你的工作态度是否端正。特别是对于那种通过试用期再安排员工分配去向的企业,第一、二个重要任务的完成情况直接决定了领导对你的印象和分配意向,非常关键。

案例 2-7

小王修改的文档

大学毕业之后,小王第一天到公司上班,领导正好有个文稿想要修改,便问他是否知

道怎么使用文档的修改工具,把文章错误和语句不通的地方给标注出来。

其实,小王根本没用过文档里的什么修改工具,但是为了证明自己熟悉办公软件,就说:"知道,这么简单的事情一定能够做好!"

结果小王在修改文档的时候,不懂也不请教同事,自己一个人默默地琢磨了大半天,最终交出一份修改得乱七八糟得文稿。

领导反问:"你这文稿让我怎么看?"

(资料来源:根据网络信息整理)

入职时能力不足,工作态度也不端正,要是像案例 2-7 中的小王一样,就是自己给自己挖坑。今后工作一有差错,领导总觉得你能力不够,就会逐渐使自己的工作处于被动状态。如果接下来领导再交代做什么事情,你依然做得很糟糕,那可能你就得比别人多熬几年才能有出头之日。

但是,如果一开始你的工作都用心去做,完成得比较好,领导当然愿意信任你,愿意培养你。正所谓,开局印象好,发展比人强!

4. 细节要到位

领导一般不会布置重要工作给实习生或者刚入职的新员工,大都安排所能及的任务。职场新人接受任务时要善于把握重点。例如,整理档案,会教你按什么顺序整理、怎么整理,一定要记牢;不懂的要问清楚,或者认真研究一下过去的档案是怎么整理的,给人做事规范的印象。切忌不耐烦或者抱怨,这样会让人觉得你一点小事都做不好。

通常来说,一个职场新人的谈吐、相貌、服饰、举止和神态如何,都会给他人留下印象,而其中的一些细节,往往会让你的形象在他人眼里定格。比如,和领导聊天,其间,聊起新来员工的去向,就问领导希望把哪个留下来?他说:"我看技术部的小明挺好的,虽然平时不怎么说话,但是他每天都是第一个来上班的,偶尔有几次我来得早,发现他在默默地打扫卫生,说明他手脚勤快、踏实呀!"

领导总是喜欢通过细节去观察员工,毕竟一个人的素质和教养会淋漓尽致地通过细节展露无遗。再比如说,领导初次给你安排工作,让你编个文档、写个报告,内容好不好在于你的能力,但是诸如格式是否规范、是否有错别字、是否打印装订好,如果你能够注意到这些细节,就能营造职业严谨的印象,为你打开工作局面,赢得领导认可。

因此,平日里,如果能注意修炼细节,加强敏锐度,很能为你的职场成长加分。

5. 与人互动,要主动积极

每天上下班时,不妨率先跟同事打招呼、说再见,肢体动作稍微放大一点,用点力气,摆动要明快迅速,问候要大声到足够让对方听见,简洁有力。不说太多话也没关系,只要大声问好道声早安、再见,持之以恒,就够了。

比如说,在楼道口撞见领导,主动上前,字正腔圆、中气十足地向他打招呼,就能给领导留下充满精气神的印象。而且,公司里面新人一多,领导往往没办法记住所有人,爱打招呼的习惯就容易让领导记住你了,或许哪天再碰上你,会停下来和你寒暄几句,加深互相的了解。

这与你的能力高低并无关系,却能够促成一段良好的上下级关系。

6. 表现出你的兴趣盎然,专注倾听,不要急着打断别人讲话

"世界上最令人印象深刻的,就是那些给予别人百分百关注的人。"倾听也是一种艺术,如果对方感受不到你的关注与兴趣,那你会给人留下什么印象呢?如果每当遇到一个人时,都会问一些有关对方的事情,问他对什么比较感兴趣,喜欢做些什么,通常这会成功地在对方心中留下深刻印象。

事实上,当你用提问的方式表示关注时,对方不仅会感受到被尊重,还有更多的机会了解你,因为你提问的同时,一定也会说些什么。

知易行难,在实际交往中,很多人往往只顾着话,而不肯放过任何发表观点的间隙,哪怕有时要打断别人。

通常,我们会记住别人带来的感觉,同样,别人也会记住我们带给他们的感觉。专注地聆听别人讲话时,你会让对方感受到自己是重要的,对方也将会因为这种美好的感受而记得你。

7. 开会时候,坐在大家都能看得到你的地方,一定要开口说话

开会或公事洽谈的时候,不要躲在角落,最好坐在大家都能看得到你的地方。会议进行时,不妨勇敢地表达自己的意见,一定要开口说话,否则,别人没机会认识你。

光听别人讲当然不难,但如果你由始至终都是保持沉默或选择沉默是金,那就不怪别人转头就忘了你,因为他们根本没机会认识你。

很多人害怕说错话,以为这样会显得很蠢,但事实上,大家都和你一样紧张。有的时候,一个蠢萌的提问和有趣的经历可能更能打破这种僵局,让彼此在不约而同的笑声中变得亲近起来。

但要注意的是,你所表达的意见最好是从积极、正面、乐观的角度切入,回应主讲人的论点,切忌消极、悲观、负面的论点。坚持下去,一定能给人留下好的印象,有时还能给出意想不到的好意见,解决会议中的困扰。

总之,随时随地让自己散发出自信、有活力的气息,真诚地与人相处,回应每一个人,让对方感受到你的真心和实力,长此以往,一定能给人留下深刻的好印象,为你的工作事业创造好运势。

8. 保持个性,适当收敛,留有余地

按照不同的岗位角色,我们常需要留给他人一个好的印象,那么,是不是符合他人期待就要丧失自我呢?有很多人为了得到他人的好评,给人留下好的印象,往往过分投其所好,一见面就拍马屁,或者以谄媚的表情谈事情。其实,这样不仅不会为你的第一印象加分,反而会取得不好的效果,弄巧成拙,形成一个糟糕、不真诚的坏印象。

给他人留下好印象,其实还是有一定的办法的。例如,适当隐藏自我,在第一印象中,过分展现确实不是什么明智之举,恰当地隐藏反而是好的办法,除非你足够优秀到让人挑不出毛病。让别人觉得你在总的方面或者某些方面有很多优秀的品质和才能,愿意给予指导,这样,也能为你的第一印象加分。

要想顺利通过"7秒测试",留下良好的第一印象,不妨看看下面的建议:

- 深呼吸。它能帮你缓解因害羞或者焦虑导致的紧张感。
- 挺直腰板。这样才会让自己看上去自信满满。

- 保持微笑。这是顺畅交谈的首要条件,但注意不要笑得太假,笑容要慢慢消退,否则会显得不够真诚。
- 左手拿包。用左手拿着公文包或将包背在左边,以腾出右手方便握手。
- 手机静音。这是最起码的社交礼貌。
- 保持距离。对别人表现出兴趣,但不要侵犯个人空间,两个人相隔一臂长,会显得既友好又礼貌。
- 赞美对方。找机会赞美对方几句,能增加亲和力,但要注意点到为止,不要让人觉得你在拍马屁。
- 穿着整齐。与人见面之前,确保穿着整齐,别喷味道浓烈的香水,也能加分。

(三)商务文档写作质量,也许是你留给职场的第一印象

1. 了解商务文档写作

(1)商务文档写作概念

商务文档是指所有以沟通和记录为目的,应用于商业往来和企业内部的文件。宽泛点来说,你在上班时间内所形成于书面的一切东西,都可以称之为商务文档。这不仅包括邮件、项目方案、分析报告、会议记录、工作总结、年度计划,甚至还包括你在内部及时信息工具上与同事的沟通!

商务文档写作就是完成日常工作和生活中,通用商务文书的规范性写作。

(2)商务文档的写作目的

在着手撰写商务文档时,首先应该做的就是问自己:"我为什么要写这份文件?"商务文档写作的目的有很多,主要看要传递给阅读者什么信息(图 2-4)。例如:

图 2-4 商务文档写作目的

- 解释或证明某些行为的合理性:"由于现有供应商给我们的所有出价都太高,因此,我们决定拒绝它们,并寻找其他供应商。"
- 传达信息:"管理层想让所有员工都知道新产品的季度销售额超出了期望值。"
- 影响读者:"工程队能够如期完工。"
- 公布好消息或坏消息:"不幸的是,你们报告的引擎起火事件发生在保修期结束后的第二天。"
- 要求行动:"设计组的工作应该在 5 月 1 日之前完成,并提交产品规格。"

在开始写作的时候,应牢记自己的写作目的。因为在从事文件撰写这样的普通任务时,许多撰文者都会偏离自己的目的。

为了始终牢记自己的目的,你可以将写作目的略记在草稿的开头以作为提醒,并在写作过程中回顾和参考,并在起草完毕之后检查草稿,以确保最初目的得以实现。

(3)商务文档的写作原则:334

图 2-5 是商务文档的写作原则,即"334"原则。

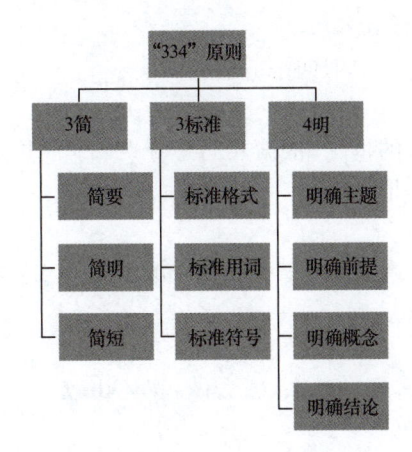

```
                    "334"原则
          ┌───────────┼───────────┐
         3简         3标准        4明
          │           │           │
         简要       标准格式     明确主题
          │           │           │
         简明       标准用词     明确前提
          │           │           │
         简短       标准符号     明确概念
                                  │
                                明确结论
```

图 2-5　商务文档的写作原则

- 3简：简要、简明、简短，把要点写清楚即可，不要展开阐述。
- 3标准：标准格式、标准用词、标准符号。格式遵循商务文档的约定俗成或公司的标准格式；用词要用书面语的商务语言；标点符号要符合文档格式和目的。
- 4明：明确主题、明确前提、明确概念、明确结论。四者相辅相成，不可或缺。

(4) 商务文档类型

商务文档类型一般按图 2-6 进行划分。商务文档中，重点解释一下日常公文，其他的诸如会议纪要、工作计划、工作总结从字面上都能很好理解。

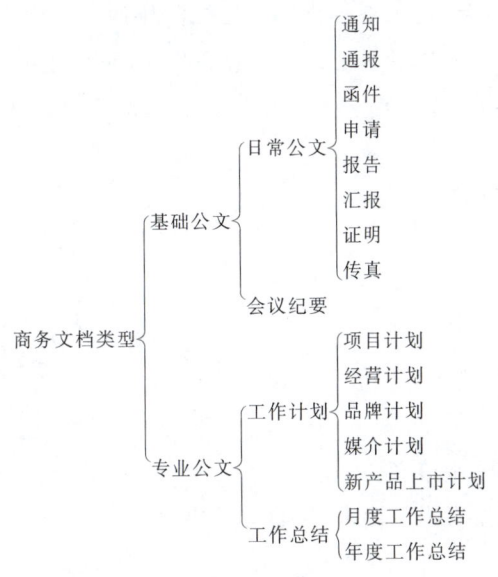

```
                         ┌─ 通知
                         ├─ 通报
                         ├─ 函件
                  ┌ 日常公文 ┼─ 申请
                  │       ├─ 报告
           基础公文 ┤       ├─ 汇报
                  │       ├─ 证明
                  │       └─ 传真
                  └ 会议纪要
商务文档类型 ┤
                         ┌─ 项目计划
                         ├─ 经营计划
                  ┌ 工作计划 ┼─ 品牌计划
           专业公文 ┤       ├─ 媒介计划
                  │       └─ 新产品上市计划
                  └ 工作总结 ┬─ 月度工作总结
                           └─ 年度工作总结
```

图 2-6　商务文档类型

- 通知
  ➢ 级别：上级或决策者对下级。
  ➢ 说明：明确一件事，接收方不能拒绝。
- 通报
  ➢ 级别：上级或决策者对下级。

➢说明:告知一件事,接收方不能拒绝。
通知和通报的区别表现在以下四个方面:
①告知的内容不同
通知告知的主要是工作的情况,依据共同遵守、执行的事项;通报告知正、反面典型,或有关重要文件精神的执行情况。
②目的要求不同
通知要求收文机关或个人了解要办的事情,该怎么办理,要求遵照执行;通报主要是交流情况,起宣传或教育作用。
③表现方式不同
通知主要是叙述,告知人们做什么、怎么做,叙述比较详细具体;通报兼用叙述、分析和议论,有时有较强的感情色彩。
④其他不同
通知的事情尚未发生;通报则以事实做前提。通报事情的性质和范围大于通知。

案例 2-8

关于对王某的处分通报

公司全体员工:

王某平时经常迟到、旷工,自由散漫,今年 5 月 7 日受到上级李某批评时不服,与李某发生争吵,并对其进行殴打,造成李某身体多处轻微挫伤。虽然后来王某认错态度良好,但仍造成恶劣影响。公司决定对其进行严重警告处分,并扣发第二季度奖金。

望全体员工引以为戒,自觉遵守公司纪律及规定,加强职业道德及操守建设。

特此通报。

××公司人事部
2022 年 7 月 8 日

- 函件

➢级别:内部对外部。

➢说明:不需要决定,接收方一般需要回复。

- 申请

➢级别:下级对上级或决策者。

➢说明:向上级或决策者提出要求,接收方需要回复。

- 报告

➢级别:平级或上级对下级。

➢说明:不一定回复,平级一般回复"已阅"。

- 汇报

➢级别:下级对上级或决策者。

➢说明:不一定回复。

2. 商务文档写作

(1) 日常商务文档的写作步骤

➢定性,即该公文是通知、函件、申请、报告、汇报……

➢确定核心内容,即传递的核心信息是什么,有几条信息……

➢找到固定的模板,撰写初稿。

➢进行抬头、正文、结尾部分的格式、文字及内容的校正。

➢精练正文部分的内容。

➢定稿。

➢找到相应人员签发。

➢正式发送。

(2) 商务文档写作的技巧

➢了解读者。

➢使用第二人称,强调读者的利益。

➢确定单一的交流目标和目的。

➢清晰、简洁、直白。

➢使用主题行、缩格、简短的开头段落和附言。

➢开篇和结尾有力。

➢在长文件中应采用标题、空白、图表。

➢使用主动句,少用被动句。

➢避免消极写作。

➢应用说服的技巧来影响读者。

• 规范

越正式的公文,越多使用单音节词,如:

➢称谓用语:本(第一人称)、贵(第二人称)、该(第三人称)。

➢开端用语:根据、据、依据、按照、本着、兹因、兹有、鉴于等。

➢引叙用语:前接、顷接、近接、近悉、欣悉、惊悉、已悉、均悉、阅悉等。

➢经办用语:经、业经、兹经、拟等。

➢承启用语:为此、故此、就此、综上所述、总之、有鉴于此、由此可见。

➢期请用语:拟请、恳请、谨请、务请、烦请、务即、希予、盼、切盼、渴盼等。

➢表态用语:理应、确应、迅即办理、拟予、缓议等。

➢结尾用语:此复、此令、此布、特此函复(函达)、为盼、为荷、自……起施行等。

➢判断用语:系、确系、纯系等。

➢征询用语:妥否、当否、可否、是否可行、是否妥当、请予批转、"当否,请批示"等。

➢受事用语:蒙、承、承蒙、荷、是荷、为荷等。

➢报送用语:呈请、呈报、呈文、呈送、呈上、迳报、送达等。

举例:

这名职员表现良好,请给他表彰。规范描述:该名职员表现良好,建议予以表彰。

因为你们卫生所反映的情况是真实的,所以我们应该给予支持。规范描述:鉴于贵所反映情况属实,故我们应给予支持。

- 明确

用信息化语言,而不是描述性语言,比如:

(描述性语言)我下周一去你们公司拜访一下好吗?我们的面谈将会很高效且富有成果。

(信息化语言)我下周一去你们公司拜访一下,好吗?大概占您15分钟,会谈这三个话题……

(描述性语言)新的在线注册系统与过去的手工输入系统相比,性价比更高。

(信息化语言)新的在线注册系统将我们运营成本降低了30%。

信息化语言的特征:

➢给数据,给事实。

➢简化复杂信息。

➢超越已有认识。

➢向前挖原因,向后给指南。

请规范使用连接词。商务文档常用连接词见表2-1。

表2-1　　　　　商务文档常用连接词

顺承与附加	追加	并且、以及、不仅如此、理所当然、另外、特别是、除此之外、甚至、尤其
	对比	并列:另外、另一方面、相对地、况且 时间系列:同时、以前、后来、此后
	解说	具体地说、简言之、换言之、也就是说
	条件	如果、假如、根据、只要、有……的话、如果不是……的话、若是
	选择	或者、或是、非……不是……就是
顺承与论证	理由	因为、以便、所以、以致
	归结	基于、结果、综合……的观点、所以、于是、正因为、若……则
	手段	借着、借由
	目的	为了、为此
转折	反转	可是、虽然、不过
	限制	要注意的是、虽说如此、"……没错,但……"、相反地
	让步	固然、尽管、纵然、即使、虽然
	转换	那么、接下来

- 积极

只说可以做/应该做的,不说不可以做/没有做到的,对事不对人。

具体到各类公文的写作,具有各自的特点和要求。

(3)函件的写作

• 商务函件是一种"推销"函

商务函件是一种常用的商业联系媒介。实际上商务函件是一种"推销"函,写信人总是在推销着什么,或是物品,或是服务等。

要写好商务函件不仅要具备相关的业务知识,掌握好法规和条款等,还应具备扎实的语言基础,熟悉函件的书写形式和行文要求。

• 商务函件的基本特点

商务函件书写的重点应放在"效率"上,应易读易懂;语气真诚、友好、客气;语言简短、朴实、自然;内容清晰、准确、具体;行文正确、完整。

• 商务函件写作无定律

好的商务函件并没有固定不变的写作模式,因人而异。函件的写作很灵活,结构一般包括标题、主送单位、正文和落款。

写作时,应充分考虑收信方的观点和看法、背景和所处环境。其写作要求主要是开门见山、直叙其事、措辞得体、尊重对方。

案例 2-9

致谢函

××公司××部××先生/女生:

这次在我司请您配合了解××商品市场情况的活动中,承蒙您在百忙之中做深入的调查了解,实在不胜感激。关于××商品的价格,待我公司调整修订以后再函告您。

希望今后加强往来,并请继续给予大力支持!

特此表达感谢之意!

此致

敬礼!

××公司××敬上

2021年12月8日

(4)申请的写作

申请由首部、正文和尾部三部分组成,其各部分的格式、内容和写法如下:

• 首部:主要包括标题和受文领导两个项目内容。

➢标题:申请的标题一般是由需要请示的事构成,如《关于××××的申请》。

➢受文领导:每份申请只能写一个受文领导,不能多头请示。

• 正文:其结构一般由开头、主体、结语构成。

➢开头:主要交代申请的理由。

➢主体:主要说明申请事项。它是向受文领导提出的具体请求,这部分内容要单一,只宜申请一件事。

➢结语:另起一段,其习惯用语有"当否,请审批""妥否,请批复""以上申请,请予审批"等。
- 尾部:其主要结构为落款与成文时间两部分。

写申请应注意的问题：
➢ 一文一事的原则。
➢ 实事求是,材料真实,不要为得到领导批准而虚构情况。
➢ 理由充分,申请事项明确。
➢ 语气平实、恳切,以引起上级的重视。

案例 2-10

申请写作举例

××县城乡建设局
关于请求批准成立"××县供热公司"的请示

县编委：

为了进一步提升城市品位,实现节能、减排、降耗,达到减少污染的目的,按照县政府的安排,县城除中钢集中供热的区域外,从今年开始逐步分期实施旧城区、二郎坪开发区等区域的集中供热,热源厂选在县城东苍湾村340省道南侧,采用燃煤热水链条锅炉供热。设计规模为160万平方米,当年必须供上热的有滨河小区、聚安小区、金鼎商住楼、城关镇等单位约80万平方米,上2台40吨的热水锅炉。

鉴于此,急需成立供热公司,初步设想为正科级自收自支单位,隶属县城乡建设局,内设机构及人员编制参照其他县的情况,初步拟定为：

经理1人。

副经理2人。

财务2人。

办公室1人。

业务及生产室3人。

维修班4人。

收费室2人。

临时季节工10人。

共需人员25人,其中正式工15人,临时工10人。

特此申请,请县编委尽快研究批复。

××县城乡建设局
2020年8月11日

(资料来源:根据网络信息编写)

(5)报告的写作

报告是下级向上级或平级汇报工作、反映情况、提出意见或建议、答复询问的陈述性文书。"报告"是陈述性文体,写作时要以真实材料为主要内容,以概括叙述为主要的表达方式。

撰写"报告"的目的就是让上级或平级掌握本单位的情况,了解本单位的工作状况及要求,使上级或平级领导能及时给予支持,为上级或平级机关处理问题、布置工作或做出某一决策提供依据。所以,报告的内容要求以摆事实为主,要客观地反映具体情况,不要过多地采用议论和说明,表达方式以概括为主,语气要委婉、谦和、不宜用指令性语言。

- 报告的特点

➢报告的目的是向上级或平级汇报工作、情况、建议、答复等,它不直接请求上级机关正面回答报告中的问题,所以不带申请事项,这是它与申请的重要区别之一。

➢报告中一般不提建议或意见。

➢报告在内容上不像"申请"那样有"一文一事"的要求,它可在一件文书中综合报告几件事情,层次结构比较复杂。

- 报告的种类

报告从种类与内容上划分主要有:汇报性报告、答复性报告、呈报性报告、例行工作报告。

➢汇报性报告

汇报性报告主要是下级向上级或平级汇报工作、反映情况的报告。

➢答复性报告

这种报告是针对上级或平级所提出的问题或某些要求而写出的报告。这种报告要求问什么答什么,不涉及询问以外的问题或情况。

➢呈报性报告

呈报性报告主要用于下级向上级报送文件或物件随文呈报的一种报告。一般是用一两句话说明报送文件或物件的根据或目的,以及与文件、物件相关的事宜。

➢例行工作报告

例行工作报告是下级或平级因工作需要定期向上级所写的报告,如财务报告、业务开展报告等。

- 报告写作

报告的结构一般由标题、受文领导、正文、落款、成文时间组成。

➢标题:由制发部门名称、事由和"报告"组成。

➢正文:如果是事由,直陈其事,把情况及前因、后果写清楚;如果是事项,写工作步骤、措施、效果,也可以写工作的意见、建议或应注意的问题。

➢结尾:可写"特此报告""专此报告",后面不用任何标点符号,或"以上报告,请指示"等语。

➢注意事项:概述事实,重点突出,中心明确,实事求是,有针对性。

案例 2-11

报告写作范例
关于中央移民建镇资金审计情况的报告

根据《国务院办公厅转发国家计委灾后重建整治江湖兴修水利现场办公会会议纪要

的通知》(国办发〔1999〕2号)的有关要求,我署组织省审计机关进行了审计调查。现将主要情况报告如下:

去冬今春,国家计委下达4省移民建镇安置计划23.3万户,中央财政预算内专项资金34.9亿元,并于3月底前下拨到省。审计及调查结果表明,中央采取的移民建镇措施,使饱受洪涝灾害之苦的广大移民发自内心地感谢党和政府的关怀,对改善、密切党群关系及维护社会稳定起到了有效的促进作用,同时也活跃了这些地区的市场,对经济增长起到了一定的拉动作用。但是,审计也发现了一些问题,需要引起足够重视。

一、多数地方未按每户1.5万元拨补资金到户(略)。

二、一些地方统建房造价高,入住率低(略)。

三、地方各级部门滞留占压、挤占挪用资金等问题比较普遍(略)。

四、拆旧完成情况不好(略)。

针对这次审计查出的问题,提出以下建议:

一、对中央移民建镇资金用于基础设施建设的比例,国家计委应会同有关部门做出限制性规定,防止各行其是,随意扩大。

二、重视和解决统建房入住率低的问题。

三、对这次审计查出的滞留占压资金、挤占挪用资金及项目、资金管理混乱等问题,要进行整改,同时要进一步采取有力措施解决退耕移民的生计问题,并严格按照国办发〔1999〕2号文件要求做好拆除旧房工作,切实做到建新拆旧。

审计署

一九九九年十月二十二日

(资料来源:根据网络信息整理)

(6)会议纪要的写作

• 什么是会议纪要

会议纪要是根据会议记录、会议文件及其他有关材料加工整理而成的,是会议议定事项和会议重要精神,并要求有关单位执行的一种文体。

• 会议纪要的作用

会议纪要通过记载会议的基本情况、会议成果、会议议定事项,综合概括反映会议精神,以便使与会者统一认识,会后全面如实地进行传达。会议纪要是组织开展工作的依据。同时,"会议纪要"是可以多向行文的,具有上报、下达以及同级单位进行交流的作用。

➢再次对参会人员强化会议中确定的事项。

➢对有关部门和人员产生约束力,起着类似于指示、决定或决议等指挥性公文的作用。

➢还可作为将会议决议与精神进行上传下达的文字依据。

• 会议纪要与会议记录的区别

会议纪要是在作为原始材料的会议记录上,进行加工提炼、概括整理而成的文字材料,因此,其与会议记录是有区别的。

➢性质不同:会议记录是讨论发言的实录,属于事务文书;会议纪要只记录要点,属于行政文书。

➢功能不同:会议记录一般不公开,无须传达或传阅,无须贯彻执行;会议纪要则相反。

• **会议纪要的写作格式**

一般会议纪要内容如图2-7所示。

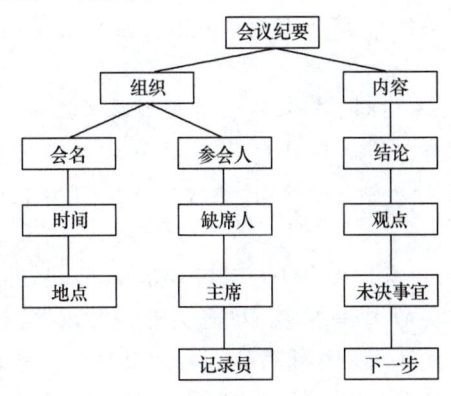

图 2-7　会议纪要内容

➢ **抬头**：时间、地点、主题、参会人员、主持人或会议主席、记录员等。
➢ **会议议题**：会议议题1、会议议题2……
➢ **达成的共识或确认的事项（重点）**：它是会议纪要的核心内容，主要记载会议情况和会议结果，写作时要注意紧紧围绕中心议题，把会议的基本精神，特别是会议形成的决定、决议准确地表达清楚。
➢ **意见和提议**：对于会议上有争议的问题和不同意见，必须如实予以反映。
➢ **下一步的安排**：包括事项、责任人、开始和完成时间等。
➢ **尾部**：包括署名和成文时间两项内容。

案例 2-12

会议纪要写作举例

八月份营销工作会议纪要

2005年8月25日在公司四楼会议室召开了宜昌远安供电公司八月份营销工作会议。

参加人员：刘嵩、王俊彦、王海燕、金才云、杨健康、喻祥、陈卫华、徐明源、熊德望、刘小林、付长贵。会议由营销科长王海燕同志主持。

会上，各供电站所汇报了2005年一月至七月营销指标的完成情况及线损完成情况、工作中存在的不足和存在的困难。公司刘嵩总经理从务实的工作态度、"工作流程化、管理规范化、台区精细化"的管理方法、提高工作执行力三个方面指出了今后营销工作的思路。分管领导王俊彦副总经理强调职工要对当前的形势有清楚的认识，下半年工作主要内容以营销标准化建设为重点，创新营销机制为保障，全面完成各项目标任务。兹纪要如下：

一、关于台区精细化的问题。台区精细化管理是营销管理考核体系创新的具体体现，各所在公司统一领导下，要积极探索适合本所实际的实施细则，营销科要加强指导，保证十月份精细化管理工作在我公司全面展开。

二、关于线损管理的一些问题。今年一月至七月线损完成情况双高(比目标高、比同期高),要认真扎实做好线损四分工作,全面推行全面质量的方法(QTC),通过 PDCA 的各项循环,找出每台区、每条线路、每个供电所线损管理中的关键因素,确保年底线损指标的完成。

三、关于稽查工作的一些问题。会议由杨健康副科长汇报了前段时间稽查工作具体成绩和今后稽查工作的工作目标。近期对 315 KVA 以上的大用户进行了检查,采取先近后远、先易后难、先内稽后外查,对万山、聚才、昌达、星球、江北、铁炉湾进行了用电检查。

四、对今后管理工作的要求。上半年形势不容乐观,线损、补收、违约电费都未按时间进度完成。职工们要以务实的工作态度,以"电力营销标准"为标准,以精细化管理为方向,深入基层,了解情况。建立用户电费预警机制和用户信用等级(特别注意的是长坂坡建材和长坂坡钙品公司),使得量、价、费、损四大指标均在可控、在控状态。要抓好报装等环节的服务质量工作,提升公司社会信誉度,营销职工要敢于面对矛盾,善于解决问题,促进基层站所增强责任感,搞好供电优质服务。

五、关于其他的一些问题。会议要求各供电所按时上报每月经济活动分析和线损分析报告。

宜昌远安供电公司 2005 年 8 月 26 日

(资料来源:根据网络信息整理)

- 会议纪要的写作步骤
➢根据会议记录整理核心内容,即会议中的决议、决定、意见、建议、下一步的工作安排……
➢整理出决议、决定、意见、建议等的支持理由、原因、数据等。
➢撰写初稿。
➢进行抬头、正文部分的格式、文字及内容的校正。
➢精炼正文部分的内容。
➢定稿。
➢找到相应人员签字确认。
➢会议纪要发给与会人员。

(7)个人工作总结的写作
➢个人基本概况。
➢做什么?做成什么样?取得哪些成绩?采取了哪些方法和措施?收到了什么效果?最好有实时数据支撑。
➢经验和教训。通过实践过程进行分析,找出经验和错误,进行分析,发现规律性教训并推广。
➢下一步计划:下一步怎么发扬优势、纠正错误,准备取得什么样的新成就,须有落脚点支撑。

商务文档写作是一种单向沟通形式,把写作者的思维用文字的形式传达给阅读者。但好的职场公文写作,需要具备双向沟通的潜质,不但要清晰表达写作者的想法,还要能使阅读者(领导、同事)明白你的想法,愿意与你沟通(文书往来),支持你的想法,进而达到写作者与阅读者在理性和感性层面的统一,推动工作快速进展。

作为职场新人,由于不熟悉情况,参加会议的时候一般听得多、说得少,做会议记录是最合适的人选。而部门主管为了熟悉、了解你,一般会要你先写会议纪要等商务文档。无论是会议纪要还是其他商务文档写作,我们一定要认真对待,做好这件事,体现能力和素质,也许是你在职场留下良好第一印象的机会。

三、任务实现:分组完成这堂课的会议纪要

1. 任务要求

分小组,按会议纪要的格式和要求,把这堂课的内容写下来,包括课堂活动和知识要点讲解,要求涵盖老师和发言同学的主要观点、作业布置等。

小组组长进行审核。

2. 课堂分享、评分

将完成的会议纪要在课堂分享,大家一起评分。

四、任务总结:良好的第一印象或许将使你事半功倍

日常生活中,我们都有过这样的体验:初次与人见面时,对方的相貌、举止、言语、风度等方面会迅速地放映在你的脑海中,形成最初感觉,即第一印象。第一印象主要源于人的直觉观察,根据直觉观察到的信息加以综合评判,然后以某种形式固定下来。

第一印象的好与坏,决定着社交活动能否继续下去。第一印象好,对方就愿意和你进一步来往,再通过一段时间的相识与了解,如果对方觉得你的确不错,你们的关系就会顺畅发展。如果对方是你的客户,你在事业上就多了一个合作伙伴;如果对方是你同事,你在工作中就多了一个支持者。第一印象不好,你与对方的交往便不得不就此止步了。纵然你有多么美好的动机,多么宏伟的蓝图构想,也只能化成泡影。

因此,很多时候,建立好第一印象,或许将使你事半功倍。

第三章 确认要你做什么

学习目标

➢ 了解职场中要尊重主管和领导的重要性，认识到做好本职工作是对主管最好的尊重。

➢ 理解清楚做对的事情比把事情做对更重要，并学会正确接受任务，尽量确保做对的事情。

任务安排

➢ 与你关系不好的同事成了你的领导，你怎么处理？
➢ 理解领导布置的任务。
➢ 确定参加"互联网＋"大学生创新创业大赛的项目。

学习指南

➢ 从"课堂活动"中的案例分析和材料阅读中了解职场实际状况后，通过小组讨论来了解职场的规则常识，再通过课堂讲解、问题答疑来帮助加深理解。

➢ 学习使用电子邮件辅助工作，利用"实现参考"的方法和思路，完成课内外任务，将所学知识点转化成自己的收获或能力。

第一节　尊重主管，做好本职工作

▶ **任务：与你关系不好的同事成了你的领导，该怎么处理？**

1. 任务描述
思考与你关系不好的同事成了你的领导，你怎么处理。

2. 任务分析

实现准备	课堂活动	活动一：一次争吵断送了在这家公司的发展机会
	课堂讲解	职场中要尊重主管和领导
实现参考	课堂活动	活动二：两位经理，该听谁的？
	课堂讲解	如何尊重领导 做好本职工作是对主管最好的尊重
任务实现	课堂实训	与你关系不好的同事成了你的领导，该怎么处理？
任务总结	课后思考	尊重领导是一条重要的职场规则

一、实现准备：职场中要尊重主管和领导

(一)活动一：一次争吵断送了在这家公司的发展机会

1. 活动目的
认识到职场中尊重领导的重要性。

2. 活动流程
(1)阅读材料

琳琳离职了，走出公司的大门，她不禁长舒了一口气。

琳琳在这家公司干了5年，身边几乎所有的老同事都升职加薪了，可自己却仍旧是一个普通职员。琳琳一直都勤恳务实，业绩也不错，是大家眼里标准的出色员工，为什么没有获得提升呢？

这要追溯到几年前琳琳与领导发生的争吵，"战事"之激烈，公司里所有人都耳闻目睹。虽然事后证明琳琳是对的，可领导因此失去的威信却无法挽回。之后，琳琳工作依然像以前一样忙碌尽责，领导也没有再提什么，事情似乎也就过去了。

只是此后每次公布加薪或晋升名单的时候，琳琳都会深刻地意识到自己已被打入"黑名单"了。可让琳琳困惑的是，每次和领导见面的时候，他总对琳琳歉意地一笑，那意味深长的眼光让琳琳不知所措，此后，琳琳总想找机会弥补什么，然而无论如何从领导那里都得不到任何清晰的表示。琳琳不知道，其实在领导心里，这件事情永远都不会过去。尝试了各种努力且都失败后，琳琳只好无奈地离开了这家公司。

看似正常的一次争执，却使得一个人整整5年都没有升职空间。可见，在不恰当的场合贸然对抗上司，结果着实可悲，除非你想转身走人。

(2)分组讨论

• 你觉得琳琳得不到加薪机会的原因是什么，琳琳离开公司的决定对不对。

· 琳琳的领导做得对吗？你得到了什么启发？

（3）课堂分享

各小组安排1人分享小组讨论结论，其他成员可以补充，也可以分享不同观点。

满足领导的"尊重需要"

3. 观点分享：满足领导的"尊重需要"

要想在自己的职业范围内有所发展，绝不要犯"以下抗上"的错误。原因是什么呢？请扫描二维码阅读参考观点。

（二）职场中要尊重主管和领导

1. 相互尊重是人们交往的起点

（1）受到尊重，是人内在的精神需要

每个人都是有尊严的个体，都希望得到他人和社会的尊重。

· 尊重给个体带来的影响

受到他人尊重能够增强自尊、自信，产生良好的心理体验，如满足感、成就感等。相反，如果得不到他人的尊重与认可，往往会产生自卑感和挫折感。

比如，不允许衣冠不整者进入图书馆读书，充分体现了管理者强调人与人之间需要相互尊重的理念，包括对他人人格、权利的尊重，这是社会进步的表现，能够促进社会生活和谐融洽，减少社会摩擦。

· 尊重使社会生活和谐融洽

尊重是维系良好人际关系的前提，是文明社会的重要特征。尊重是相互的，尊重能够减少摩擦，消除隔阂，增进信任，形成互敬互爱的融洽关系，从而促进社会进步，提高社会文明程度。

（2）怎样尊重他人

· 学会换位思考

尊重意味着要设身处地为他人着想，不把自己的意志强加给他人。将心比心，体会他人的感受，理解他人的难处，包容他人，像尊重自己一样尊重他人。

案例 3-1

炒菜

妻子正在厨房炒菜，丈夫在她旁边一直唠叨不停："慢些！""小心！""火太大了。""赶快把鱼翻过来，不然要糊了。""唉，怎么能放这么多油，油放多了不好！"

"请你住口！"妻子脱口而出，"我懂得怎样炒菜。"丈夫平静地答道："我只是想让你知道，我在开车时，你在旁边喋喋不休，我的感觉如何。"

（资料来源：根据网络信息整理）

学会换位思考。"己所不欲，勿施于人。"

· 学会积极关注、重视他人

尊重他人，需要我们考虑他人的感受，认真对待他人，给予他人应有的、适当的关注，不冷落或忽视他人。

案例 3-2

祝寿

张大爷80岁大寿,儿孙们欢聚一堂。

可是令张大爷生气的是,聚餐时,年轻人都抱着电子产品,发信息、拍照、打电话,没几个好好吃饭、唠唠家常的。

(资料来源:编者整理)

我们应该重视他人,对他人的疑惑给予细致耐心的解答,对他人的请求给予热情的帮助。

• 学会平等对待他人

平等待人要求我们发自内心地尊重他人的人格,对所有的人一视同仁。不应因家境、身体、成绩、衣着等方面的差别而歧视他人,学会平等对待每个人。

案例 3-3

萧伯纳与小姑娘

世界著名的文学家,爱尔兰剧作家萧伯纳有一次到苏联访问,在街头遇见一位聪明伶俐的小姑娘,就和她一起玩耍。离别时他对小姑娘说:"回去告诉你妈妈,今天和你一起玩耍的是世界著名的萧伯纳。"

不料那位小姑娘竟学着萧伯纳的语气说:"你回去告诉你妈妈,今天和你一起玩耍的是苏联小姑娘卡嘉。"

这件事给萧伯纳很大的震动,他感慨地说:"一个人无论他有多大的成就,他在人格上和任何人都是平等的。"

(资料来源:根据网络信息整理)

"平等"是社会主义核心价值观的基本要素之一。平等的基本内涵是:人与人之间,不得因民族、种族、性别、职业、家庭出身、宗教信仰、教育程度、财产状况等因素受到不公平的对待。"平等"既要体现在政治上,同样也应当体现在生活中。

• 学会欣赏他人

我们要善于发现他人的潜质和特长,真诚地欣赏和赞美他人的优点和闪光点,给予他人积极的评价。

2. 职场中要尊重主管和领导

尊重主管并非提倡对上谄媚殷勤。

反观很多有才之人,或是信奉"酒香不怕巷子深",一味默默奉献,不善于沟通表达;或是盲目自负、自以为是,看领导都是白痴傻瓜,以致发生不必要的冲突,心情郁闷,职业发展停滞不前。

说到底,他们都是按照自己的信念和喜好行事,没有换位思考,缺乏尊重领导的意识和行为。可以说,做人当正直,但过于耿直容易陷于低情商,确是职场大忌。

尊重别人是一种素养表现,尊重自己的领导更是一种责任,足见尊重自己领导的必要性。简而言之,在一个单位尊重自己的领导,给自己的领导争光,其实就是给自己争光。

(1)为什么要尊重领导?

- 领导有被尊重的个人需求

按照心理学家亚伯拉罕·哈罗德·马斯洛的需求理论,每个人都有被尊重的需求,何况领导呢?或者说领导被尊重的需求更加强烈,因为他的工作需要更多人的支撑,感觉到被人尊重会让他开展工作更有信心。

- 领导肯定有你值得尊重的能力、资历或水平

要么是业务的能手,要么是协调能力的高手,要么是有经验的老手,领导肯定有某些优于你的长处,所以我们本来也应该尊重领导。

- 尊重领导是工作需求,也是个人品德

过去对人的考核评语在德的方面首先就是尊重领导、团结同志。这是提拔管理人员的基本要求。

(2)尊重领导是自我发展的需要

- 获得领导好感,有利于自己成长进步

人人都需要尊重,领导愿意与尊重自己的人相处,自然也愿意提拔这样的人到自己的身边。

案例 3-4

王飞的教训

王飞是刚参加工作的一名大学生。他为人谦和,工作任劳任怨,很得上司的赏识。最近,王飞所在公司的总经理秘书被提拔重用了,这个位置出现了空缺。主任认为小王就很合适,就极力在总经理面前举荐。总经理听后,虽没有明确表态,但也没反对,算是"基本同意"了。一天上午,总经理开完会后,从会议室到办公室,途中路过小王他们的办公室,就径直走了进去。办公室坐着的几个人,一见总经理亲临"寒舍",纷纷站起来,恭恭敬敬地问总经理好。

这时,小王正趴在电脑前赶一份材料,这份材料是早上上班时主任交办的,明确要求他十点前必须弄完,并报到副总那里。总经理进屋后,小王没有像其他人一样,马上起立并问好,而只是抬头冲总经理笑了笑,又低头干活去了。总经理站在办公室中间,和其他几个人闲聊了几句,然后来到小王办公桌边上,笑呵呵地问:"事情不少吧?你叫什么名字啊?"小王这才放下手头的活,站起来回答道:"总经理,我叫王飞,正在赶一份材料。"总经理说了句:"接着忙吧。"就走出了办公室。

过了两天,选秘书的事情就有结果了,总经理把小王同办公室的小林调去了他身边。小王到了主任办公室,还没等他开口,主任就一脸不高兴地数落起他来:"你这个人到底怎么回事?怎么能对总经理这么没礼貌?那天总经理为什么要到你们办公室去?就是为了专门去看看你。你倒好,其他人都站起来迎接总经理,你的屁股倒沉得很,坐在那里动也不动。"

"我当时正在赶材料,您说十点前要,那时已经九点半还多了,我不抓紧就完不成了。

我见总经理也没什么事,就觉得,反正自己有要紧的事做,也就没在意。不过,我是冲总经理打了招呼的。"小王极力解释道。"要紧的事?总经理到我办公室,我打了半截的电话都得先挂掉。怎么这点礼节都不懂?这是对人最基本的尊重。你们办公室六个人,就你一人忙?"主任对小王的解释极不满意。

这件事后,小王算是真明白了尊重领导的重要性了,但一切都晚了。

(资料来源:尊重领导一定要从细节做起.搜狐网.2021年12月19日)

也许,案例中的"总经理"有些小气,但现实中因为类似的原因得罪领导的例子并不少见。只有尊重领导,领导才能对你有好印象,在研究人员提拔、学习培训、评先晋级等问题时想到你,至少不会在轮到你时,领导提出不同意见。世界成功学家卡耐基的研究成果也表明一个人的成功85%取决于情商。

• 有利于提升领导力

只有尊重领导,才能自觉服从领导,响应领导号召,完成领导安排的任何工作任务和目标。所以,尊重领导可以提升单位领导力,确保团队目标的实现。

二、实现参考:做好本职工作是对主管最好的尊重

(一)活动二:两位经理,该听谁的?

1. 活动目的

了解职场中,该如何尊重不同业务领域的主管,该如何做好自己的工作。

2. 活动流程

(1)阅读案例资料

小李是某公司技术部职员,他在一个对外联系的项目组工作,项目经理是由市场部的张经理担任,小李和他的主管王经理协助执行。项目在实施过程中,张经理和王经理在多数情况下有着不同的意见,因此,他们通常会在同一件事情上给出小李截然不同的命令,然而张经理直接负责这个项目,王经理是小李的领导,两人的话都是不能不听的,这样,小李觉得十分为难。

有一次,在给公司做一个技术项目的时候,王经理首先找到小李,把一份技术项目实施方案执行书给了他,并附上了技术实施流程细则和其他一些相关材料,要求小李在实施技术项目方案时严格地按照上面的指示和说明去做,否则的话,小李要负责方案所需要的资金问题。小李接过方案实施计划书后,按照王经理的想法展开了工作。

但是,没过多久,张经理也拿了一份同样规格但内容却与王经理的那份迥然不同的计划书,亲自找到小李,要求小李立即停止实施现有的工作方案,马上实行自己的这套方案。理由是如果照王经理的方案实施的话,那么技术项目就不能按期完成,这样一来,责任无人能够承担。

小李将两位经理给自己的两份技术项目实施执行书进行了比较,他发现,如果按照张经理的方案来实施,工期当然能够提前,但是,该项目实施进程的成本却会大大增加,技术项目的质量也有待进一步考察;而如果按照王经理的方案来实施的话,尽管会延误工期,但却节约了大量的资金和成本,而且能够保证技术项目的质量。

张经理看着犹豫不决的小李说:"你到底想好没有,到底是准备立即停工执行新的方

案,还是继续执行你原有的方案呢?"

小李这时一改往日那种不敢说话、只知道服从的态度,毅然决然地说道:"我会坚持执行现有方案的,更何况现在工作已经进行了这么长时间!"

张经理大怒道:"好,这可是你说的。到时候出了问题,那么你要承担全部责任!"说完气呼呼地走了。

这边,小李将情况告诉了王经理,并表示虽然理论上技术项目要延期几天时间,但是自己坚决保证在项目竣工期之前圆满完成任务。王经理听了小李的话,大为赞赏,让他一心只管工作。

这时,小李冷静地意识到,王经理是自己的直接领导,他掌握着自己的前途和命运。于是,在以后的工作中,小李对王经理的安排一直都持服从态度,而对张经理交由自己转达王经理的事情,他也委婉地予以拒绝或让张经理经由正常程序递送,使王经理的尊严和领导权威得到了维护。对于张经理,他是直接负责这个项目,也是自己暂时的领导,小李一方面尊重他的决策,另一方面把矛盾的问题交给王经理,由他们进行协商,自己则全力以赴去实施他们协商后的意见,用优异的业绩取得了张经理的信任和支持。最后,两位经理都高度评价了小李。

(2)分组讨论

• 你认可小李的做法吗?即主要围绕自己的直接主管王经理来展开工作。如果是你,你会怎么做?

• 小李最后得到两位经理的认可,除了在业务流程上理顺、协调好两位领导的关系外,还有哪些原因?

(3)课堂分享

各小组安排1人分享小组讨论结论,其他成员可以补充,也可以分享不同观点。

3. 观点分享

常言道,大树底下好乘凉。在职场中,人人都会拥有属于自己的那棵"大树",也都要追寻自己的"大树"。没有"大树"的庇护,就不能去抵抗风雨的袭击。王经理就是小李的那棵"大树",没有王经理的支持,小李根本不可能完成他的工作,而当小李认准了王经理这棵"大树"并直接听命于他时,情况就完全转变了。尽管张经理对小李的评价暂时下降,但有王经理的支持,也就没有什么可担心的了。

而小李对于项目的正确判断、尽心尽职、竭尽全力做事,将自己的精力都用在了项目的实施上,这样的后果也正是张经理最为满意的。最终,两位经理都得到了他们所希望得到的东西,而小李也获得了双赢。

(二)如何尊重领导

1. 礼节一定要到位

对待领导一定要讲礼节。见到领导,要热情礼貌地打招呼问好;和领导同行,要让领导走在前面;和领导一起乘车,要给领导开关车门;和领导一起参加外部组织的会议活动,遇到你熟悉的人跟你打招呼,要介绍你的领导,不能让你的领导尴尬。所有这些,就是要让领导的被尊重需求得到满足。

领导进你办公室,你起立迎接,路遇领导上前问好,这样的事,虽然说起来并算不上什么大事,但在领导看来,却能体现出一个年轻人的礼貌和基本素养。有时,在领导面前表现出应有的恭敬是相当必要的。

2. 服从领导的命令

职场人既然参加了工作,就要遵守职场共同的规则,扮演好自己的那个角色。你是谁、喜爱或厌恶什么不重要,角色需要你做什么才重要。

下级的产生,根本在于领导分身乏术和并非无所不能,所以才需要通过授权和分工,以完成目标。"下级"这个角色的规则,职责之一就是服从"上级"。这种服从,本质上是"职位"对"职位"的服从,而非个人。

因此,不管内心服不服某个具体管理者,一般说来,服从是必须的,除非你离开职场或转换了角色。"服从"并非人格的矮化,而是组织分工、提升效率的内在要求。

所以说,领导安排的工作要积极响应,带头执行。领导是管决策的,无论对错我们都要执行,就是你认为真正是错了,也不要当场纠正。首先,领导的权威要维护,其次领导是决策者。

确实发现不对的地方,你可以事后找机会单独向领导解释,主动提出解决方案供参考,相信领导会想办法借机改正的,而你也不是"领导怎么说,我就怎么干"的"木偶"人,这样的下级,领导会欣赏和喜欢。

3. 对领导的意见很重视

案例 3-5

让你的老板先说话

一个改编的小寓言故事中讲道,业务代表、行政职员、经理一起走在路上去吃午餐,意外发现一个古董油灯。他们摩擦油灯,一个精灵从一团烟雾中蹦了出来。精灵说:"我通常都给人3个愿望,所以,给你们每个人一人一个"。

"我先!我先!"职员抢着说,"我要到巴哈马,开着游艇,自在逍遥。"噗!他消失了。

惊吓之后,"换我!换我!"业务代表说,"我要在夏威夷,躺在沙滩上,还有喝不完的椰子汁。"噗!他消失了。

"好了,现在该你了。"精灵对经理说。经理说:"我只希望他们两个吃完午餐后回到办公室。"

(资料来源:根据网络信息整理)

我们观念上要尊重主管、尊重领导。遇事先和领导商量,尊重领导的意见,让他先发言,最后听他的结论。

4. 学会感恩,让领导有职场"成就感"

领导在工作中指导了你,你完成了工作目标,要感谢领导,让领导获得职场"成就感",要学会感恩。

如果你从来没有表达对领导在工作支持方面的感谢,也没有在别人面前认可领导对你的很多帮助,总是强调自己职场上的努力和聪慧,而故意忽略领导的指导以及种种帮助,不成全领导的职场"成就感",那领导可能用他的方式来否决你的职场人品和工作业绩。

案例 3-6

小许冤吗?

我以前在一家公司担任人力资源部经理的时候,招聘过一名下属小许,本来招聘职位是让她做人事助理,负责档案管理和员工的入职与离职等工作,并没有打算让她参与招聘工作。

小许做事情很马虎,负责的很多工作总是出错误,但是,她也有闪光点,那就是她对招聘工作非常感兴趣。我们是IT行业的公司,经常招聘一些技术人员去做分布在全国一些大企业的技术项目,我们招聘技术人员的渠道主要是三部分:第一部分是猎头公司,第二部分是一些大型招聘网站,第三部分就是我们部门负责人力资源的人员在一些专业的技术人员QQ群、微信群里招聘。

小许来公司不久,一天,她问我,她可以招聘吗?见她对招聘工作很感兴趣,我在可以拒绝也可以答应的情况下,同意她可以做招聘,并指点她应该加哪些方面的技术人员QQ群和微信群。那阶段,小许每天一大早上班就是兴致勃勃地申请加一些技术群,本职工作却做得错误百出,我当时算是睁只眼闭只眼,并没有批评她,也没有打击她招聘的热情。

那个时候,我也经常招聘一些技术人员,我打电话都是用手机而几乎不用座机,不是因为我的手机费可以全额报销,而是因为用手机打电话更方便,并且如果对方不方便接电话的时候可以发短信沟通。我打电话的时候和技术人员说的话,也就是沟通技巧,很快被小许学去了,渐渐地,她打电话开始有了我沟通的风格,但是我并没有戒备,更没有整天拿着手机跑到走廊尽头或者消防通道打电话,我依然当着她的面和技术人员沟通,她算是间接地从我这里学会了很多与技术人员沟通的技巧,她招聘技术人员遇到比较棘手的事情时,也是我帮她想办法解决。她在招聘上进步飞快。

说实在的,当一个部门的员工能力很强的时候,有的部门领导确实有危机感。但是,我并没有因为这种私心而阻碍小许招聘工作上的进步,她问的任何关于招聘工作的疑难问题,我都会耐心解答,后来,她成了我们部门的招聘骨干,她打电话时的沟通风格和我是一模一样的,她解决招聘中遇到难题的办法也是从我这里学来的。小许成为骨干人力资源招聘人员后,我给她向公司申请大幅涨薪两次,后来她工资基本上是开始时的两倍。

小许内心很膨胀,她总是觉得她招聘工作技能方面的巨大进步完全是她自己努力的结果。她故意忽略了四点:

第一,当初招她的时候不是让做招聘工作的,她申请学习招聘的时候,我并没有拒绝她,算是用我工作职权给予方便,作为她的直接领导,我还是非常开明的。

第二,如果我私心大,我完全可以拿着手机走出办公室打工作电话,让她无法从我这里学习。但是我依然不回避她,让她从我打工作电话中学会了很多我多年来积攒下的沟通技巧。

第三,她平时问的很多关于招聘工作上的问题,我都耐心地给予了解答。

第四,如果我在她本职工作上严格要求她,并再给她分派一些部门里的杂活,完全占用她的招聘工作所需的时间,她根本没有办法在招聘上继续发展。并且为了让她腾出更多的时间和精力用在招聘上,我向公司申请后,另外招聘了一个员工接下了小许手中与招聘无关的工作,让小许专心做招聘工作,这个时候,小许虽然已经表现出了招聘工作上的潜力,但是并没有做出很显眼的成绩,这个关键时候,我招个新员工把她从一些与招聘无关的工作中解脱出来,更是对她职场上很大的帮助和支持。

从这四方面说,我算不算是给予小许大量的职场帮助?但是,小许为了显示她自己是个招聘"天才",为了表现出她职场上很拼搏、很励志,平时在公司相关言谈中,总是刻意抹去我这个直接领导的功劳,从来不提我对她招聘工作上的种种帮助和支持。

后来,我被公司提拔为副总的时候,董事长让我推荐个部门经理顶替我以前人力资源部经理的位置,虽然按照小许的工作能力推荐她,公司上上下下都能接受,但是,我毫不犹豫地推荐了另外一名下属当这个部门经理。

推荐流程,其实就是董事长根据我的提议任命,毕竟我以前是他们的直属领导,对他们的工作能力和职场人品更加了解。

(资料来源:成就领导等于成就自己 简书 2017 年 05 月 19 日)

领导也是平凡人,领导不是职场圣人,更不是职场神仙,如果你不在职场上成全领导,领导为什么要成全你呢?

(三)做好本职工作是对主管最好的尊重
1.你做事是对事负责还是对人负责?

在企业管理中,"对事负责"和"对人负责"是两种思路。

"对事负责",指的是岗位、职能、标准的设置是根据事项、根据流程来设计的,人对事情的过程和结果负责,而不去看是谁在从事这件事。与"对事负责"相类似的还有因事设岗、因事授权等。

"对人负责",指的是决策者重点关注是谁在负责这件事,而并不是严格去评判这件事的每一个过程和结果。

(1)中小企业,对人负责为主

中小企业,短板就是资源,长板就是灵活、高效。人员不是太多的情况下,每个人什么风格、什么优缺点,基本上一清二楚,特别是服务行业或者是智力密集型产业,"对人负责"的方式反而比机械化的"对事负责"效果更好。

"对事负责"其实基础就是"对人负责",只不过它预先对对事负责的人的能力进行了评判,然后通过对人的授权实现人"对事"的负责,只有基于对某些人的个人能力的判断,认定这些人具有能够公正判断事情的能力,"对事负责"才有可能推行。中小企业,本来就是这么做的。中小企业对事情的处理就是来自少数几个核心人员的判断,这就是它最好的管理方式。

"对人负责制"并不是没有规矩,随便来。与"对人负责"同时存在的是对产品、对服务等客户界面的"事"的规范。所有的管理都有成本,中小企业就是把人的主观不容易判断的关键点进行规范,其他的地方将"对人负责"发挥到极致,所以中小企业给人感觉效率更高、更人性。

(2)大企业,要对事负责

一个大企业,不可能靠人对每一个人做出判断,因此只能是把每个人、每件事当作零件,由流程的责任人根据既定的标准去判断每个零件是否合格。

对于大企业来说,"对事负责"就是最好的管理,虽然带来了冗余的投入,如对能力强的人也是一样的标准和流程,增加了管理成本,但也避免了漏检的结果,比如对能力差的人蒙混过关的可能性。只有每个岗位上的人都能够按照既定的标准做好自己授权范围内的事项,才会减少由于事项过多的请示决策引发的整体效率降低。如果几十万人事事都去找大老板,那岂不是天下大乱?

按照我们已知的唯物辩证法和灰度理论的观点来看,不需要绝对地区分执行"对人负责"还是"对事负责",根据每件事的实际情况,灵活选择应用,把把事情做好、做成作为我们的目标和采取哪种方式的判断依据。但无论采用哪种方式做事情,我们都要在工作中跟各级主管和领导打交道,都要使我们的工作得到他们的认可,对自己的职业生涯发展负责。

2. 主管喜欢怎样的下属?

(1)具有忠诚度,对领导的意见很重视

前面已经讲了尊重领导意见的重要性,这里不再赘述。另外,还要具有忠诚度,具有团队精神,不要太自我。

(2)不玻璃心,善于情绪管理

不会因为有指正或批评,就像天塌下来一样,觉得很委屈,整天想着要辞职。很多公司都怕遇到太情绪化、喜欢抱怨并在公司传播负能量的员工,不仅自身失去工作动力,还会影响整个团队的士气。

相反,善于情绪管理、不玻璃心的下属,接收到负面反馈会进行反思改进,以开放心态接纳意见,主动改进提高的人,会受到主管的喜欢。

(3)人品放心,做事靠谱

人品放心体现在不会在工作上耍小心机,态度端正。做事靠谱体现在做事踏实可靠,对于下达的任务,不用去猜他做得怎样了,而是凡是有交代,件件有着落,及时反馈工作进度,始终保证工作方向和下达任务是一致的。

(4)主动学习,自我驱动力强

在工作中,不是等安排才去做,而是主动去承担;相关的建议和方案,不是说了才去做,而是主动去思考工作有哪些可以做得更好的地方,并将解决方案主动提出来。

并且,工作之余,还会主动学习相关的工作技能,然后运用到工作中,有目标地提高自身能力。

(5)执行力强

对于下达的任务,特别是比较难的任务,会立即想办法去落实执行,不会因为想太多而不去执行,比如"这个任务根本就完成不了""完成不了怎么办啊"等,白白浪费时间。

(6)不闷头干事

有些人性格内向,或是觉得领导没时间听自己说太多,就不愿意主动找领导沟通,其实这是典型的学生思维。大部分领导都是非常乐意听下属的想法或解答下属问题的,如果主动去请教问题,他肯定会停下手中的工作,热情和你交流。

相反,如果只闷头做自己的事情,会让领导不知道你的工作状况,不知道你每天在想什么,大部分没有存在感、得不到升职加薪的员工都是这种情况。

(7)有韧性,恢复能力强

在工作或生活上遇到不顺时,可以较快地调整过来而不是长久沉浸在难过中,以积极的心态让自己恢复过来。

其实,很多时候,决定你人生上限的,不是能力,而是你的做事风格。进入职场后,摒弃学生思维,有意识地去建立自己的职场做事风格,是非常有必要的。

3. 做好本职工作

据调查,60%的人离职是因为跟领导不和,也就是大家心里都会说:"在这人底下干活,我看不到任何前途!"但是,离职只是一时的解脱,总归还是要去面对生活,面对自己,面对未来。我们大都是普通人,为了自己和家庭,也为了自身发展还是得继续再就业。

因此,离职不是解决问题的最好方式,随意离职会导致你的资历积累浪费,比如行业经验、人脉关系、资源等,都需要你重新积攒,而且你得再次适应新的环境。最重要的是,你并没有解决本质问题,跟这个领导不和,你走了,没准下个公司还是遇到同样的领导,难道又离职吗?

"跟领导不和"这类问题的发生,很大程度上是因为没有学会如何跟领导相处,如何在工作上不卑不亢,努力并积极地完成领导交给的任务,尽自己最大能力,做到最好,并与领导保持及时沟通而最终获得认可。

我们知道,绩效考核指标就是以量化的形式来表述某种特征活动的一种测量工具,比如满班率、续班率、业绩完成率、计划执行率等。一般来说,各级部门,也就是各级部门领导都承担着相应的绩效考核指标(简称 KPI:Key Performance Index),而部门员工的工作重点是承接各级领导的 KPI 分解而形成的,所以,做好我们本职工作的同时,就是在帮助各领导完成其主要的工作任务,最终完成部门的总体绩效考核指标。可以说,完成本职工作既是在成就自己,也是在成就领导和部门,就是对领导最好的尊重。

(1)认知领导并获取信任

• 认知与包容领导

你是否认可领导的工作能力,他是否有值得你学习的地方?你了解他的价值观吗?是否跟你价值观冲突?

简单来说,你需要知道领导是一个什么样的人,喜欢什么、厌恶什么,做事的态度和方式方法是怎样的;需要对不同类型的领导,充分了解其性格特型,然后根据需要调整自己的工作方式、方法等,以更好地适应,实现优势互补。DISC 人格特型模式把领导的性格分为四种:

支配型 D 领导(Dominance):行动力强,以结果为导向的性格特征。其性格特征是自尊心极强,在他面前,你需要做的就是尊重他和服从他的指挥,和他沟通时,须简单、直接、有问必答。

影响型 I 领导(Influence):性格温和乐观,以人为主的性格特征。更喜欢影响他人而不是掌控他人,他喜欢交际和沟通,强调互动,喜欢讲信用的下属。

稳健型 S 领导(Steadiness):以按流程做事为主,做事严谨、精细的性格特征。领导的性格谦逊而温和,稳定的情绪是他们明显的特点,他们非常擅长履行职责。

支持型 C 领导(Compliance):以服从规则为主、乐于支持他人的性格特征。非常喜欢规则和程序,绝对遵守纪律。

如果领导善于倾听,不妨采用当面汇报,事后提交备忘录的方式;如果领导爱阅读,你就先提交书面报告,再口头汇报交流;如果领导喜欢事必躬亲,你就随时与之互动;领导喜欢授权,你就大事汇报,小事自断。

假如对领导各方面,你都认可,那至少可以说明,他是一个你值得跟随的领导。即便他对你的领导能力和价值观不认可,你也需要包容他。在别人不如你的地方选择包容别人,就是一种在人格上对等的尊重。

时间对每一个人而言都是公平的,每个人的时间和精力都是有限的,反映在职场当中就是每个人都会有自己的相对优势和短板,差别就是在于多与少。领导也不会例外,在工作的表现中,难免有些不足之处,作为一个优秀的下属,不但要包容,还要不动声色地包容。

要允许那些比你厉害的人依旧有不足的地方。每个人都有自己的相对优势和短板,与人共事的时候,除了彼此之间相互协作把事干成之外,还要向对方的优势学习,以便于提升自己的优势或弥补自己的短板。

当看到那些比你更优秀的人有不如你的地方,只能说明你是在用自己的优势和别人的短板进行对比。你既要允许那些优秀的人有比你弱的地方,也要允许自己有某些超过那些优秀的人的地方,这当然包括你的上级或领导。

• 与领导沟通,获取信任

问问你自己,工作中是不是经常都是自己的活默默无闻做完,从来没去"打扰"过领导?其实,领导与你的信息和资源不对等,如果完全不打扰,就无法获取关键信息和更好的资源。要学会借力,借助领导的力量更快成就自己;但是也不能老打扰,要注意分寸。

成长是职场中最重要的事。什么是成长,就是昨天不会的,今天会了,昨天不熟练的,今天熟练了……简单地说就是,今天比昨天要好,明天比今天要好,这就是成长!

找出别人身上的错误,不一定能让你成长,因为成长是自己的事,只有把自己的相对优势提高了,或者弥补了自己的短板,才是你的成长。

一个领导对下属最大的认可就是"信任",领导信任你了,说明你很好地展现并证明了自己。因为信任,才会给你更多的机会和资源,让你能够实现自我价值;同时,也是帮助他获取价值。你获得了领导信任,就能获得更多机会,也就获得更多的成长机遇了。

(2)适应与包容领导

• 适应领导

互相适应,从容应对不同风格类型的领导,主动建立满足双方期望的良好关系,这是员工要注意的。

在沟通上,不同的领导不一样。有些领导喜欢读取信息,比如总结、周报、邮件等;有些领导却喜欢当面沟通,喜欢面对面交流或者在会议上讨论。应对这两种不同的人,我们可采取不同的沟通方式。

同样,在做事方式上,不同领导也有不同的喜好。有些领导会告诉你为什么要做这件事情,比如,我们的目标是获取业务方对我们的信任,建立更深度的沟通与合作,但是不告诉你到底该怎么做和做什么;而有些领导会很直接地告诉你做什么,但是不告诉你背后的深层次本质原因。

面对不同沟通方式和做事方式的领导,我们应该要学会适度地去适应,才能在工作中从容应对。

• 包容领导

身在职场,每个人都会有自己做事的倾向性习惯,这就是一个人做事的风格,没有好与坏,只是各有所爱。

做事只是提供结果的方法和过程,只要做事的过程控制好风险,至于做事的风格是强势还是温和,是霸道还是放权,都是提供结果的过程。

对于领导的做事风格,认可的要适应;不认可、不能适应,就一定要包容。其原因如下:

①领导对你的影响很大

对于主管或领导而言,最重要的职责是带好团队,把事干成他期望的结果、他可以向他的领导去汇报的样子。在提供结果的过程中的做事风格,可能和你的三观很接近,也可能和你的三观差距较大。你可以不认同,但一定要选择包容而不是反对,因为领导对你的影响很大。

②不认可,也无法改变

要改变一个人的想法是很难的,甚至有时候是无能为力的。我们可以尝试去引导或影响别人的观念,但无法保证改变别人,接受或包容不能改变的是必然选择。

身在职场,我们大家每个人都是成年人。在成年人的世界少谈对错,多想想如何团队合作,如何完成领导安排的工作任务。遇上自己不认可的人或事,请选择理解与包容。

尽管我不认可你,但我可以支持你。

(3)对结果负责,实现双赢

职场中,很多人都有这样的疑问:"我已经负了责任,完成了领导交代的任务,为什么领导还是不满意?"殊不知,在职场中完成任务并不等于负了责任。真正地负责任是对结果负责。

在职场中,完成任务与获得需要的结果是两件事情,只有对结果负责,让结果完美,才是真正地完成任务,才是真正地获得业绩。

可以这样理解,职场在某种程度上而言是一个大的交换场,每个人都要向上提供结果,以交换自己想要的资源或机会。身在职场,最重要的是提供结果,而且尽可能提供价值高的结果。

领导喜欢有才能的人是因为他们能够更快、更好地帮助团队实现目标,你的工作价值大小取决于对团队绩效的贡献高低。

因此,应了解团队的绩效考核指标(KPI)和迫切要解决的问题,要清楚完成自己工作的同时,是否也是在尝试协同完成领导承担的团队目标。在帮助领导成功的过程中,更好地成就自我,是每个职场人应该思考的。

你要明白一个道理:你的KPI、薪水、年终奖等级,既是你真正实干出来的,也是领导团队评出来的。不要只埋头苦干,要领会领导的思路,学会站在领导的角色思考问题。

所以,在职场想升职快、加薪快、成长快,除了埋头苦干,还得学会抬头看路,多向领导请示工作,多给领导汇报工作,紧跟领导的步伐,帮助实现团队的工作诉求,实现真正的双赢。

三、任务实现:与你关系不好的同事成了你的领导,该怎么处理?

1. 任务描述
你和另外一个部门的经理有过节,你和他关系很不好,后来,这个经理被调到你们部门成了你的领导,他对你很冷淡,你怎么办?

2. 分组讨论,写出小组的策略和方法
各小组安排1人分享小组讨论结论,其他成员可以补充,也可以分享不同观点。

四、任务总结:尊重领导是一条重要的职场规则

在下属和领导的关系中,尊重领导是第一位的,这是上下级开展工作、保持正常工作的前提,是融洽相处的一种默契,也是领导观察和评价下属的一个尺度。因此,下属尊重领导,这是一条最重要的职场规则。

尊重领导不是拍领导马屁,不是讨好领导,而是我们以职业化的思维理解领导,以建设性思维处理好与领导的关系,与领导一起协同去做好事情,实现双赢。你会发现,成就自己与成就领导、尊重领导是统一的。

如何明确自己的工作、理解领导需要的目标和期望?我们下一节会展开阐述和学习。

第二节 确认,确认,再确认

▶ 任务:"互联网+"大学生创新创业大赛准备

1. 任务描述
任务一:总是理解不了领导布置的任务,该怎么办?
任务二:讨论确定"互联网+"大学生创新创业大赛项目。

2. 任务分析
如何理解领导布置的任务,是我们完成工作的第一步。首先要认识到其重要性,其次要掌握一些方法和技巧,最重要的是要在实践中积累经验、养成习惯。

实现准备	课堂活动	活动一:为何自己认为完成了任务还被斥责?
	课堂讲解	做对的事情,比把事情做对更重要 电子邮件沟通是任务确认、再确认的方式之一
实现参考	课堂活动	活动二:领导布置的任务你真的听懂了吗?
	课堂讲解	正确接受任务,保证做对的事情
任务实现	课堂实训	任务一:总是理解不了领导布置的任务,该怎么办? 任务二:确定"互联网+"大学生创新创业大赛项目
任务总结	课后思考	正确理解领导的工作意图,不要自我揣测

一、实现准备:做对的事情,比把事情做对更重要

(一)活动一:为何自己认为完成了任务还被斥责?

1. 活动目的
认识个人准确接受任务的重要性。

2. 活动流程

(1)阅读案例

我们部门算上领导,一共三人。月初开会,领导给我派了四个项目,给我同事派了两个项目。期间同事和我各自完成自己的工作,谁也没有干涉谁,我甚至不知道他负责的是什么内容。

月底,我的四个项目很好地完成了。同事的项目没完成,领导给我打电话问同事项目进度,我一脸懵。我跟领导说这个项目是交给同事的,我不知道情况,但可以马上去了解,并且当场就针对已经了解到的情况提了一个解决办法。

领导大怒,质问我都是同一部门为什么不了解同事工作状况。然而,我工作完成得不好的时候,领导也没去质问我同事为什么没帮我呀?

(2)快速思考
- 上面案例中,"我"导致领导大怒的原因是什么?
- 领导对"我"和同事的要求不同,你是不是觉得不公平?

3. 参考观点

有时领导交代不清,还要你受批评、"背锅",可能仅仅是工作结果影响到团队绩效的达成了。

今后,领导在分配任务后,手机信息或邮件等方式反复确认一下。

(二)做对的事情,比把事情做对更重要

做对的事情代表了方向和目标的正确,代表了一种科学合理的计划,虽然计划的最终目的还是实现某个目标,但是选择了正确的方向和任务,我们将会有更多的时间为之努力奋斗。

把事情做对仅仅体现了个人的执行力,只是表明了我们对某件事的结果负责,至于这件事情是否正确、是否合理,我们可能根本没有认真去想,因此常见的结果可能就是我们做好了这件事,甚至让这件事的价值得到最大化地发挥,但这些价值并不是领导想要的,也并不符合领导的工作目标。

从时间管理的角度来说,做对的事情往往能够为我们的工作提供一种思路和方向,接下来我们只需要按照这种方向或者某个目标的指引去做事即可,可以说,我们完全可以在一个相对稳定的方向上奋斗。而把事情做对仅仅提到了工作的过程,虽然它也重点强调了效率,但是如果不能把效率用在正确的事情和方向上,所谓的效率只会造成更为严重的损害。

那么,该如何对待"做对的事情"以及"把事情做对"两者之间的关系呢?

1. "做对的事情"比"把事情做对"更加重要

"做对的事情"应该是整个工作的内核,是大脑,它决定了这一份工作任务是否合理、是否值得去做,这一点不能轻易改变。

因为"做不对的事",花的力气越大,付出的代价越大,错误就有可能越大,就越有可能吃力不讨好,做无用功,甚至南辕北辙,表面上"把事情做对"了,实际上却离自己想要达到的目的地更远了,与其如此,还不如直接不做。

案例 3-7

子贡撕"发票"

鲁国制定了一项法律,如果鲁国人在外国沦为奴隶,出钱把他们赎回来的人可以凭"发票"到鲁国国库领取"国家补偿金"。这项法律的颁布大大推动了鲁国人的救赎行动,产生了良好的社会效果。

孔子门下弟子之一——子贡,是一位成功的商人,他在周游列国途中,遇到了一个沦为奴隶的鲁国人,于是花钱把他赎了回来。子贡觉得自己应该更高尚一些,于是他当众撕毁"发票",并声称愿意自己承担所有费用,不向国家报销。他的这一举动轰动了朝野。

子贡回国后去拜见老师孔子,孔子吩咐学生道:"子贡来了你们拦住他,因为我不想再见到这个人。"

子贡觉得很委屈,他冲破阻拦见到了孔子。孔子说:"你的举动维护了你自己的行为价值,却损害了国家的法律。因为你的这一举动,这项法律从此再也不会有明确的社会效果了。"

果不其然,子贡的事迹被广泛传播之后,产生了很恶劣的社会影响,因为以后的救赎者再也不能以正常的心态去国库领取国家补偿金了。这项报销制度因此而无法继续有效地实施了,救赎的人自然也就越来越少了。

在子贡看来,他做得很"对"——他赎回了沦为奴隶的鲁国人,还自己承担了所有费用;而在孔子看来,子贡"把事情做对"了,但他却没有"做对的事",他自费赎回了奴隶,却破坏了国家的法律,使国家的报销制度沦为一纸空文而无法继续实施。

(资料来源:做对的事,比把事情做对更重要 搜狐网 2017 年 5 月 16 日)

所以,应该首先保证"做对的事",然后再把精力放在"把事情做对"上。唯有如此,才能达成愿望,实现我们的人生目标和成功的梦想。

2. 要分清二者的先后顺序,即先去考虑做对的事,然后再去考虑将事情做对

简单来说,就是先把握好方向和目标,然后再去考虑将事情做对。这个顺序不能乱,否则,工作很可能会遭遇重大的挫折。

我们从来没有见过一个优秀的时间管理者会莽撞地埋头苦干,然后才想起来看一看自己是否把握了正确的方向,这种颠倒的做法会让工作陷入困境。

3. 要想办法将二者紧密联系起来

对于任何一个时间管理者来说,要想确保自己的工作效率和时间价值得到提升,那么一定要选择"做对的事情",然后全身心投入这件对的事情,坚持把事情做到最好,这时,就可以有效提高工作效率以及工作效能。事实上,二者相辅相成,就像战略目标与战术执行的紧密结合一样。

因此,在做任何一件事之前,一定要先弄清楚自己需要做什么,需要搞清楚行动与目标之间的关联,需要了解自己的奋斗方向,然后在分析和找好合适的方案之后,立即执行,并且认真、专注地努力完成它。

(三)电子邮件沟通是任务确认、再确认的方式之一
1. 了解电子邮件的重要性
(1)上班第一件事是打开电脑看邮件

电子邮件是一种重要的职场沟通方式,其使用场景如图 3-1 所示。

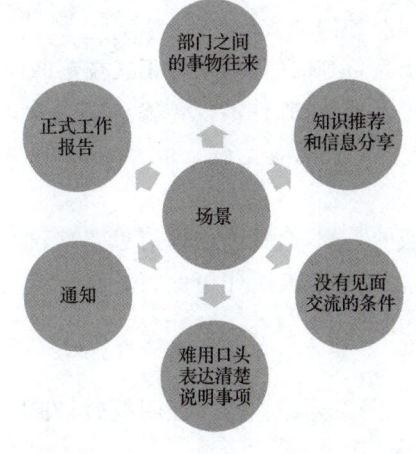

图 3-1 电子邮件的使用场景

信息高速流通的今天,电子邮件已经成为人们日常工作交流、传递自身的理念和情感、获取外界信息和展示职场形象的常用沟通工具。

现代企业工作强度大,工作量大,领导没有那么多时间面对面听取工作汇报。而且领导事情更多,也更容易健忘,需要邮件提醒。据统计,不少企业工作完全依赖电子邮件。

80%的外企职场人每天上班要做的第一件事,就是打开电子邮箱收发邮件;70%的职场人,下班前的最后一件事是查看邮箱,确认没有尚未处理的紧急邮件;30%的职场人,即使下班或周末在家休息,也要强迫症式地登录公司邮箱,查看有没有漏掉紧要的任务。

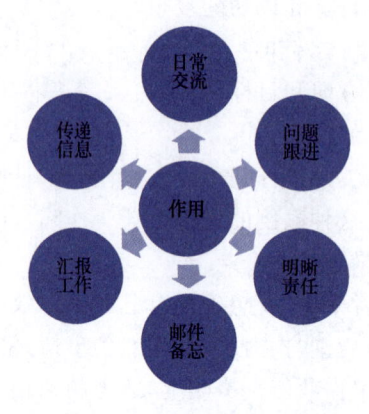

(2)电子邮件的作用

电子邮件的作用如图 3-2 所示。

图 3-2 电子邮件的作用

能使所有参与方对论题、事实根据和结论,以及达成的共识一目了然,并保持跟进直至工作完成。

能准确及时地记录事项进程、讨论内容以及行动细则,并充当作为每个工作项目历史档案的功能。

充当意见不合、起争端时的证明。电子邮件能帮人关注于事实而不是感受或其他个性和工作风格上的差异,并以合理的方式解决意见不合以及争端。

(3)电子邮件的重要性

• 最正式、最规范、最即时的沟通方式

虽然有诸多即时通信工具,但邮件仍然是最正式规范的沟通方式,尤其是给领导汇报工作、申请项目、发布通知等事项时,邮件不仅传输信息量大,而且表现手段丰富,更能让领导明白你办事有条理、有逻辑、写作能力强。

• 最好的工作帮手

养成用邮件与团队沟通的方式,会帮助你理清思路;长期的邮件积累和归档保存,相当于你工作经验逐年见长,也是你企业工作历史的一部分,特别是在一些优秀互联网服务商邮件系统具有丰富功能的时候。

• 最好的证明

谋求升职时,给领导列举一系列存档邮件证明绩效;发生纠纷时,来往邮件是一清二楚的证据。

2. 邮件写作和邮件礼仪

(1)电子邮件的构成及写作说明

电子邮件的构成如图3-3所示。

- 关于"收件人"

➤ To:发送,即收件人,凡是需要回应或跟进进一步动作的收件人,都放在此栏。

➤ CC:抄送,知会的作用。

➤ Bcc:暗送/密送,收件人和抄送人并不知道你把这封邮件发给了密送人。

发邮件之前想一下邮件内容和你的收件人、抄送人的相关性,如果相关性不高的话,那么,就要想清楚到底是不是需要发给他们。

收件人一定要和内容相关。有时,告知天下你在做的事情,并不是一种被其他人认可的行为。

➤ Forward:转发给其他人,需要考虑发件人是否愿意该邮件被你转发给第三方。

➤ Reply to all:回复全部。

➤ Reply:回复,仅回复给From发件人。

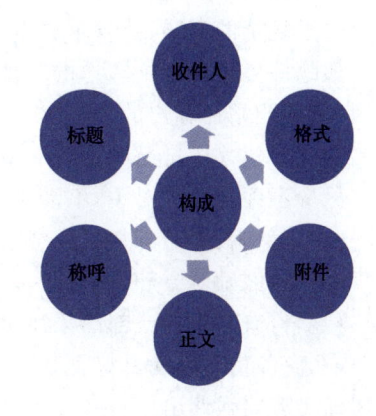

图3-3 电子邮件的构成

- 关于"标题"

做到简明扼要、简单易懂、重点突出,避免出现:"RE:RE:RE:FW:FW:×××"的多重标签字样,尽量保证一封邮件一个主题。

- 关于"称呼"

➤使用正确的称谓,恰当地称呼收件者,拿捏好尺度。

比如,常用联系人:陈工/李经理/Hi Jack/John;初次沟通:致××公司、尊敬的××先生/女士、Dear Mr./Ms×××。关于格式,称呼是第一行顶格写。

➤尽量使用谦辞或者恭敬之语,以示礼貌,同时营造友善的氛围,这样易获得客户重视和认可。

最简单的开头写一个"Hi""你好""您好"。开头问候语是称呼换行空两格写。

➤结尾常见"Best Regards""祝您顺利"之类的,若是尊长应使用"此致敬礼"。

在非常正式的场合应完全使用信件标准格式,"祝"和"此致"为紧接上一行结尾或换行开头空两格,而"顺利"和"敬礼"为再换行顶格写。

➤"礼多人不怪",礼貌一些,总是好的,即便邮件中有些地方不妥,对方也能平静地看待。

- 关于"正文"

➤要事第一,分出轻重缓急。

➤语言简洁,重点突出。写邮件不是为了展示你的文笔辞藻,而是向对方精准传达信息或请求。所以,写邮件篇幅不要过长,尽量精练!

➤结论在前、分析在后、语法正确。

➤注意事项:

必要时进行自我介绍,表明身份,以引起客户的注意或后续的沟通。

段与段之间,要留空行。

过于复杂的问题,建议事先电话沟通,再以邮件确认。

如邮件里需要拒绝客户的某些要求,建议避免使用一些简短生硬的语句,先委婉讲明原因,最好能站在客户的立场上去考虑说明。

给客户建议尽量简明扼要,并说明该建议的优点及建议的原因。

尽量不评价竞争对手,不涉及一些不便公开的事情或不确定的事情。

➢注意保密:原始邮件内容或者截图、附件是否涉及公司内部信息。

➢结尾:鼓励对方和自己进一步取得联系,为后续沟通做铺垫。

➢签名:有些公司或部门采用基本统一的签名模板。

➢在商务信函里面最好慎用":)"之类的笑脸字符,这样会显得比较轻佻。只用在某些你确实需要强调出一定的轻松气氛的场合。

- 关于"附件"

➢大小限制。

➢正文说明一下。

➢多个文件打包。

➢注意附件命名。

➢提示收件人、提示特殊格式或打包软件。

- 关于"格式"

➢统一字体。

➢合适的标点。

➢标识颜色。

➢版面简洁,字体和风格统一。

- 技巧分享

➢邮件发送前,检查是否有错别字或者遗漏收件人、附件等信息。

➢客户或上级来信:及时响应。若无法马上就信件内容做出处理,建议立即做出回复,以示关注和重视。比如:目前正在处理、由于某某原因稍后处理或者联系其他人处理等。

➢回复邮件:一般将客户或上级上一次的来信附在后面,以便回忆或体现针对性答复。

➢重要邮件,可以线下再次提醒。

(2)选择采用邮件沟通的必要性

在写邮件之前你需要先考虑一件事,要说的这件事情到底值不值得写邮件,是不是发个信息更快,还是当面问一句效果更好。

对于身在职场的人士,看邮件、写邮件是少不了的。我们每天会收到大量邮件,大部分情况下,我们只会挑选跟自己相关的、重要的邮件来看,很多邮件甚至都没必要花时间去看。如果确定一定需要邮件,才开始写。

(3)写新邮件的最佳顺序

写新邮件的最佳顺序应该是:附件、正文、标题、收件人。

首先,就像它的名字所暗示的那样,附件是最容易忘记的东西。所以先把它贴进邮件。一些邮箱有个"附件提醒"的功能,也需要你自己去开启。"附件提醒"的功能是:如果你在邮件里提到了"附件"这个词而又忘记了贴上,它会在你按下"发送"之后弹出一个对话框提醒。

其次,标题放在正文之后,是因为大多数邮件客户端软件功能会提醒你"没有标题是否发送"。

再次,而收件人放在最后,是因为没有收件人,这封邮件肯定发不出去,这就给了你足够的时间来回味这封邮件的疏漏。而且,随着正文的进行,你有很大可能会调整邮件的标题和收件人。所以,这样的顺序也比较好,不会等邮件发出去后,才想起要加各种人进来。

(4)写新邮件的注意事项

• 不要把文字变成图片

有些人喜欢把文字做成图片,再贴到邮件里发出来。这种做法并不能增加任何有用的信息,却带来了许多坏处。

首先,大部分人的审美水平不如专业的设计人员,这就导致了很多配色不美、字体复杂的邮件,非常难以阅读。但发信人还往往觉得这样很好看,营造了一种祥和的氛围。

其次,越来越多的人在手机上读邮件,这会让对方看邮件的时间成本和流量成本大大提升。试想,你收到过一封总字数不过 500 字的通知邮件,但对方做成了五张总计 2 MB 的 PNG 图片,一定会令你在某些场景下用手机打开时苦不堪言。

还有,图片上的文字是不可搜索的,这意味着你的这封邮件在日后被找到的可能性大大降低。目前并没多少邮件客户端或网页版内置图片文字自动识别功能。

• 用对方的语言和思维方式

每个公司,哪怕只有几个人的创业团队,也存在分工。所谓"隔行如隔山",你不能要求他人对你的工作了如指掌,也不能假定自己对其他部门的业务知根知底。比如营销部门在和运营部门打交道的时候,就应该把广告上那些冠冕堂皇的表达方式分解成运营部门所能够理解并执行的业务指标,少提"最近的增长情况"之类模糊的概念,多用"过去 15 个月中 A 分类下 B 属性 C 商品的销售量(而非销售金额)逐月占比"。

公关部门在和技术部门打交道的时候,就应尽可能地把自己的需求变成技术语言,少说"我要建个博客",多说"我们需要在一台和公司主营业务没有关系的服务器上搭建一个有独立二级域名的、采用某某技术搭建的、有数据库的小网站"。

对于大多数员工来说,这样的要求不低,但这样提需求会得到更高效的响应和更准确的执行。从人情世故上说,这样的邮件也能够让对方产生"这人比其他那些乱指挥的专家强点儿"的印象,沟通起来也顺畅。

• 多用点,少用面

人们最害怕看到的邮件,就是乌泱泱几个大段,段落之间还没有分隔,你还需要脑补空行,需要费劲地去里面刨出对方的重点,加以消化吸收。

而通俗易懂的邮件,多是分好了点,一二三四五,言简意赅。而且点和点之间没有重复,逻辑清楚。

更好的邮件,是把复杂的事情分成几个大块,每块下面几个小点,以重要性和紧急程度排序,把不可泄漏的重点用黄底标出,层次清楚。

- 多说事实,少说道理

比如你在针对一个逾期项目发出邮件的时候,最好的方法是问人什么时候能做好,其次的方法是说这个项目逾期了,最差的方法是说"你们技术部门能不能不要三天打鱼两天晒网,这么简单的需求都做不出来"。

可能技术部门是有来自比你的需求更重要的需求需要紧急处理,也有可能负责你的需求的工程师家里出了一些意外需要临时请假,还有可能是你的需求邮件其实因为企业邮箱系统故障而未被收到。但在项目逾期时重要的是解决问题,而不是追究原因。

在邮件中施以"诛心论"不但容易伤了和气,也往往会留下证据,让发件人陷入巨大的被动之中。而且,很多事情其实可以通过电话或见面沟通解决,远不至于走到在邮件里擦枪走火的地步。

- 不要抄送一群人

首先,在一封邮件里,加入更多收件人的时候,务必在邮件开始处写上"增加抄送某某"之类的提示,这对于原有的收件人和新加进来的收件人都是尊重。

其次,每一个收件人都应该是和这封邮件里所谈及的事情有关的,以免弄得收件人莫名其妙,不知道应该说些什么或是做些什么。而且收到不相关的邮件对于大多数人来说,都是一种困扰。

再次,很忌讳的做法,就是在邮件讨论陷入某种僵局的时候,把部门或者公司里的领导们加入邮件。成熟的领导并不会因为忽然被加入一个争论而立刻做出反应,也不会冒着得罪一拨人的风险给另一拨人"做主"。就像在学校里考试的时候,老师站在台上,自然能清楚看到谁在搞小动作,只是不作声而已。

- 邮件的归属权

你应该明白的是,在很多国家和地区的法律定义中,公司邮箱里的邮件都是公司资产。这意味着,公司有权力看你的任何一封邮件。

而且,在公司的电脑上,哪怕是用个人邮箱发出的信件,都有可能被定义为公司资产。这意味着,不要用公司邮箱发不该发的东西——包括任何违反公司规定或当地法律的讨论。

- 标点符号

这个很多人觉得无关痛痒,但这是"说者无心、听者有意"的问题。

用对标点符号、不要中英文标点混用、分清"的""地""得"、不写错别字、英文单词之间要空格、特殊名词首字母大写……这都是最基本的书写要求。

而更高的商务书写要求,还包括那些能让收件人更快阅读邮件的技巧,比如在英文单词前后都加上空格,比如用更短的分句,比如统一字体、字号、文字颜色等。不要以为你的收件人看不出这些细节。

(5)电子邮件的基本礼仪

一定不要空白标题,这是最失礼的。

标题要简短,不宜冗长。

最好写上来自某某的邮件,以便对方一目了然又便于留存,时间可以不用注明,因为一般的邮箱会自动生成,写了反而累赘。

标题要能反映文章的内容和重要性,切忌使用含义不清的标题,如"王先生收"。也不要用无实际内容的主题,例如:"你好!"或是"请查收!"。

一个邮件尽可能只针对一个主题,不要一个邮件内谈及多件无关联的事情。

可适当使用大写字母或特殊字符(如"*!"等)来突出标题,引起收件人注意,但应适度,特别是不要随便就用"紧急"之类的字眼。

回复对方邮件时,应当根据回复内容的需要,更改一下标题,不要 Re、Re 一大串。

主题千万不可出现错别字和不通顺之处,切莫只顾检查正文却在发出前忘记检查主题。主题是给别人的第一印象,一定要慎之又慎。

二、实现参考:正确接受任务,保证做对的事情

(一)活动二:领导布置的任务你真的听懂了吗?

1. 活动目的

分析实际案例,体会如何正确理解领导布置的任务,进而提高工作效率。

2. 活动流程

(1)阅读案例

我们部门一直使用的协同办公工具 A 到期了,由我负责续费,签合同走流程,流程走到部门领导的时候,她给我发了个微信:跟大家讨论一下我们是否继续使用 A,公司好像以后会用 B。

收到她的消息时,我看了半天,她好像表达得很明确,和大家讨论一下接下来用什么工具,公司可能会用另外一款 B,但是我当时的疑问是:我是要征询大家意见吗?那领导提 B 是什么意思?但是我还是回答了"好的",因为我也不知道该怎么表达自己的疑惑,就按字面上的意思执行了。

首先我挨着问了一下我们部门的同事,大家有什么好的工具推荐啊,大家其实也没什么主流意见,有的同事没说,有几个同事分别说了几个。然后我又说,领导说以后公司可能会用 B,有个同事提醒我说领导既然已经提到了这款工具,你就对比一下呗,给一个对比方案让她选。然后我就真做了一个对比方案,给领导发了过去。其实总体来说功能类似,然后领导说让大家投个票。

之后我把对比发到了部门群里,并让大家投票。领导突然说 B 和 A 差不多啊,也是不太好用,问我一句,你试用过另外一款工具 C 吗?我说没有,我试一下。我听到她说 C 导航栏比较方便。

我试用了 C,而此时我也比较凌乱了,其实领导并没有偏向于使用 B,那她到底想用什么样的呢?我总不能漫无目的地把所有软件试用一遍吧?所以我微信问了她对新工具有什么需求,她回复是其实是她感觉之前的不太好用,因为有些东西她找不着,她希望能有一个很清晰的一二级导航栏。至此,我终于明白了是她想换工具,并且她对新工具有导航栏好用这一需求。我把我听过的协同工具都试用了一下,注意了每一款的导航功能,筛选出了比较好用的确实是 C,最后跟领导挨个展示,说 C 导航方面确实不错。

领导又说,其实 A 也不是没有优点的,在线编辑文档功能非常好,那 C 有吗?我顿时

就蒙了,说我并没有注意这个功能,我也没用过,她给我演示了一遍,我说我再去研究一下这几款工具是否支持这个功能。

最终结果是只有 A 支持得最好,其他的工具在这方面都比较差。领导定夺,继续使用 A。

我到最后一步才知道领导完整的意思,她感觉 A 导航不太好用,能不能找一款导航好用并且兼具 A 的优点的工具。这和我对她第一次消息的理解相差甚远。那么如果第一次和她沟通的时候我就能完整理解她的意思岂不是更高效,不用绕中间这些弯路。

(2)分组讨论
 • 案例中的"我"怎么做才能在第一次的时候就了解领导的意图呢?
 • 你遇到过类似的事情吗?请举例。

(3)课堂分享
各小组安排 1 人分享小组讨论结论,其他成员可以补充,也可以分享不同观点。

(二)正确接受任务,保证做对的事情

有人说,如果你是公司员工,把事情做对最重要。做对的事,那是领导要去考虑的。

但其实不是那么绝对的。职场里有一个很常见的场景,当领导交代给你一项任务时,你总以为自己正确领会了领导的意思,可事实上并没有。你辛辛苦苦忙了半天,结果领导对你完成的结果并不满意,这是怎么回事呢?

案例 3-8

自觉委屈的实习生

我们团队有几名实习生,日常设计用 HTML5(H5)技术。最近,行政部需要一个用 H5 技术制作介绍 2019 年公司大事件的材料,用于年会,我就指派了其中一名实习生来跟进。

在执行中,需求人将 H5 技术要求调整成为 PPT,这就不在我团队的职责范围内了,但我们实习生熬了好几天,还影响了手头其他工作的进度,完成了这套 PPT。

我知道后不太高兴,问她为什么不主动跟我反馈对方的需求变化。如果她早点告诉我,我会直接拒绝这个需求(做 PPT 不是我们团队的强项)。实习生觉得很委屈,她以为我指派她跟进这件事,就是要求她一定要完成。她还加班两个晚上,付出了很多辛苦。为什么会出现这样一个费力不讨好的结果呢?

显然,在这里,我给实习生交代任务的时候,没有把这个事说具体、说清晰,在这种情况下,实习生根据自己的设想和猜测来推进了这个任务。

结果,她的想法和我的想法完全不一样,她接了不属于我们团队的工作,却耽误了本职工作的推进,所以我并不满意。

(资料来源:根据编者工作经历整理)

其实,这是职场里一个非常常见的场景。你总以为自己正确领会了领导的意思,可事实上并没有。我们不应该去揣测领导的意图,而应该想方设法去了解真正的要求是什么,

他希望达到的效果是什么。

1. 主管呼叫你的名字时,你应该注意什么?
- 用有朝气的声音立刻回答。
- 不要闷不作声走向主管。
- 不要使用"干什么""什么事"等同级用语。
- 带上工作记录本,以便随时记下主管的任务和指示。

2. 记录主管交办事项的重点
- 具有核对功能。
- 备忘和检查工作。
- 避免日后"有交代""没听到"的纷争。

3. 正确理解任务,做对的事情
- 不清楚就问清楚。
- 尽量具体化地向主管确认。
- 让主管把话说完,然后再提意见和疑问。
- 使用6W、3H来理解。

➢ What——要做的是什么及描述,完成任务后的状态,即清楚交付件。

➢ When——全部工作完成的时间及各步骤完成的时间,这属于对完成任务受限的条件之一。

➢ Where——各项活动发生的场所。

➢ Who——与任务有关联的对象,即哪些人参与哪些步骤的工作,这属于对完成任务受限的条件之一。

➢ Why——理由、目的和依据。

➢ Which——根据前面5个W,做出各种备选方案和优选方案。

➢ How——完成任务的方法和手段,也就是如何做。

➢ How Many——需要完成到什么程度?以量化的数据让事情更具体化。

➢ How Much——预算、费用,这属于对完成任务受限的条件之一。

总之,当领导交代你任务时,多提方案计划。比如你可以说"领导,您给我提的这个项目,我准备分成三段,第一段是在什么时期,我解决什么;第二段什么时期,我解决什么;最终到什么时期,我完成什么。"你把方案计划分成三个阶段进行规划,让领导清楚你的思路和规划。

当然,在领取任务时,有疑问就需要问清楚,但不要提消极意见。领导用你,是让你过来解决问题,不是让你过来发牢骚的。不要动不动就跟领导说"哎呀,领导,这事该怎么干?""哎呀,领导,这个我可没有学过。""哎呀,领导,那个我可没有干过。"

4. 确保做对的事情,接受任务时需要注意的关键点
(1) 任务能不能完成

任务完成的情况有很多种,比如轻轻松松就能完成,需要努力一下才能完成。而面对真正完不成的任务,就要慎重了。因此,接任务的时候,尽量不要轻易接那些怎么努力都完成不了的任务,如果必须接这样的任务,完成目标以及能做到什么程度,必须跟领导沟

通清楚。

有些事情我们可能靠自己的力量无法完全解决,但是领导不清楚,他以为你能做好。最后,你尽了最大努力,但是领导却不满意,误解你能力有问题,这属于前期双方没有沟通好的结果。

同时,还要了解怎样才算完成好任务。这个也要问清楚。领导对这个任务的期望值如何,在和领导多次交流、了解清楚后,可最大程度贴近对方的期望值,避免你以为完成得很好,但却不是领导想要的情况发生。

(2)听不懂就问,把每个细节问清楚

有时候领导觉得他已经把任务说清楚了,也认为你对背景信息都有了解,但其实你并不了解,或者他也可能没说清楚。因此,当领导交给你工作的时候,如果没有听懂,那就一定要去问明白!

比如,小张之前就吃过这样的亏。在会议上领导给他安排了一个工作,小张并没有完全听懂领导的意思,但因为在会议上又不好意思说自己没听明白。之后小张就在似懂非懂中开始了领导布置的工作,其间,还寻求了不少同事的帮助,最后这个工作好不容易完成了,但是却并没有达到领导预期的效果。领导虽然嘴上不说,但心里也是在怪罪小张不会办事,从那之后,领导就很少再让小张做什么重要的工作了。

所以,在职场上,尤其是领导布置的工作,不懂一定要去问明白!接到任务后,先不要马上动手,不要按照自己的想象去做,而是把结果、思路和计划发给领导确认,这样才能理解清楚领导的意图。

(3)把任务复述一遍

可以复述一下领导的要求,让领导确认,看看理解是不是准确的。比如你可以说:"领导,您看我是不是理解了您的意思,您是说要这么做?"如果你的理解有问题,领导马上能发现,及时给你纠正。

除了复述任务以外,还可以用咨询的方法。当了解了领导的意图之后,但心里没有多少把握时,可以把你所了解的情况说给领导听,咨询领导,让领导判断你了解的情况对不对。比如,用举例的方式更形象和直接。为了验证自己对领导意图理解的正误,可以采取假设说明的方式,比如:你打算如何处置,流程大概是什么。请领导当场判断你的行为是否符合他的意图。

案例 3-9

简单的外宾接待任务

一次要接待外宾,领导说:"小李呀,下周三外宾过来开会,你负责接待一下吧。"如果此时,小李只说:"好的,放心吧,领导!"这样远远不够。

小李应该用自己的话再重复一遍这个任务:

"领导,您的意思是我现在要做四件事情吧。第一,预订一辆车,外宾三人,加我四人,一般的小轿车一定不行,选个大车;第二,预订好酒店;第三,根据他们的口味、地方习俗,我再预订一个饭店;第四,事先跟项目组商量好,做好商务对接准备。"

说完这些,只见领导缓缓地点了点头,又说道:"嗯,我们单位有辆大车,到时候协调一下用那个吧!开酒店记得要发票,饭店要清真的,跟商务组说,我们别急着对接,让他们休息一下。"

小李惊出一身汗,这么重要的细节领导为啥不早说?如果不问,后果不堪设想!

(资料来源:根据网络信息整理)

当领导给你布置一项任务时,要学会在领取任务时复述领导所提到的具体性要求,同时明确其期望值是多少。只有这样,在执行时,你才会心中有数,不会走偏。

领导最讨厌的就是有些人并不了解其真实意思,就开始主动积极地表态:"领导,明白了。"其实,最后所做的事情根本不是领导想要的样子,尤其是领悟能力比较差的一些人。

在执行之前,请再次跟领导确认关键内容。当你跟领导确认完,就会让领导很放心,他会觉得你真正理解其中的含义。让领导觉得你靠谱,愿意跟你配合做事,以后也会让你做更有挑战的事。

(4)领导能给什么支持

有些任务不是靠自己个人努力就能完成的,而且很多长期任务需要不断投入资源,而领导能支持到什么程度,需要再三确认。

如果领导交给你一件事情让你去办,但是你却缺少资源或资料,那么这个时候,你缺少什么就要尽快跟领导反映。不要自己一个人逞强,到时候工作没有完成、白费力气和精力不说,还会被领导责备,并影响绩效。领导问你为什么没有完成,你说因为缺少什么资料就能推脱了吗?要知道,领导一样会怪罪你。因此,如果因为缺乏支持没有完成工作,而且还用这个来当作理由解释的话,那是完全无效的。因为,到了最后任务没有完成的这个时候,领导是不会认可你的解释的。

作为公司的员工,很多任务并不是仅仅靠自己个人的力量就能够完成的,需要更高的权威来帮助你一起完成。需要领导的帮忙,那就不要不好意思,更不要客气,直接跟领导说,正常情况下领导是不会拒绝你的!而如果需要领导帮忙却没有找他,到时候没有完成工作,那么责任就由你来承担了。

所以,需要什么资源的支持,可以向领导提出来;而需要领导亲自提供支持,也要提出来,这时,领导也是你的资源之一。其实,领导本来也是一种资源。

(5)确认任务的完成时间

确认任务的完成时间,如果时间跨度比较长,在领完任务之后,做个计划进度表给领导看,比如在几月几号前完成任务的某阶段,既让领导觉得你做事有计划,也可以让他在任务开始之前就指出你的问题,避免了不必要的失误。

5.用电子邮件进行任务确认等工作沟通

即使我们有大量的会议,面对面工作,人手一部电话,电子邮件依然非常重要。这是因为,电子邮件能够将事情书面化,沉淀声音,落实决策,能够不受人在不在场的影响,能够更加广泛地知会信息、征询建议。

而且,邮件与其他沟通形式相比,具有无法替代的效用:

- 邮件与其他沟通方式相比,显得更加正式。
- 邮件更易保存和追溯。

- 邮件具有很强的商业效力和法律效力。
- 电子邮件相当于不会丢失的个人工作资料、档案库。

邮件作为信息传递的重要表现形式,有时候沟通比较恰当。需要通过邮件进行沟通,主要基于以下考虑因素:

- 需要留下官方的内容记录,方便备查。
- 同时与多人交流,又不方便安排会议。如果选择通过电话或微信等沟通,信息会比较零散,也会浪费大量时间精力。
- 需要对方做出回复前仔细思考的问题。因为问题比较复杂,对方无法马上答复,通过一封邮件说明基本情况,留给对方思考的空间,会比较恰当。
- 需要将发送给对方的信息转发给第三者。这种情形下,通过邮件可以一次性将信息传达到位,减少了沟通成本。
- 重要的安排、结论或工作报告,用于备忘或提醒参与者。使用邮件发送会议纪要等很有必要。
- 知识推荐或信息传递。可以一次性将信息全部送达所有相关对象,无须挨个通知。

所以,发送有效的电子邮件,能够提升我们的工作效率,能更加有效地获得反馈,使工作更加有效地得到推动。

准备发送电子邮件时,要注意发送工作电子邮件的三个核心原则:

(1)核心原则

①越短的邮件越容易得到回复

道理很简单,因为现代人平时工作压力都很大,邮件字数越长,阐述的问题越多,给对方造成的心理压力也就越大,对方会先考虑该如何回复你,再决定以何种方式回复,这样一来,邮件回复的时间就会被往后挪,大部分这样的邮件放着放着,就被对方抛之脑后了。所以,在不影响沟通的前提下,邮件内容还是尽量简短些。

②别只说自己的事,要说邮件内容跟对方有什么关系

很多人写邮件的时候,花了80%的篇幅在写自己的事,比如"我是谁啊,我是干什么的啊,现在做的事儿,遇到什么问题啊"等,其实,需要多想想自己写这封邮件的目的是什么,当然是要对方提供帮助啊!

所以,在给对方发邮件时,第一句话就应该直截了当地告诉对方,发这封邮件的目的是什么。然后,如果希望增加对方回复的欲望,那么邮件中接下来说的每一句话都应该尽量和对方的利益和兴趣牵扯上关系,因为人通常都会关心跟自己有关的事情。

③与人方便,于己方便

要让对方可以很容易地帮助到自己,就应该尽量减少对方的时间和精力支出。只有设身处地为对方思考,帮助对方节省时间、精力,对方才能高效地提供帮助。

在明确了主管给我们工作任务后,我们知道了任务的目标、任务的细节、能获得的支持资源、完成日期等,整理出工作开展的大致计划等初步方案。这时,最好把这些信息和方案写成邮件,发给主管,并知会相关的干系人和项目组成员。

如果我们的理解有差错,主管会回复予以指正,这是最后一次确保我们做对的事情的机会,要珍惜和用好。

随着我们工作任务的开展,必须定时沟通、汇报你的工作进度。同时,了解领导是否有新的想法和期望,经常去和领导对齐目标。这些时候,使用电子邮件汇报和沟通是我们正确地做事的方法之一。

(2)工作电子邮箱使用注意事项

• 发出去的邮件,泼出去的水

在发送或回复任何邮件之前,请想想下面这个问题:在法庭上,我的这封邮件会成为对我不利的证据吗?如果你觉得自己一辈子不会上法庭,那么就换一个问题,在微博上,我的这封邮件会让别人觉得我是一个坏人吗?

在数字时代,邮件就是所谓的"白底黑字"。随便一张截图,你的邮件就成了长微博。很多"坏事儿"的邮件,虽然来自一时脑热,却成了全世界的把柄,跟随一辈子。

就算你有天大的不满,也不要随随便便发出一封怒气冲冲的邮件。不要相信有些企业邮箱提供的"撤回"功能,很多人自以为已经撤回的邮件,在几秒钟之前其实已经被推送到了对方用户的手机上和电脑里。因此,下面的情况慎用邮件沟通:

➢处于激烈的负面情绪时。
➢沟通有争议的内容时。
➢话题复杂,需要多方深入解释或讨论时。
➢沟通需要保密的内容时。
➢沟通敏感话题时。
➢沟通需要对方立刻反馈的内容时。

• 善用电子邮件,做事职业化

职场上,一些涉及考勤及工作责任的事宜,如果要用书面形式提交申请时,用电子邮件来落实和证明是被认可的。如果在邮箱发件箱里留有凭证,维护自己的职场利益也会更有保障一些。

案例 3-10

大军有些冤?!

大军是一家公司研发部的员工。一次,因为感冒很严重,他想在家休息两天。他首先打电话给自己的部门主管请假,部门主管爽快地答应了,批准大军在家好好养病,并嘱咐他一定要向人事经理请假,才不会在考勤时出现麻烦。

大军于是给公司人事经理打电话,告诉他自己要请假两天,部门主管已经批准。人事经理当时正在超市买东西,接电话后随口说道:"好,我知道了"。挂完电话后,便忘了此事。月底按照指纹打卡的记录,人事经理给大军计算"旷工两天",不但扣除两天的工资,还罚款 500 元。

得知自己工资数额不对,被记旷工两天,大军非常生气。于是找到人事经理对质,问他为什么给自己算旷工两天。人事经理很不高兴地说:"没有请假,两天没有上班,不算旷工,算什么?"大军坚持自己请假了,并拉来部门主管作证。主管只能证明大军确实打过电话向自己请假,却无法证明大军也向人事经理请了假。

人事经理傲慢地说："你向主管请假了，但是，你的主管没有和我说呀，你也没有向我提交假条啊，我向财务汇报的时候，只能算你旷工。"

无论人事经理是处于工作疏忽还是蓄意刁难，这种不认账的态度让大军感到非常窝火。他立即查阅公司的有关规定，发现只有正式递交纸质假条或使用邮箱发送的书面申请才是有效的。因此，即使他找出当天与人事经理的通话记录，也无法作为自己请假的证据。

（资料来源：如何用好职场电子邮件．张颖异《职业》2013年第01期）

- 不要用邮箱发送与工作不相关的内容

企业工作邮箱发出去的邮件，尽管及时删除了，但是企业邮箱的服务器依然记录着你发信的相关信息。因此，不要在上班的时候群发搞笑段子等，以免领导觉得你整天没有正事干。更不要用工作邮箱发送私人信件甚至是求职信，否则，你将毫无秘密可言，在职场上非常被动。

案例 3-11

通过企业工作邮箱发跳槽求职信的后果

彭云是一家大型民营企业市场部的员工，公司有自己的企业邮箱，平时工作交流的时候，大家都经常使用邮箱。因此，每天上班时，彭云多次查看自己的邮箱。

彭云一些大学同学的单位禁止工作时间使用QQ和微信，于是，这些朋友在网上发现有好玩的段子或者笑话时，就会复制下来发到彭云的邮箱，然后发个手机短信：发你邮箱一个段子，很逗！彭云就打开邮箱来看。一些段子确实很搞笑，彭云自己乐完了，就想把欢乐分享给大家，于是，就随手把邮件批量转发了出去。

有一段时间，彭云想找家待遇更好的公司，于是，就给很多单位发了求职信，也有几家通知彭云面试，彭云去看了公司的办公环境，咨询了具体的工资待遇，发现还不如目前的这家公司，于是暂时不考虑离职了。不过，就在打消了跳槽的念头之后，他突然意识到，由于图方便省事，自己发送求职信的邮箱正是公司的企业信箱，这要是让公司发现就麻烦了。于是，他赶紧把这些求职信从发件箱里清除掉。

没想到几天后，公司人事经理郑重地找到彭云，对他说："你近期好像忙于跳槽的事情，职场正常流动公司可以理解，不过，希望你不要占用公司上班时间。另外，也请不要向同事转发与工作无关的内容。"

彭云灰溜溜地从人事部出来，他明白自己的问题肯定出在公司邮箱的使用上，自己群发邮件时，公司的很多人都会看到。另外，自己的求职邮件虽然从本机上删除了，但是，如果人事部查阅，一定能从公司的邮箱服务器上看到。

（资料来源：如何用好职场电子邮件 张颖异《职业》2013年第01期）

现代职场上，很多工作离不开电子邮件。但是，电子邮件给我们带来便利的同时，也会带来不少烦恼，要想使用好这把职场双刃剑，需要合理、正确使用工作邮箱。

三、任务实现：确定"互联网＋"大学生创新创业大赛项目

(一)任务一：总是理解不了领导布置的任务,该怎么办?

1.阅读材料

我刚毕业不到一年,对于领导布置的任务基本能很快完成,但时常会出现理解错领导布置的任务的情况,做出的方案和领导想要的南辕北辙,虽然最后都及时改正了,但我还是感觉到他的不满意。

年底考评的时候,领导对我的评价非常不好,基本属于部门垫底,并且批评我做事情不够全面,心里没有大局观之类的,举例说我平时做的一些表格不够漂亮,看起来不舒服,以及他没有明确要求的事情,我就没做(比如,表格数据定期进行画图分析,他提出后我就马上做了,但还是明显感觉他不满意)。

我该怎样提升自己的工作能力,做到让领导满意?其实领导批评我的缺点,我也只听懂了部分,还是不太明白具体需要从哪些方面改进。可能我比较笨,如果做错的地方不是直接提出来,我就不太明白该从哪些地方改。现在已经焦灼了一个多月了,我该怎么避免以后的工作中再犯这样的错误?

2.任务描述

小组讨论,请帮帮他。他需要从哪几个方面改进?写出改进的具体方法。

3.课堂讨论

分享方案,课堂总结出合理实用的解决办法。

(二)任务二：确定"互联网＋"大学生创新创业大赛项目

1.大赛简介

中国"互联网＋"大学生创新创业大赛由教育部与政府、各高校共同主办。大赛旨在深化高等教育综合改革,激发大学生的创造力,培养造就"大众创业、万众创新"的主力军;推动赛事成果转化,促进"互联网＋"新业态形成,服务经济提质增效升级;以创新引领创业、创业带动就业,推动高校毕业生更高质量创业就业。

大赛主要采用校级初赛、省级复赛、全国决赛三级赛制(不含萌芽赛道和国际参赛项目)。

2021年举行的第七届中国"互联网＋"大学生创新创业大赛的相关信息可以打开其网页了解。

2.任务描述

以参加"校级初赛"为目标,准备"互联网＋"大学生创新创业大赛。本节任务是确定参赛项目和组建参赛团队。

(1)确定参赛项目

参赛项目能够将移动互联网、云计算、大数据、人工智能、物联网、下一代通信技术等新一代信息技术与经济社会各领域紧密结合,培育新产品、新服务、新业态、新模式;发挥互联网在促进产业升级以及信息化和工业化深度融合中的作用,促进制造业、农业、能源、环保等产业转型升级;发挥互联网在社会服务中的作用,创新网络化服务模式,促进互联网与教育、医疗、交通、金融、消费生活等的深度融合。参赛项目主要包括以下类型:

➢"互联网+"现代农业,包括农林牧渔等;
➢"互联网+"制造业,包括先进制造、智能硬件、工业自动化、生物医药、节能环保、新材料、军工等;
➢"互联网+"信息技术服务,包括人工智能技术、物联网技术、网络空间安全技术、大数据、云计算、工具软件、社交网络、媒体门户、企业服务、下一代通信技术等;
➢"互联网+"文化创意服务,包括广播影视、设计服务、文化艺术、旅游休闲、艺术品交易、广告会展、动漫娱乐、体育竞技等;
➢"互联网+"社会服务,包括电子商务、消费生活、金融、财经法务、房产家居、高效物流、教育培训、医疗健康、交通、人力资源服务等。

参赛项目不只限于"互联网+"项目,鼓励各类创新创业项目参赛,根据行业背景选择相应类型。结合自己所学专业、兴趣爱好和现有资源寻找项目。

- 根据自己所学专业寻找创业机会

根据自己所学专业的某方面确定项目方向,减少胡思乱想,提高效率;另一方面也可以发挥自己的特点,活学活用。

- 研究行业痛点和社会问题

创业的逻辑是"先发现痛点,再开始找解决方案"。如果跳过这个步骤,在创业项目设计过程中很容易脱离实际、闭门造车,做出一个"伪需求"的产品。

关于伪需求,举个例子:疫情时期看到快递员进不了小区,想做一款无人接触的物流配送机器人。首先,疫情是一个典型的突发事件,快递员进不了小区这是个短暂需求。等疫情过去了,是否还需要无人接触送货?

其实,物流快递的最大痛点就是"最后一公里"配送问题,从快递员到你手里是物流效率最低的,比如现在快递员经常不上门,直接把快件丢到小区驿站里,这是不是经常存在的问题(常态)?是不是大部分人都不方便?如果是的话,针对解决这个痛点就可以了。

发现的问题可以是你身边的,也可以是你从电视新闻里看到的;可以是你听别人说的,也可以是你从网络信息里找到的。

- 验证问题,分析竞品现状,找出不足

发现问题只是第一步,发现问题后你还要去验证这个问题是不是真的像你看到的或听到的那样。验证你所发现的问题,可以通过信息查阅、市场调研、与人交谈讨论等方式。

做创业比赛不要抄一个产品或拼凑些功能就觉得万事大吉了。一定要认真研究行业竞品有哪些、这些产品是否把该行业的痛点全给解决了、怎么做才更好。

然后,针对竞品的不足来打造自己项目的差异化!

- 解决问题,提出创新点,设计产品

找到问题所在,针对竞品差异化提出创新点。那么,基本上创新项目所在的领域就已经确定,接下来要做的事情就是解决问题,也就是如何选择项目。将选定的项目完善到产品文档里,不要忘记设计一个产品名称和商徽(Logo),因为这样的产品更容易让用户记住。

比如常见的很多项目包括:自助厨房创业项目、VR主题餐厅、二手书租售、体育休闲中心、养生餐饮会所、太阳能环保产品、教育培训公司、智能教育机器人项目、智能玩具项目、校园搜索App、汽车美容维修、电动车环保节能产品、空气质量检测项目、集邮商城网站等。

参赛项目须真实、健康、合法，无任何不良信息，项目立意应弘扬正能量，践行社会主义核心价值观。参赛项目不得侵犯他人知识产权；所涉及的发明创造、专利技术、资源等必须拥有清晰合法的知识产权或物权；抄袭、盗用、提供虚假材料或违反相关法律法规，一经发现即刻丧失参赛相关权利并自负一切法律任。

参赛项目涉及他人知识产权的，需提交完整的具有法律效力的所有人书面授权许可书、专利证书等；已完成工商登记注册的创业项目，报名时需提交营业执照及统一社会信用代码等相关复印件、单位概况、法定代表人情况、股权结构等。参赛项目可提供当前财务数据、已获投资情况、带动就业情况等相关证明材料。已获投资（或收入）1 000万元以上的参赛项目，请在决赛时提供相应佐证材料。

参赛项目根据各赛道相应的要求，只能选择一个符合要求的赛道参赛。

(2)组建参赛团队

没有完美的个人，但可以组建接近完美的团队。如果没有组建一个好的参赛团队，对于参加竞赛的人就是一种折磨。想象一下，从初期一个完整参赛团队到参赛后期就剩两三个人在做实事那种心酸；再想象一下，在布置任务后，到约定期限交付时部分成员一拖再拖还完成不了的那种无助！所以组建一个质量过硬且信得过的参赛团队非常重要。那么，该如何去组建参赛团队呢？

- 培养核心小团队

要想在竞赛路上闯出一番小天地，必须要有几个核心成员，这些人需要慢慢去寻找、甄别。需要较长时间的相处才能摸清各个核心成员的优势，合理运用优势发挥最大力量。

- 核心成员能力优势互补

核心成员的能力要有各自擅长的方向。比如核心成员来自不同专业，有人综合能力较强且脑洞较大，有人负责硬件技术输出，有人软件设计、排版能力较强，而且有很强的答辩能力。这样能形成优势互补，且综合能力强的成员还可以与其他成员在其擅长的方向上展开讨论，碰撞出灵感的"火花"。

- 扩大竞赛圈选择成员

每所学校，每年参加各种各样竞赛的团队不可胜数。因此，在参加竞赛的过程中，会结识许多同校或其他学校的团队成员，发现其中优秀的同学可邀请对方以后一起共谋比赛。当然，别人团队缺人时也会第一时间想到你。

总之，团队一起做项目打比赛，做事"靠谱"比什么都重要。备赛到深夜是常态，决赛关键期很可能直接睡工作室，哪些人能欣然接受呢？整个项目周期大多一年以上，要想在大赛走得更远，信心、耐心、愿意一起奋斗的团队成员有几个？备赛过程中一定会有困难、瓶颈、沮丧，没有团队成员一起互相鼓励、咬牙坚持，什么事也做不成！

3.任务完成结果分享

请将确定参赛项目的选择过程、确定参赛团队的讨论过程和最终确定的内容，形成文档，在班上分享，并提交老师审核。

四、任务总结：正确理解领导工作意图，不要自我揣测

在领导布置任务时，怎样才能理解领导的真正意图呢？其中，最关键的就是要掌握任务的核心，不能想当然、自以为是，否则就会出现答非所问、越俎代庖等问题。

1. 不要用自己的无知揣测领导的高明

领导安排工作、下达任务时，都有其目的和目标。有些工作部署看似与工作无关，或是对工作没有太大的价值和意义，但是，千万不能质疑领导的决策部署。领导站位高、视野宽，所要处理的问题也比较多，往往是牵一发而动全身。位置不同，思考问题也就不同。

因此，要落实领导部署的工作任务，而不是去质疑，因为这样会影响工作效率。

2. 不要用差不多的思想挑战领导的原则

一般来讲，每个领导都有一个非常重要的工作原则，就是下级能够把自己的决策部署，不折不扣地落到实处。

因此，领导当面交代任务时，要注意听清楚，没有听清楚或不能肯定的地方，要主动问一问，不怕丢脸，不怕领导批评自己"笨"，切实弄清楚领导意图，把握好办事的标准、要求和时限。

比如：找谁、办什么事、办多长时间、办完达到了什么目的、要注意什么问题等，从而避免理解上的偏差。

3. 不要用片面的理解应对领导的系统化思维

有些人因为没有站在领导的角度思考和看待问题，导致不能领会领导的精神实质和真正本意。这时，千万不能自作聪明，要发扬"关起门来当元帅"的精神，换位思考，多多琢磨，才能领会意图。

要学会换位思考，站在领导的立场上运用领导的思维，坚持全面而不是片面、系统而不是支离破碎地理解领导的意图，从多层次、多侧面、多角度把握领导的思想，创造性地消化理解和处理领导的意图。

第四章 做个"靠谱"的人

学习目标

➤通过实训学习按照 PDCA 开展工作,并及时将工作计划、交付件向主管进行确认的工作方法。

➤学习迭代式逼近工作目标的工作方式,培养工作过程中有效汇报的能力和改进的工作习惯。

➤理解按时完成工作并保证交付质量的重要性,通过实训来固化按计划交付的职业化工作习惯。

➤了解进行工作和项目总结的重要性,通过完成任务总结来培养相关的工作能力。

任务安排

➤"互联网+"大学生创新创业大赛项目计划制订和开发。

➤进行"互联网+"大学生创新创业大赛项目备赛。

➤高质量完成"互联网+"大学生创新创业大赛项目备赛。

➤参加"互联网+"大学生创新创业大赛并进行项目总结。

学习指南

➤通过案例分析和材料阅读了解开展工作的方法,在小组讨论中思考、理解掌握这些工作方法的重要性。

➤利用"实现参考"的方法和思路,完成实训任务,将所学知识点转化成自己的能力,并逐渐培养职业化的工作习惯。

第一节 制订计划,每日审视

▶ 任务:大学生"互联网+"创新创业大赛项目计划制订和开发

1. 任务描述
完成"互联网+"大学生创新创业大赛项目计划制订和开发。

2. 任务分析
职业化地做事,除了常用的PDCA方法外,还要养成做工作记录的习惯。在此基础上,要时常总结工作,每日审视工作状态。汇报工作进展,确定工作方向和交付件的准确性是非常重要的,尤其是在计划变化或出现问题等情况出现时。

实现准备1	课堂活动	活动一:这么重要的事情,副总裁居然没放在心上!
	课堂讲解	开展工作的方法,PDCA之目标分解和计划制订 有做工作记录的习惯是做事职业化的体现
实现参考	课堂活动	活动二:他哪里做错了?
	课堂讲解	工作计划和交付件的汇报与确认
实现准备2	课堂讲解	每日工作开展的PDCA之审视计划、执行计划和工作总结
	课堂活动	活动三:做一个孝顺的孩子
任务实现	课堂实训	"互联网+"大学生创新创业大赛项目计划制订和开发
任务总结	课后思考	没有计划,实现目标很可能是一句空话

一、实现准备1:工作开展PDCA之计划和做工作记录

(一)活动一:这么重要的事情,副总裁居然没放在心上!

1. 活动目的
了解如何开展工作,并学习如果没有好的工作方法,开展工作将会很盲目的原因。

2. 活动流程
(1)阅读材料

某家婴儿车公司的首席执行官(CEO)接到了一个严重的产品质量问题投诉,觉得句句在理、针针见血。CEO非常重视,紧急召开高级主管会议,研究对策。讨论几小时后,各部门都有不少改进的提议,CEO也提出很多要求。最后CEO说:"不看广告看疗效,大家要立刻行动起来,散会。"CEO对大家今天的态度都很满意。

直到有一天,他问负责产品的副总裁:"上次开会时,我让你派人去德国考察一下他们的质量管理体系,你们去了吗?感觉怎么样?"副总裁说:"啊?我正在忙制定质量改进制度的事,还没空想这件事,真要去考察啊?"

这么重要的事情,副总裁居然没放在心上!为什么会这样呢?

(2)快速思考
- 工作迟迟没动静是因为副总裁"笨"吗?是因为他缺乏执行力吗?
- 如果你是副总裁,你觉得应该如何开展工作?

（二）开展工作的方法，PDCA之目标分解和计划制订

在我们接受了工作任务、了解和确认了做事的目标之后，除了要多思考之外，还要有一套做事的逻辑。比如，我们的工作法中一定少不了 PDCA 循环工作法。

PDCA 循环工作法是由质量管理专家沃特·阿曼德·休哈特（Walter A. Shewhart）博士首先提出的，由爱德华兹·戴明（W. Edwards. Deming）采纳和宣传，并得到普及应用，所以又称戴明环（图 4-1）。

PDCA：Plan 计划、Do 行动、Check 检查、Action 改善，四步骤环环相扣，将一个目标转换成可以具体实施的计划，从而达成目标并为更高的目标做基石。

- **Plan 计划**

➢确定目标。工作开始首先要明确工作目标，这是整个工作循环围绕的中心。我们在上一章已经讲清楚了如何确认自己的工作目标。

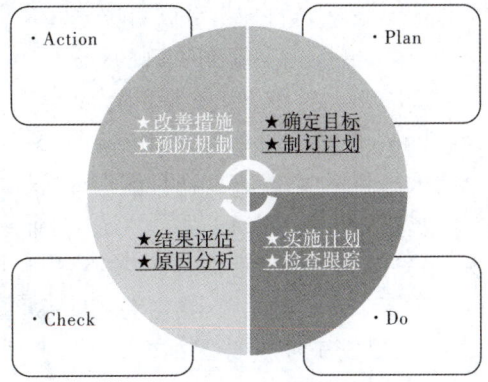

图 4-1 PDCA 循环

➢制订计划。制订计划需要对目标进行分析，了解影响目标的因素有哪些、达成目标需要完成哪些事情，就此制订确实可行的计划，并确定计划实施过程中的考核指标，这样才能更好地把控实施过程中的进度。必要时，还需要制订应急计划。

- **Do 行动**

➢实施计划。将上一步制订的计划落地实施。

➢检查跟踪。在计划实施过程中，需要记录各阶段的完成情况、计划实施过程中遇到的问题、各个影响因素的变化。

- **Check 检查**

➢结果评估。计划实施到此已经结束，进入分析检查阶段，评估针对目标而做的计划实施后的结果如何，是否达成目标。

➢原因分析。分析计划是否合理，外界因素如何影响计划的实施。

- **Action 改善**

➢改善措施。依据上一步的检查分析结果，提出改善意见，完善下一步的目标。

➢预防机制。计划实施过程中出现哪些突发情况？今后如何预防？为以后的工作建立预防机制，防止可预见的意外情况影响计划的实施。

PDCA 循环工作法既是一个循环工作法，又是一个提升工作法，可以在帮助我们完成目标的同时，给予我们达成增长目标的基础。PDCA 之所以能得到广泛应用，在于其综合了做事的一般流程，并将之整理成一套可套用的结构，且行之有效。

1. 工作目标分解要贯彻 SMART 原则

作为制订计划的重要输入依据之一，目标分解是有其原则和方法可循的，我们需要学习了解。

(1)工作目标分解要可量化考核

一个有效的目标是可以量化的目标,但是这个最终结果如何达到,做到什么程度算好,需要一个衡量标准。而不可量化考核的目标无法持续有效刺激人的主观能动性。

在进行量化考核指标时要注意遵循 SMART 原则。具体解释如下:
- Specific:目标是具体的、明确的。
- Measurable:目标是可以测量的。
- Attainable:目标是可实现的。
- Relevant:目标与现实是相关的。
- Time-bound:目标有时间限制。

有人将目标比作洋葱,把目标实现的过程比作剥洋葱的过程。洋葱的最外面是即时目标,也就是眼下应该动手做的事情,里面一层是短期目标,再往里依次是中期目标、长期目标,最里面一层也就是我们想要的终极目标。

洋葱要一层一层地剥,我们实现目标也要一步一步地来,"不积跬步,无以至千里;不积小流,无以成江河"。小目标的达成才是对实现大目标最强有力的支持。

(2)怎样分解目标
- 确定总体目标和执行各层的具体目标

无论总体目标还是具体目标,必须明确、具体,可以计量。每一层次的每一个员工,都要在组织总体目标的背景下,完成各自具体的目标。
- 一个有效的目标是经得起考核的

自上而下分解目标,自下而上支持目标!

目标管理中的协作是指组织系统内各部门和个人之间为实现总体目标而进行的联系与配合。如果搞不好协作,个人目标、部门目标、组织目标和整体目标根本无法实现。

因此,评价部门与部门之间、部门与个人之间及个人与个人之间的协作情况是目标考评中的重要内容。

案例 4-1

目标分解的 SMART 化

- 供应商成本节约 10%,时间为 2019 年度

缩减成本这个目的很明确,符合明确性,无论上级或下级,节约成本是可接受的。对于供应商,在经济危机中保住地位而同意缩减收入既是可以克服的,也是可接受的。量化标准为上一年度的 10%,也是根据客观计算所得出的,时限为 2019 年度,五个元素都不缺少,而且也是相互关联的。

- 一年四场展览会物流部分,进出展览馆时间缩短 15%

有一项工作内容是展览会物流,需要按客户要求把展览货物按指定时间运至展览馆,并完成设备安装工作,结束后打包送回客户仓库。因为展览会前安装的时间和展览会结束后撤馆的时间都是有限的,缩短这部分时间也是为客户提高工作效率,节省所产生的成本而做的必要的工作。

根据SMART原则,此目标达到准确性、可量化、可接受、实际性与时限性。

- **2019年参加两次公司的培训,并且培训考核达标**

培训对于个人发展也是很重要的。参加培训可增强自身优势,在工作中发挥自己的最大作用。时间为2019年,参加两次,量化标准为考核达标。

此目标结合SMART原则五要素来看,也是符合这一准则的。

(资料来源:根据网络信息整理)

- **目标在团队要透明**

团队各层级的目标要公开透明,让所有人的行动路径和需达成的结果都清晰可见,这大大降低了组织内部的沟通成本,避免了资源的冲突和浪费。目标透明可提高动力,团队和部门目标对整个组织可见,每个人都可以看到其他人正在做什么。

如果说,管理者最基本的功能是成为维持团队顺畅沟通的桥梁。那么,一个优秀的管理者,应该注重团队的沟通成本,否则,会影响整个团队的工作状态。要发展与维系一个畅通的沟通管道,优秀管理者应以最佳的方式,让这个管道布满整个组织网络架构,让每个节点的信息,在第一时间被有需要的人获取和识别。

2.制订工作计划

有了计划,工作就有了明确的、具体的步骤,就可以协调大家的行动,增强工作的主动性,减少盲目性,使工作有条不紊地进行。同时,计划本身又是对工作进度和质量的考核标准,对大家有较强的约束和督促作用。

因此,计划对工作既有指导作用,又有推动作用。做好工作计划,是建立正常的工作秩序,提高工作效率的重要手段。

(1)做好工作计划的要求

➤工作计划不是写出来的,而是做出来的。

➤计划的内容远比形式来得重要。要拒绝华丽的辞藻,多写实实在在的内容。

➤工作计划要求简明扼要、具体明确,用词造句必须准确,不能含糊。

➤简单、清楚、可操作是工作计划要达到的基本要求。

(2)制订工作计划的原则

➤不应过分拘泥于细节。此阶段的主要目的是制定出一份能够获得领导批准、总体结构准确且具有指导意义的工作计划书。计划的完善是贯穿于整个工作的持续改进过程。

➤短期计划和长期计划相结合。短期计划需要做出周密的规划,长期计划只需要给出指导性规划即可。

➤工作计划的确定可以采用目标管理法。强调上、下交互来制定工作的目标和任务。首先把工作的整体计划制订出来,然后根据整体计划来指导个人任务的制定,通过协商、小规模的群体讨论来确定个人的任务。这种参与能够增加团队成员的责任感,有利于项目工作的开展。

➤不可忽视重要信息:

①组织架构图、各部门的职能、各关键部门的经理和部分成员。

②个人历程、经验。

③制约因素:包括成本制约,人力资源制约。
④工作过程中的假设信息。
⑤可能遇到的风险。

(3)制订工作计划须经过的步骤

➢根据领导交给的任务和市场的现实情况,确定工作方针、工作任务、工作要求;再据此确定目标分解、工作的具体办法和措施,确定工作具体步骤。环环紧扣,便于付诸实现。

➢列出工作资源:包括实现目标所需的所有内容。各项工作需要的资源会有所不同,具体取决于你的工作计划的目的。

➢在工作场所,资源可以包括财务预算、人员、顾问等。

➢在学术领域,资源可能包括已有资料(纸件和电子件)、电子账号密码、图书馆、书籍、报纸和期刊等。

➢列出所有的工作约束:约束是阻碍实现目标的限制条件或障碍,需要列出来,在完成过程中逐步解决这些障碍,根据限制条件逼近合理的完成目标。

➢根据工作中可能出现的偏差、缺点、困难,预先制订克服的办法和措施,以免发生问题时,工作陷于被动。

➢根据工作任务的需要,组织并分配力量、资源,明确分工。计划草案制定后,应交相关联的人员讨论。

➢在实践中进一步修订、补充和完善计划。

(4)工作计划的表现形式

➢条文形式:一般详细的计划多采用条文形式。

➢表格形式:简单的计划多采用表格形式。

➢文件形式:时限长的计划多采用文件形式。

(5)工作计划的一般格式

• 标题

计划的标题,有四种成分:计划单位名称、计划时限、计划内容摘要、计划名称。

➢计划单位名称,要用规范的称呼。

➢计划时限要具体写明,一般时限不能明确的,可以省略。

➢计划内容要标明计划所针对的问题。

➢计划名称要根据计划的实际,确切地使用名称。

如所订计划还需要讨论定稿或经上级批准,就应该在标题的后面或下方用括号加注"草案""初稿"或"讨论稿"字样。

如果是个人计划,则不必在标题中写上名字,而须在正文右下方的日期之上署名。

• 正文

➢情况分析(制订计划的根据)

制订计划前,要分析、研究工作现状,充分了解下一步工作是在什么基础上进行的,即依据什么来制订这个计划。

➢工作目标、任务和要求(做什么)

这是计划的灵魂。目标是计划产生的导因,也是计划奋斗的方向。计划就是根据目标与要求，制定出在一定时间内所完成的任务和应达到的要求。要求应该是为了完成一定任务而制定的。因此，计划应明确，有的还要定出数量、质量和时间要求。

➢工作的方法、步骤和措施（怎样做）

在明确了工作任务以后，还需要根据主客观条件，确定工作的方法和步骤，采取必要的措施与策略，以保证工作任务的完成。

➢风险点预估（有心理预期）

提前分析做这项工作过程中，可能会遇到什么阻碍。有些问题现在解决不了，可以给出未来的解决方案建议，让领导或上级部门有个预期，或者提前准备需要的资源。

(6)写好工作计划的四大要素

• 工作内容：做什么（What）——工作目标、任务

计划应规定出在一定时间内所完成的目标、任务和应达到的要求。任务和要求应该具体、明确，有的还要定出数量、质量和时间要求。

• 工作方法：怎么做（How）——采取措施、策略

要明确何时实现目标和完成任务，就必须制定出相应的措施和办法，这是实现计划的保证。措施和方法主要指达到既定目标需采取什么手段、动员哪些力量与资源、创造什么条件、排除哪些困难等。

总之，要根据客观条件，统筹安排，将"怎么做"写得明确具体，切实可行。特别是针对工作总结中存在问题的分析，要找出解决问题的方法。

• 工作分工：谁来做（Who）——工作责任

这是指执行计划的工作程序和时间安排。每项任务，在完成过程中都有阶段性，而每个阶段又有许多环节，它们之间常常是互相交错的。因此，制订计划必须胸有全局，妥善安排，哪些先干、哪些后干应合理安排。而在实施当中，又有轻重缓急之分，哪些是重点、哪些是一般也应该明确。

• 工作时限：多久做完（When）——时间限制

在时间安排上，要有总的时限，又要有每个阶段的时间要求，以及人力、物力的安排。这样，使有关单位和人员知道在一定的时间内，一定的条件下，把工作做到什么程度，以便争取主动，有条不紊地协调进行。

(7)工作计划的工具

• 工作分解结构（WBS）

WBS的制定就是按照工作目标或项目的"交付物"自顶向下逐层分解到易于管理的若干元素，以此结构化地组织和定义项目的工作范围。WBS的制定一般可以参考以下原则：

➢确保能把完成每个底层工作包的职责明确地赋予一个成员、一组成员或者一个组织单元，同时考虑尽量使一个工作细目（Work Item）由具有相同技能的一类人承担。

➢根据80小时的原则，工作包（Work Package）的时间跨度不要超过2周，否则会给项目控制带来一些困难；同时控制不能太细，否则往往会影响项目成员的积极性。

➢可以将项目生命周期的各个阶段作为第一层，将每个阶段的交付物作为第二层。如果有的交付物组成复杂，则将交付物的组成元素放在第三层。

➢分解时要考虑项目管理本身也是工作范围的一部分，可以单独作为一个细目。
➢对一些各个阶段中都存在的共性工作可以提取出来。例如，将人员培训作为独立的细目。
➢确保能够进行进度和成本估算。

WBS 案例 1：

表 4-1 是产品研发工作计划。

表 4-1　　　　　　　　　产品研发工作计划

编号	任务名称	工期（天）	开始时间	完成时间	前置任务	责任部门	配合部门
1	××系统初样研制阶段	$x_1+x_2+\cdots\cdots$	×月×日	×月×日		设计	市场
1.11	总体下达初样研制任务书、技术要求	x_{11}	×月×日	×月×日	1.1	设计	市场
1.12	初样详细设计及报告（设计报告、1+6+2可靠性报告、测试覆盖性报告等）编写	x_{12}	×月×日	×月×日	1.11	设计	市场
1.13	初样详细设计评审、报告修改、存档	x_{13}	×月×日	×月×日	1.12	设计	市场
1.2	设备 1 研制	x_2	×月×日	×月×日		制造	设计
……	……	……	×月×日	×月×日			
2	××系统正样研制阶段	$Z_1+\cdots\cdots$	×月×日	×月×日		制造	设计
2.1	……	Z_1	×月×日	×月×日			

WBS 案例 2：

公司准备参加通信行业展览会，宣传公司新产品，接触新客户，提高企业形象。目标是通过参加展会，宣传公司 5G 智慧应用，开发企业新客户 100 家。其工作目标的 WBS 分解如图 4-2 所示。

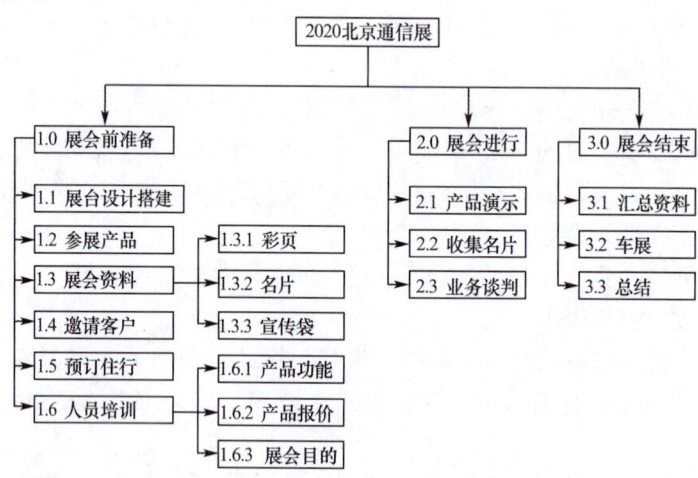

图 4-2　工作目标 WBS 分解

- 责任矩阵表

责任矩阵表是以表格形式表示完成工作分解结构中工作细目的个人责任方法，是将工作分解结构要素要求的工作和负责完成该工作的职能组织相结合而形成的矩阵结构。在这一结构中，交叉点表示完成位于其上的子可交付物所需的工作包集合，而旁边则是负责完成交叉点上工作包的组织单位。控制可从成果和责任两个方面来检查，在项目的执行阶段，进度可在可交付物上纵向跟踪，也可在组织责任上横向跟踪。

比如，下面以某一城镇节日庆典活动项目为例来说明用这几种方式表示的责任分配矩阵。某城镇节日庆典活动项目需要完成的项目工作单元有文娱节目、宣传、志愿者名单、游戏、清洁、保安、食品、服务等，项目团队由刘明等16人组成，通过责任分配矩阵可以将所需完成的工作合理分配给每一位团队成员，并明确每个人在各项工作中应承担的职责。用字母表示的该项目的责任分配矩阵见表4-2。

表4-2 城镇节日庆典活动责任分配矩阵

序号	工作单元	刘明、王建、刘国强	王秀兰、李健、申利	侯露、胡军、王大行	王明、白丽、李九之	刘可、苏方	张向国、利民
1	文娱节目	d X	X	X	D	X	X
2	宣传	X		X	X D		
3	志愿者名单	D		X		d	X
4	游戏			X X			D d
5	清洁		X		d	D	
6	保安				D d		
7	食品	X	d		D	X	
8	服务	X	D d	X			X X

D:决定性决策；d:参与决策；X:执行工作。

责任是由线条、符号和简洁文字组成的图表，不但易于制作和解读，而且能够较清楚地反映出项目各部门之间或个人之间的工作责任和相互关系。

3.用目标倒推法做计划

我们怎么来做计划呢？计划是俯视全局，掌握整体情况，所以，我们需要进行工作细分，分段设立目标。擅长安排工作的人会逆向日程安排。例如，七月要考试，那么倒推回去，变成阶段计划，阶段计划就可以细化为月计划或是周计划，也可能是日计划。

(1)目标倒推法的含义

倒推法从剩下的时间反推算出每阶段(每天或每周等)该做的事。假设你两年内想要种一百棵树。那么在第二年，你应当种下六十棵树，第一年四十棵。假设今年已经过了六个月了，你还剩下六个月，也就是说从今天开始，每个星期，你需要种下一棵树。

(2)目标倒推法工作步骤

我们可以将复杂的目标反推、拆分成脉络分明的工作量。团队目标需要分散到部门、再到个人。不论是对团队还是对个人，这个步骤都是适用的。

• 我们需要确定一个时间段，列出可衡量的目标。例如，一个季度，则列出这个季度的目标。

• 列出工作清单。如果是团队，邀请所有人员参与，这个工作清单肯定是自上而下的，一层层细化的。先不急于衡量时间是否充裕，按最理想的状态列出目标需要的步骤。这里可以进行发散性考虑。

• 列出每个工作模块的负责人，只有一个负责人，唯一的一个，即使是一个人的目标，在工作过程中也可能需要等待其他人的反馈。

• 每个工作模块细节化为任务,预估天数。尽可能地具体化任务,不要用名词,也不要用形容词来描述。那么需要细化到何种程度才算是正确的呢?参考下面的几个大原则:

➤最大的任务可跨越的天数最长为五天。

➤细到可以为它正确预估时间,个人任务最好以小时为单位,团队任务可以以天为单位。

➤完成任务是有衡量标准的。描述任务时可以尽量向 5W2H 原则(What、Why、Who、When、Where、How、How Much)靠近。

• 为所有任务建立一个工作序列,确立任务之间的耦合度,以及人员的调配。

• 根据每一个任务的时间,得到一个预估出来的总时间。一般来说,这个反馈回来的时间,可能比理想中的时间长很多。这个时候,就要做取舍了。要么加人工,要么重新制订计划。

• 得到最后的排程之后,确保没有偏差,如果是团队项目,反馈给所有人员确认。

• 设置小目标检查点。

这样,我们就得到一个根据目标倒推出来的初步计划。在实际过程中,我们可选用一些工具来实现这些步骤,方便数据管理。

案例 4-2

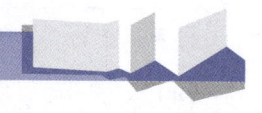

竞价

小王是某投放组的主管。月底了,领导在微信上扔了句:

"小王,下个月预算 50 万,目标获客人数是 200。"

小王回了句明白,便开始整理思路:50 万元预算,获客 200 人,下个月有 30 天,获客成本要控制在 2 500 元内。

想到这,小王便打开了近 7 天的数据报表,看看近 7 天的各项指标是怎样的,以此来制订下个月的目标计划,并分解到每周、每天。

"为什么参考的数据是近 7 天,而不是一整个月?"小王想到前段时间某个下属这样问过他,当时他笑了笑说:

"为什么?这是个人习惯而已,因为月底和月初的间隔时间较短,月底的投放效果往往也影响着月初的投放效果,差距不会特别大,所以我习惯以月底这段时间的数据来做参考。而其实呢,以整个月的数据来做参考也是可以的,毕竟历史数据只是参照物,具体的还要根据目标情况进行修改。"

查看了近 7 天的数据报告,需要用到哪些数据来作为参考对象呢?小王想到了营销漏斗模型(图 4-3)。

对应到数据表中,需要的就是展现量、点击数、对话数、预约数、获客数,转化成参考指标即是点击率、对话率、预约率、获客率。

于是小王便得出了点击率 8%、对话率 5%、预约率 11%、获客率 65% 这些指标。

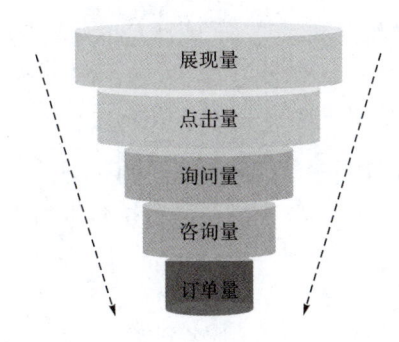

图 4-3　营销漏斗模型

接着小王打开 Excel 表,把总预算、总目标获客人数及上述的各项指标放入表格当中。先把预算和目标进行分解,拆解到每天。如总目标获客人数为 200,就是 200/30,就可以得出每天的获客人数。

然后代入上述的各项数据指标。把每天所要获取的客户人数除以获客率,就能得出预约人数。公式:预约人数＝获客人数/获客率。

再把得出的预约人数除以预约率,就能得出对话数。公式:对话数＝预约人数/预约率。

以此类推,点击数和展现数也是通过这种方式得出的。代入数据指标后,经过计算,就可以得出表 4-3。

表 4-3　　　　　　　　目标分解任务(日目标)

预算	展现	点击	对话	预约	获客数
16 666.67	23 310	1 865	93	10	7

每天所需的目标任务是出来了,组员知道自己每天都应该上多少量才能完成任务。

但这只是短期目标,我们还要设定一个中期目标,也就是每周的目标,要让组员清楚周任务是什么,如果没完成,也好在周会上探讨,看看下周要怎么做才能完成目标。

周目标和日目标的制作方法是一样的,只需把每日的目标乘以 7 就是周目标了,见表 4-4。日目标、周目标终于搞定了。

表 4-4　　　　　　　　目标分解任务(周目标)

预算	展现	点击	对话	预约	获客数
500 000.00	699 301	55 944	2 797	308	200

正要放松之际,等等,好像还差了点什么!"哦!成本还没算出来呢!这么重要的东西可不能忘呀!"

只需把总预算除以点击、对话、预约量,就能得出点击成本、对话成本和预约成本了,见表 4-5。

表 4-5　　　　　　　　目标分解任务成本

预算	获客数	点击成本	对话成本	预约成本	获客成本
500 000	200	8.94	178.75	1 625	2 500

成本这项指标每天、每周都要看,要尽量把成本控制在目标范围之内,超也不能超过太多,依具体情况来定。

小王仔细看了一遍表,没发现什么遗漏,便把表格发给了各个组员,告诉他们下个月的任务按照这个指标来做。

(资料来源:SEMer都需要了解的目标倒推法 简书社区 2019年12月14日)

(三)有做工作记录的习惯是做事职业化的体现

职场中的大多数人都有一个习惯,那就是随身携带纸和笔,方便随时记录一些重要的信息,以便于及时处理。

1. 工作记录如何体现职业化

在学校,同学们大都有记笔记的习惯;那么到了工作中,这样的好习惯一定要继续保持,并且还要做得更好,因为时常记录体现了员工的职业化素养。

如果你作为员工去与领导讨论工作事宜,你不带着工作笔记本而是空着双手就去了,领导会做什么感想?难道他的讲话和沟通就那么不值得你记录和重视吗?他就那么地不受尊重吗?而作为新员工,每次带上笔记本进行记录还会给领导和同事留下良好的第一印象。

如果你和同事共同参加讨论和会议,带了工作笔记本的员工是否会显得认真和职业化一些呢?如果与其他部门的同事一起与会,带了笔记本的员工与其他部门的员工对比,给人的职业化程度感觉是否就高下立判了呢?

如果你作为领导给下属员工谈话或部署工作,需要谈话的要点从你的工作笔记本上查阅开始,那么会显得很正式和严肃,会得到你下属员工的认真领会、严格执行,你的职业化也会感染你的员工,传承下去这些好的习惯。而且,当你有自己的工作文档或笔记时,你要安排下属业务的过程会很快,而且相对全面。不然,两手空空,来一个员工要口述一遍,还不一定都讲得全,不仅消耗双方的时间,而且传授效果还不一定好。要成为好的业务领导,就一定要养成记工作笔记的习惯。

因此,勤做工作笔记是一种勤勉学习和认真专注的态度,是一种值得大家学习的努力付出的敬业精神,是职业化工作习惯的直观体现。

2. 工作记录可以释放压力、辅助记忆

我们的记忆是非常不靠谱的。就拿看书来说,根据艾宾浩斯(Hermann Ebbinghaus)遗忘曲线,前一天记住的信息,第二天在记忆中只能留下约三分之一,而第三天会在这个基础上继续遗忘,并且遗忘的速度会非常快,然后才减慢遗忘,这意味着你必须在这个快速遗忘的时间段内去对抗遗忘才有可能不被它打败。

俗话说,"好记性不如烂笔头",做工作笔记的人,至少能用笔清楚地记下大部分重点内容,便于会后学习和查阅。

如果我们今天学了很重要的知识或了解到很重要的信息,不记笔记的话,我们要在脑子里不断地重复这些内容,生怕忘记,就会神经绷紧,有"用脑过度"的感觉;而当我们获得的是不好的信息的时候,通过写出来,可以舒缓负面情绪。

3. 依据工作记录可以进行自己的工作安排、计划

我们可以把手头的工作进行梳理,特别是紧要的工作列项,然后把每项工作进行分步,每完成一步都进行记录。

当我们完成工作,就要对领导进行汇报,把汇报结果记录在记事本上,这样也积累了

工作经验。

4. 工作记录可以储备素材,便于总结

不少人在一些需要表达的场合(如写作、开会、演讲,甚至一般的沟通),往往会觉得"无话可说",这其实是由于平日里不重视收集生活、工作及学习中的各种素材造成的。优秀的表达能力的前提,一定是脑中所积攒的大量优秀材料,而这些是可以通过整理笔记来做到的。在任何需要的时候,都可以通过查阅而快速找到。

当年底的时候,我们总会撰写工作总结,有了工作记录,就可以罗列所有工作,那么,工作总结就会写得很全面。

5. 工作记录可以积累成长,让你从过去中学习

我们的大脑,其实是偏好于"找个舒适区"的,这是人类天性的一部分。而做笔记这种行为,会迫使着自己去进行积极的思考,从而不断减少让大脑"自动怠慢"的机会。

另一方面,"文字"是最能清晰地量化描述"积累"这个长期效应的符号,随着知识的增加,阅历的增长,笔记的增多,透过笔记的点点滴滴,就能清晰地感觉到我们在成长路途上的脚步。

过去曾犯过的错,即使做了总结,之后也不一定不会再犯。当发生一些问题后,翻看自己之前的笔记,会惊奇地发现"原来这个问题我在几个月前就曾跌过跟头并反思总结过。"看着自己那时的笔记,感觉就像看着一个有些陌生的过去的自己,正站在那里有些责怪却又温柔地对自己说:"哎,现在的我怎么又犯了我已经犯过的错了呢?我不是都已经将其记录并对未来的我做了告诫的吗?可别再让未来的我再犯同样的错误了!"

6. 工作记录可以提高生产力

工作中,如果每个人都记录总结自己负责的业务领域,那么就能有效提高整个团队、整个公司的生产效率。现在的大部分行业,有很多经验都在业务人员的大脑中,属于隐性知识,一般只能通过手把手、面对面地传授,传播效率低;如果写出来,那就是显性知识,可以通过各种媒介进行传播。

二、实现参考:工作计划和交付件的汇报与确认

(一)活动二:他哪里做错了?

1. 活动目的

了解及时汇报工作的重要性,尤其是在工作开始前。

2. 活动流程

(1)阅读材料

一位90后职场新人被领导派去机场接客户,他查了地图后发现前面堵车很严重,于是擅自带客户坐地铁赶去公司开会。结果领导知道了大发雷霆,痛批该员工做事不带脑子。

(2)分组讨论

- 这个职场新人做错了吗?他哪些地方做错了?
- 领导为何要骂他?你由此得到什么启发?

(3) 课堂分享

各小组安排1人分享小组讨论结论,其他成员可以补充,也可以分享不同观点。

3. 观点分享:他该怎么做?

他该怎么做才是正确的呢？请扫描二维码阅读参考建议。

(二) 工作计划和交付件的汇报与确认

1. 与主管面对面汇报沟通,再邮件确认

让领导了解计划的基本内容、执行流程与预期效果,获得反馈之后再根据领导的指示开展工作,这样至少能够保证你的工作维持在正确的轨道上。因此,做好计划的时候是汇报工作的重要时机,其主要作用和目的:

- 让主管了解计划的内容,借此请主管确认一些重要事项。
- 请主管指示和审核计划,并认可。

所以,再次强烈建议,完成工作计划后,一定要面对面地与主管沟通,而不是只用电子邮件把工作计划传送给主管。

面对面沟通的好处,是你可以透过主管的表情与肢体动作,更清楚地了解主管对你的各项目工作计划的看法。你也可以借由面对面的机会,请主管针对你的工作计划,给予建议。

总之,不要把制订工作计划当作是交差了事的例行事项,应该要借这个面对面汇报的机会,重新检视工作目标分解和工作计划等。

2. 工作计划汇报的主要内容

(1) 工作目标分解和计划

主要是指已经做好的工作目标分解、工作计划、责任人等,包括解决方案、交付件、WBS分解等内容。"这件事准备这么干,领导您看行不行?"

如果交付件是文档类,你的思路、提纲也可以得到领导的认可和确认。

(2) 让领导确认项目最终的预期结果

对完成事情的最终目标、衡量指标和表现形式等都达成一致。包括什么时候做、能做到什么程度,这些事情都必须跟领导沟通清楚。

有些事情,通过工作计划的制订,我们自己才真正清楚能做到什么程度,就是你尽了最大努力后的预期结果。这样,领导也就认可了你做这事的最终结果。

(3) 风险点预估告知,做好心理预期

提前让领导知道做这件事的过程中你可能会遇到什么阻碍,可能有些地方你解决不了,让领导有个预期。

(4) 提出新的求助或资源要求

没有人有三头六臂能未卜先知,有时候,随着工作计划的制订,可能需要更多的帮手或资源,因此,需要在汇报的时候,提出新的要求,错过了这个时间,就不好再提出来了。

而且,在工作量确实巨大或工作难度很大的时候,领导能感受得到,你也可以趁此机会把不重要的事情转给其他人去做。比如,"我去订酒店、接客户,商务对接这事情,我怕没时间整理了,您看是不是得另外安排一个人?"

参考图 4-4，这是月度工作计划汇报事项的案例，包括工作事项、衡量标准及目标、任务星级、权重、可能遇到的风险、截止时间、需要的支持等。这里重点强调的是要与领导确认好衡量标准及目标、任务星级（重要性）和权重等事项。

项目分类	序号	工作事项	衡量标准及目标	任务星级	预判成功率	权重	可能遇到的风险	预估工作量(h)	截止时间	所需资源及其他部门支持
本月工作		**实施工作计划**								
	1	商机（新客户）：新客户开发	新客户10个（意向商机5家、岗位20）	★★★★★	50%	25%	市场定位问题：需求和交付能力、速度	72	5.31	
	2	商机（老客户）：老客户维护、回访	商机岗位50个	★★★	90%	20%		18	5.31	
	3	推动商机评审、立项流程	日常流程工作	★★	80%	5%		6	每周一次	
	4	回款跟进(28.3w)	回款80%以上	★★★	80%	10%	文思3月交付企业投诉	12	5.31	
	5	职素教材（第一册）内容优化，到出版社	确定细节，提交成功	★★★★★	90%	5%		12	5.14	序的编写确定主编1人
		乐土文档迭代								
	6	商务合同模版优化 (3类)	合同版本通过法务	★★★★	90%	5%		16	5.8	
	7	商务合作方式介绍 (PPT)	输出商务合作模式介绍pptV1.0	★★★	70%	5%		24	5.15	
	8	客户资源池建设/客户评级 V1.0输出	输出V1.0	★★★★★	80%	5%		24	5.31	
	9	商机/交付评审内容V1.0/评审流程输出	评审内容V1.0通过审核	★★★★★	90%	5%		5	5.31	
	10	多方打磨乐土计划项目落地（资源协调沟通）		★★★★★	50%	10%		随时	随时	

图 4-4 工作计划汇报事项

3. 汇报的原则
（1）口头报告的原则
- 先说结论。
- 简洁、正确。
- 要事实不要臆测，误导是要负责的。
- 不要遗漏重点。
- 成功、失败要明言。

（2）书面报告的原则
- 遣词用语要简单易懂。
- 标题清楚。
- 尽量用图表、数字说明。
- 报告顺序要合逻辑。
- 利用附加支撑资料说明。

三、实现准备 2：工作开展 PDCA 之每日执行和总结

（一）每日工作开展的 PDCA 之审视计划、执行计划和工作总结

1. 早上审视计划
不要被进度推着走，是自己要推着进度走。

把目标和计划，以及团队细分目标和计划清楚、明确地写在笔记本上。写的过程会让你更好地进行思考，加深印象，而且写下来会给你视觉上的强化，让你更加重视。

2. 每日执行计划
执行计划就是做好时间管理、体现行动力和提升工作效率。

(1) 做好时间管理
- 每时每刻做最有生产力的事情

什么是最有生产力的事情？最有生产力的事情就是，一件事情，只有你能够做，而他人无法取代，你只要花费精力就能够取得最大收获的事情。

- 有效授权

每个人的精力都是有限的，如果你是团队主管，就应该把一些他人能够做到的事情分配下去，由合适的人去做；自己只做别人不可替代的事情；让自己在最短的时间取得最大的成就。

(2) 体现行动力
- 正确理解行动

根本不存在什么条件都准备好的那一天，我们必须在行动中去学习、修正。

案例 4-3

"蚂蚁算法"

科学家发现，蚂蚁一旦找到了食物，一大群蚂蚁会出动搬运，不管地形多么复杂，食物距离多么遥远，蚂蚁几乎总能找到一条最优路线。它们是怎么做到的？

一开始，每个蚂蚁都随机选择一条路线，并且留下了信息素，也就是记号。随着若干只蚂蚁找到了食物，也留下了若干条搬运道路的信息。最后，短路径里的蚂蚁数量总是比长路径上的蚂蚁数量要多。

因为路越短，相同时间内往返的次数就越多，也就在路上留下了更多的信息素，所以其他蚂蚁就会聚集到最短的路径上去。

蚂蚁们不停重复这个过程，最终总能找到一条最优路径，这就是著名的"蚁群算法"。

单只蚂蚁的行为极其简单，行为数不超过 10 种。但成千上万只蚂蚁组成的蚁群，却能拥有巨大的智慧。

(资料来源：根据网络信息整理)

遇到问题，与其闷着头想，憋大招，不如迈出双腿，先做再说。勇于尝试，不停修正，最终自然会一步步逼近问题的最优解。

- 马上行动

凡事马上行动。无论在办公室，还是在室外工作，成功者凡事马上行动，决不拖延。

- 要适时奖励自己

一件事做成功，往往能激发自己的成就感和自信心。这会让自己更愿意去面对挑战，对困难不再逃避。所以，在每次完成一个小任务时，给自己一些奖励，让自己尝到努力的甘甜。

取得了小进步，给自己小奖励；大成功，大奖励。甚至，可以列一个成就清单，自信心会随之飙升。只有持续地奖励自己，才能够更加有动力，追求更高的目标。

(3) 提升工作效率

• 为何有人做事效率低下

每日工作效率低下，其原因大致如下：

➢ 总是心情不好，或者说有什么事情萦绕在心头，没有办法全心全意地投入到工作中。

➢ 习惯性拖延，习惯性地分散自己的注意力，总是无法迅速开始工作。面对工作时，总是会拿起手机刷刷淘宝、看看新闻、聊聊天，于是大半个上午已经过去了。

➢ 无法专注于应该完成的工作，总是在工作到一半或者 1/3 的时候，出去喝杯水，上个洗手间，结果回来就又捧起了手机。

➢ 有时候即使工作有计划，还是没能按时完成计划，不断滞后，导致一拖再拖，任务不断延后、积压。

➢ 优柔寡断，犹豫不决，因为其他事情还没有定下来，心里头总是悬着，工作没心思，吃饭没心思，惦记得多。

➢ 制作文件和资料的速度慢，有些人做一个 PPT 就是三十分钟的事，有些人却做了两个小时，还赶不上人家做三十分钟的效果。

➢ 在电子邮件上花费大量的时间，每天都查看电子邮件，有人上午回复一个邮件，花了一个小时，因为对方是一个很尊敬的人，总在想着怎么措辞比较好。

➢ 会议又多又长，感觉开会这个事就是有事没事，一堆人坐在一起，却又什么都没有商量出来。

➢ 大量的任务退回又重做，这就是所谓的返工。

• 如何提升每日工作效率

把节奏调快点，速度提上来，效率提高，问题就迎刃而解了。而快是讲究方法的，否则就成了"欲速则不达"的牺牲品了。

➢ 对将要做的工作形成一个整体的印象和计划

这就要求我们了解这个工作最终要完成什么，取得什么样的成果，需要考虑哪些因素，实行步骤是什么，有哪些问题需要避免。

这些要求我们把前面所阐述的工作目标确认和工作计划制订做细做好。

➢ 工作不要过于细致

初期工作不要过于细致！凡事分清轻重缓急，有些事情不要求完美，只需要花费 20% 的精力，达到 80% 的成果就可以了。

当然，核心工作必须尽善尽美，这需要后续逐渐完善。

➢ 掌握工作的要领

在工作的时候，必须很清楚地知道要做到什么程度，按什么步骤来做，然后在头脑中反复模拟，明确哪个步骤容易出问题，做到心里有数，这样，动起手来才不容易出错。

➢ 形成良性循环

但凡做成一件事，那么相关的好事就会纷至沓来，就像一个人成功了之后做其他的事也顺利得多。

➢ 对改善方法本身做改善

做工作不要局限于工作本身，更要注重工作的本质，不断地改善方法。这样，你每天都进步一点点,累积起来,就会和那些按部就班、一成不变完成工作的人拉开差距。

而且不仅是在物质上,精神上也是非常有益的,因为自己所尝试的努力和他人明显不在同一个维度上,这件事本身就是一个鼓励,而且周围的人也会更加信赖你,你就能更加轻易地收集到各种信息,并且不需要花费过多的精力便能维持这份努力。

➢ 凡事提前,赶早不赶晚

凡是提前,越往后做,时间才会越宽裕。同时要注意将多余的工作或不必要、不紧急,或者可以委托他人的工作转移出去,只专注于只有自己才能完成的工作,把这些工作做好。

凡事先行一步,不要害怕,大胆往前走,即使是错了,也能学到不少经验,如果总是跟在别人后面,那么自己永远成为不了领先者。

➢ 尽量避免返工

做好向领导和项目相干人的汇报,保证工作进展得到认可,避免返工。

总之,为提升工作效率,要把最重要、最难的事情放到首要位置;把不需要脑力,只需要动手的任务,分批量放在生产力不高的时间段;用碎片化的时间,处理碎片化的工作;在整个工作过程中,减少不必要的聊天。

3. 每日工作总结

每天留出自己单独思考的时间,回顾自己在过去一天取得的进展,检查自己的完成情况,分析哪些方面做得好;分析遇到的问题,哪些方面能够做得更好;思考如何让自己的工作更有效率,并采取方法去改进。

- 抛开一切,静下心来。
- 回想今天的工作,包括日常的、临时的,把文件翻出来看一遍,尤其是当时遇到的问题和解决过程,领导或前辈又提出了什么建议;如果带领团队,还要包括团队工作的情况。
- 回想今天有什么计划的工作没做完,什么时候交差,决定是否加班。
- 回想今天什么工作完成得特别坎坷,领导是怎么协调解决的,根本原因在于什么,是否还有其他可行的解决方案。
- 回想今天做过的事,是否有更高效的处理方式方法,发生的特殊流程是如何解决的(起因、经过和结果),自己还欠缺哪方面的业务知识。
- 回想今天的情绪、说话方式是否欠妥(这个很关键)。沟通在于嘴,一张嘴能成事,一张嘴也能败事。

通过自我复盘、总结经验把知识内化成自己的能力与经验。当我们完成了一件事情,做完了,只是明面上的工作结束了。结束之后的总结分析,这件事情的步骤、方法、结果,这些东西才是最重要的。复盘之后,我们能够知道哪里做得好,哪里做得不够好,才能让我们下次遇到类似的事情时,有足够的能力和方法去应对处理。

(二)活动三:做一个孝顺的孩子

1. 活动目的

熟悉 PDCA 的流程,并用于日常生活和工作中。

2. 活动描述

如何做一个孝顺的孩子?请按 PDCA 的方式展示描述。

3.参考答案

(1)P:制订计划
- 选择课题:外出打工、不能常伴父母左右。
- 设立目标:尽孝、令父母放心。
- 提出最佳方案:每月回家一次。
- 制订措施:……

(2)D:执行计划
- 和父母聊天说话不少于2小时。
- 和父母一起做家务,比如做饭、打扫卫生等。
- 给父母购买需要的物品,如衣服等。
- 陪父母逛逛街、打牌、下棋等。
- 每周末给父母打电话问候。

(3)C:检查父母的满意情况
- 检查执行的结果:父母笑容多了。
- 总结经验、标准化:按标准继续执行,改进不满意的地方。

(4)A:效果情况

父母很开心、放心。

四、任务实现:"互联网＋"大学生创新创业大赛项目计划制订和开发

1.项目输出交付件确定,完成项目商业计划书模板

"互联网＋"大学生创新创业大赛项目主要输出件一般有项目商业计划书(Word)、展示讲解资料(PPT)、演示视频材料(演示产品或原型机、演示稿)以及其他材料。其中最主要的交付件是商业计划书,可以参考下面的目录完成模板输出。

(1)创意组

第1章　执行概要
第2章　市场分析
第3章　产品与服务
第4章　竞争力分析
第5章　商业模式
第6章　营销策略
第7章　团队管理
第8章　财务分析
第9章　风险管理

(2)初创组、成长组等

第1章　基本情况:公司名称、成立时间、注册资本、股权结构、主营业务,近三年的销售收入、毛利润、纯利润,公司地点、电话、联系人。

主要管理层的基本信息,包括姓名、性别、年龄、学历、毕业院校,主要经历和经营业绩等。

第 2 章　行业及市场：行业历史与前景、市场规模及增长趋势、行业竞争对手及本公司竞争优势、未来 3 年市场销售预测。

第 3 章　产品与研发：产品和服务介绍，产品技术水平、新颖性、先进性和独特性，产品的竞争优势，已有的技术成果及技术水平，研发队伍技术水平、竞争力及对外合作情况。

第 4 章　营销计划：在价格、促销、建立销售网络等各方面拟采取的措施。

第 5 章　财务预测：未来三年的销售收入、利润、资产回报率等。

第 6 章　企业管理：组织架构、劳动合同、知识产权、人事计划。

第 7 章　融资及退出：资金需求量、使用计划，拟出让股份，投资者权利，可接受的退出方式。

第 8 章　风险控制：市场、财务、管理、政策法律法规、其他风险。

第 9 章　项目实施计划：项目里程碑、任务分工、项目实施计划。

第 10 章　附件：公司、产品、业务等参考资料。

2. 项目分工计划制订

(1) 项目分工

这里给出的搭配建议仅供参考。

1 人整体负责商业计划书的书写，可以选择文笔能力比较好的团队成员承担，其他成员提供相关资料。不建议由团队成员分别负责一部分最后整合文档，因为每个人的思路不一样，文笔水平和风格也不一样，最后出来的商业计划书会影响阅读体验，从而造成减分的后果。

1 人负责 PPT 制作，当然选择团队里的 PPT 高手去完成。

1 人负责演讲、展示。展示大部分都是借助 PPT 将项目通过演讲的方式展示给评委，要求主讲人口齿清晰、普通话标准、形象气质佳，具有一定的语言组织能力等。

1 人到 2 人辅助。包括 PS、视频和音频的制作剪辑、图表等，此外还包括专业知识、财务、法律等。

1 人主导。一般组长会作为主心骨、领导者，这也是最重要的一个角色。所涉及的工作包含以下方面：

- 提出项目主想法或依据其他成员想法，引导团队成员进行讨论和头脑风暴。
- 分配各项任务，监督团队成员完成各自的工作。
- 当团队成员存在异议或分歧时，调节好各方面矛盾，保证团队良好状态。
- 该角色可兼任以上团队内所有角色的工作任务。

(2) 制订项目计划

- 按照可量化考核等 SMART 化的要求分解工作目标。
- 可以利用目标实践倒推法（两个月时间）安排工作计划。
- 用工作分解结构（WBS）、责任矩阵表或其他方法排出计划安排。

3. 项目商业计划书、分工、计划分享

(1) 对于参赛团队准备的项目商业计划书、项目分工、项目计划文档，各团队安排 1 人汇报小组的输出结论，其他成员可以补充，也可以分享不同观点。

(2) 项目老师点评、确认最后的项目输出件模板、分工和项目计划。

4. 开始项目备赛

- 按照 PDCA 的方式进入项目备赛,建议团队安排 1 人(比如组长)进行项目管理,负责整个项目的开发、协调等。
- 项目中重大进展、任何变化和问题,及时向项目老师汇报、沟通和求助。

五、任务总结:没有计划,实现目标很可能是一句空话

计划像一座桥,连接我们现在所处的位置和你想要去的地方。同样,计划是连接目标和行动的桥梁。没有计划,实现目标往往可能是一句空话。计划对于人生来说相当重要,如果在计划上失败了,那注定会在执行上失败。没有计划的人生杂乱无章,看似忙碌却没有成果。

有的人说,反正情况总会发生变化,未来也难以确定,现在制订计划又有什么用,不是白费力气吗?此乃庸人之见。如果没有计划,一旦情况发生变化,将会措手不及,必败无疑。

在行动前,必须选择完成某一目标的最好方法,使行为更有效率,对实现目标更有利。措施和方法一旦确定,并不等于只有一条路可走,往往会面临多种选择。从经济学的观点看,人总是追求效用最大化,也就是说让每一分钱都花得值,并且效用越大越好。从这可以看出,制订计划是很有必要的,而 PDCA 是常用的制订计划和开展工作的方法。

明确工作目标、落实工作计划、追踪工作进度、达到持续改进,这些都是工作汇报可以带来的好处。写工作汇报的初期是痛苦的,原因在于过往没有记录、没有有心观察,一切不知从何入手,无内容自然无法计划和总结。唯有坚持做工作记录、总结、回顾,彻底了解自己的工作内容,养成记录和总结的习惯,做起工作汇报才会得心应手。

第二节　迭代推进工作，注重过程汇报

📖 任务：进行"互联网＋"大学生创新创业大赛项目备赛

1. 任务描述
进行"互联网＋"大学生创新创业大赛项目备赛，思考汇报材料中引用了别人的错误数据，领导严厉批评了你，你怎么办？

2. 任务分析
迭代方式可以用于很多工作中。在工作过程中，需要进行过程汇报以听取改进建议，最终，不断完善工作结果。

实现准备	课堂活动	活动一：微信功能的发展过程
	课堂讲解	迭代式逼近工作目标
	课堂活动	活动二：新的项目总监跟老板有亲属关系？
	课堂讲解	迭代式的过程汇报才能不断改进
实现参考	课堂讲解	如何进行工作过程中的汇报和改进？
	课堂活动	活动三："我明天就向公司递交我的辞职报告，我讨厌这个公司！"
任务实现	课堂实训	任务一：进行"互联网＋"大学生创新创业大赛项目备赛
		任务二：汇报材料中引用了别人的错误数据，领导严厉批评了你，你怎么办？
任务总结	课后思考	人人都可以进行自我迭代

一、实现准备：迭代式逼近工作目标，过程汇报才能不断改进

(一) 活动一：微信功能的发展过程

1. 活动目的
通过案例了解迭代，理解迭代式工作的意义。

2. 活动流程
(1) 阅读材料

微信在 2011 年 1 月 21 日推出的时候，只有最简单的文字消息和图片功能。

但就是通过这个最基本的手机社交功能，微信在第一时间抓住了移动互联社交的商机，并且明确了这个赛道值得投入（图 4-5）。

截至 2011 年 5 月 10 日，微信已经连续推出了 1.1、1.2、2.0 版本，四个月的时间完成了四次体验版的更新。

到微信 2.0 版本（图 4-6），就在快速验证调整的基础上，推出了里程碑功能：语音对讲。这个功能充分抓住了用户非常核心的一个诉求——代替传统的语音通话，从而大规模地收割了传统移动通信运营商的海量用户。

图 4-5　微信 1.0 版本功能

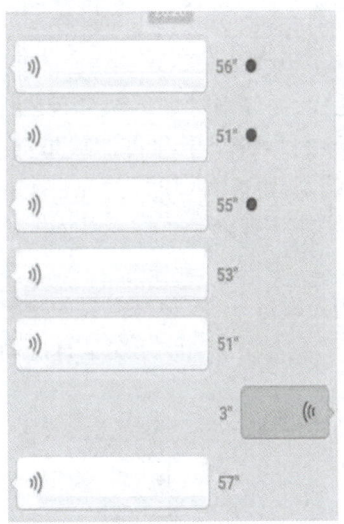

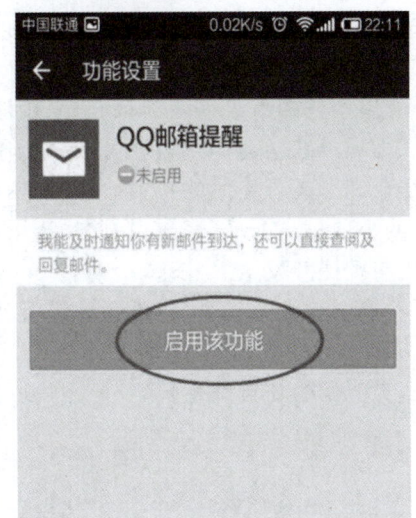

图 4-6　微信 2.0 版本新增功能

(2) 分组讨论
- 理解微信的功能扩展过程,也就是迭代过程。它为什么要这么做?其价值是什么?
- 迭代过程对我们的软件开发和其他工作开展有什么启发?

(3) 课堂分享

各小组安排 1 人分享小组讨论结论,其他成员可以补充,也可以分享不同观点。

3. 观点分享:微信版本迭代的启示

微信 1.0 版本就是在最短的时间内,推出一个最小可行的产品,是从小到大迭代的核心。更多的观点分析,请扫描二维码参考阅读。

微信版本迭代的启示

(二)迭代式逼近工作目标

1. 迭代的概念

迭代是重复反馈过程的活动,其目的通常是逼近所需目标或结果。每一次对过程的重复称为一次迭代,而每一次迭代得到的结果会作为下一次迭代的初始值。

迭代重复执行一系列运算步骤,是从前面的量依次求出后面的量的过程。此过程的每一次结果,都是由对前一次所得结果施行相同的运算步骤得到的。

在编程语言中,对计算机特定程序中需要反复执行的子程序(一组指令)进行一次重复,即重复执行程序中的循环,直到满足某条件为止,亦称为迭代。

通俗地说,迭代是通过无数次、不断地、重复地接近一个目标,折返接近,再折返再接近,最终达到目标。它不是一次性完成的,是通过不断的重复完成的,但每次重复又比之前更好一点,这样一种非线性的进程。现在,我们把"迭代"的关键词拆解一下:

- 重复:不断地重复做,而不是一次性完成。
- 改进:在做的过程中不断改进、调整、优化。
- 认知升级:迭代的过程是不断提高认知的过程,升级只是这个过程的一个结果。

2. 敏捷开发及其迭代

(1)敏捷开发的定义

敏捷开发以用户的需求进化为核心,采用迭代、循序渐进的方法进行软件开发。在敏捷开发中,软件项目在构建初期被切分成多个子项目,各个子项目的成果都经过测试,具备可视、可集成和可运行使用的特征。换言之,就是把一个大项目分为多个相互联系但也可独立运行的小项目,并分别完成,在此过程中软件一直处于可使用状态。

(2)迭代与敏捷开发

敏捷开发遵循软件客观规律,不断地进行迭代增量开发,最终交付符合客户价值的产品。如图4-7所示,敏捷开发的软件更像一个活着的植物,软件开发是自底向上逐步有序的生长过程,类似于植物自然生长。

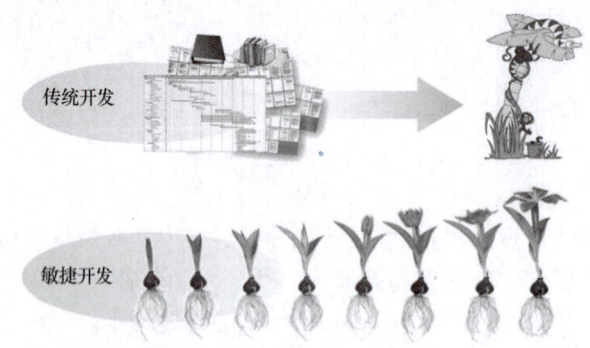

图4-7 理解敏捷开发中的迭代

3. 理解迭代式逼近工作目标

其实迭代思想类似于我们前面讲的PDCA理念,我们需要有计划(P),而且要付诸行动(D),到此并非结束,后面的事项才更具备意义和价值,工作完成情况的检查,以及这次工作中存在哪些不足(C),针对这些不足做出的完善和提升(A)才是真正能够改进工作最终达成目标的方法,但迭代过程是多次重复、改进的PDCA的循环过程。

迭代式工作的核心是:从整体入手,搭好初步的系统架构,对整个项目的目标明确描述之后,再启动整个项目,在后续的工作中发现需求、明确需求,进一步寻找各种方法满足需求,逐步完善解决方案,将细节处理放置在工作的最后一步。因此,它不提倡一步到位,而是提倡不断调整、适应,逐步去达到目标。

案例 4-4

餐厅上菜

有两家餐厅,一家餐厅一口气把客人点的 10 道菜全部做完,然后一起上。这样的问题是,客人得饿着肚子等半天,而且万一太咸或太辣,没有任何调整的余地。

而另一家"敏捷"餐厅的做法是,先上一道菜,给客人垫垫肚子,同时问问客人的反馈,然后再将后面的几道菜陆续上完。"最小可交付"就是那第一道菜。然后通过反馈,再"持续迭代",即把后面的菜陆续炒出来。

(资料来源:编者整理)

(1)建立起交付意识,直奔交付件开展工作

需要掌握的第一要点是要建立交付意识。这个时代是脑力工作的时代,你有多少投入,只有你自己知道。在一项工作中,你可能投入了大量的时间精力,但如果没有交付的动作,在旁人看来你等于什么都没做。

比如,为了筹备公司年会,你收集了员工意见、搜集了三家备选酒店的信息等,这些都属于"输入"和"处理"。这时你还需要从中整理出合适的信息,变成你的提案,汇报给领导,完成"交付"。

而工作中要善于输出。高效地获取知识或获得启发。不是说你"浏览"了多少,而是"转化"了多少。心理学中常说,通过教导他人,可以更好地掌握所学的知识。所以,养成善于输出的好习惯,能让我们高效地将知识彻底地转化为自己的能力,为自己所用。

"输入""处理""交付"是完成一项工作的三个阶段。记住,你的每一个"输入"和"处理",都是服务于"交付"的。那么,为什么要强调关注交付呢?

这是因为计划赶不上变化。任何人也没有办法做到百分之百看准一个方向和一次做到最佳。更多时候,也许需求方自己也不清楚到底要的是什么,当看到最终产出时,他才意识到自己的需求是另外一个东西,然后推倒重来,劳财又费时。所以在早期,就需要给需求方看一个最初级的版本。它要拿得出手,又不至于过于复杂。它可以帮助确认最终需求,避免把时间投入到不必要的地方。很多时候,这个需求方可能首先是领导,过了领导审核关,才直接面对客户。

而且,在计划交付节点的时候,建议前紧后松。假设一件事情,如果有一个月的准备时间,建议第一周交付两次方案,供需求方进行反馈和调整。之后可以保持一周一次的交付节奏,这样也给自己留有余地。

(2)降低开始的难度,尽快上线

迭代可以有效降低一件事的难度,因为它将起步要做的内容减少到了一个最低的必要程度。

案例 4-5

写文章也可按迭代模式

如果按预定义过程控制的方式来写,你在动笔前,要搭建好文章的框架,找好所需的素材,想好必要的故事,这对一个刚写文章的新手而言,是一个很有挑战的要求。但如果按迭代的方式来写:

第一轮你无须在意例子是否贴切、文章是否有文采,只要将你能想到的都先写下来即可。

第二轮在第一轮的基础上做引用例子的调整。

第三轮在第二轮的基础上做文章遣词造句的润色。

(资料来源:编者整理)

使用案例 4-5 这种迭代的方式写文章,是不是难度就大大减低了呢?其他工作怎么借鉴这种方式开展呢?请思考。

(3)持续迭代,完善工作

需要掌握的第二个要点是寻求对方的反馈,然后进行持续迭代。通过迭代,实现一次比一次更好的"交付"。这样的好处在于,一方面你源源不断地有产出;另一方面和你合作的需求方或领导,也始终处于一个合理的沟通忙碌状态。

另外,当你同时面对多个项目的时候,要坚持一个原则:重要的事情多迭代,紧急的事情先迭代,如图 4-8 所示。

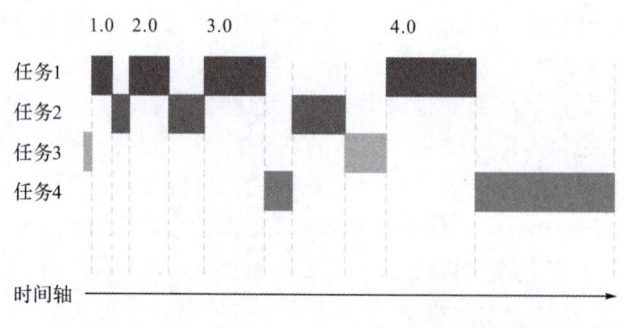

图 4-8 迭代式完成同步多项工作

比如,一个月后,你要出席一个公司级的重要活动并做一个演讲;两天之后,你要给部门内部员工做一次培训。重要性上,当然是公司级的活动大于部门内部的培训。紧急度上,却恰好反过来。不管你先做哪个,心里总会惦记着另外一个。根据上面讲的原则,你可先把最急的内部培训材料,做出一个 1.0 版本,发出去听听其他人对这个版本的反馈。然后把这事放一边,开始全力做出公司演讲 1.0 版本。因为有一个月的时间,接下来你可以根据领导的反馈,慢慢迭代到 2.0 版甚至是定稿。

看起来是多个项目在同时推进,但其实是把不同项目的不同版本,不断地交付出去,手里仍然始终只留一个任务。

(三) 活动二：新的项目总监跟老板有亲属关系？

1. 活动目的
认识汇报工作的重要性，并思考过程汇报的主要内容和作用。

2. 活动流程
(1) 阅读案例

某公司有两位职员，每人经验和专业知识都很扎实，工作都很勤奋，一年后的一次晋升中，其中一位荣升为项目总监，而另一位保持原位。这时大家议论，是不是这个新的项目总监跟领导有亲属关系？有人就问他们的领导，领导就说了一句话："只是有的人做事让你更放心！"

(2) 快速思考

- 案例中领导说的"只是有的人做事让你更放心"，指的是什么？
- 有很多的领导不放心：在公司不放心，出差在外不放心，就是因为自己的下属不懂得汇报工作，让他很心焦。作为员工，工作过程汇报可以得到什么"回报"？

3. 观点分享
过程汇报的目的一般是同步信息、寻求支持两点。

同步信息一般包括：①工作进展信息。工作进展信息是指阶段性进展信息，而不是进展的每一个步骤。这里需要注意，讲那些跟进展节奏和质量密切相关的内容就好，不要太啰唆。另外，领导听完现状后，会更关心基于现状的判断，后续能否按计划完成任务，这个汇报时一定要说。②相关信息知会。具体指工作推进中，相关的市场信息、协作环节的协作情况等。也是要注意只讲那些可能影响任务的信息即可。

寻求支持一般有：

- 方向不明，需要指导。
- 策略不清，需要指导。
- 工作进展，是否符合团队制订的计划进度。
- 工作成果，是否符合团队制定的预期成效。
- 遇到困难，需要支持。
- 提出建议，希望采纳。

但一定要注意，不能只说问题，应该同时基于对情况的了解提出自己的思考和建议。领导一般会先在你的建议中选择，这样更高效；如果没有在你的建议中找到合适的，领导会再给出他的建议，或找你讨论出建议。

(四) 迭代式的过程汇报才能不断改进

职场人最害怕的事情是什么？有相关的机构做过调查显示：有20%的人选择了"跟领导汇报工作"。而其中许多人将所有工作都完成时才汇报，其间的一些问题或者其他困难都自己"默默"承受，怕提出的问题让他人认为自己的能力不行。其实，这些顾虑完全没有必要，在工作中，随时会遇到新的挑战，哪怕是工作10年以上的员工也会遇到各种难以解决的问题。

有些事情或许只有你一个人知道，别人并不知道。在一个整体中，及时将自己的进度反馈出来,将提高团队的效率,所以,及时汇报工作就很重要了。

一般来说,工作汇报是员工重要的工作职责之一,就算没有强制要求,也要在一些关键节点找领导谈谈,让领导看到积极主动的状态。工作做得出色,工作汇报就是获得领导信任的重要方法。同时,领导预留给下属沟通的时间和精力有限,所以,自己要主动出击、寻找机会、定期汇报。

1. 要重视工作过程汇报的原因

(1)客户和领导需要了解你的工作情况

领导交给你工作,他至少要关注这两个内容:其一是给你的工作,会不会做、做得怎样;其二是你所做的工作是领导工作的一部分,领导对你做的工作结果要承担后果。如果领导不了解进程,他无法参与进来,对你的工作结果没有信心,他就会觉得自己的工作内容和压力一点都没减少。

如果你适时汇报,你领导的工作内容和压力就适当地减轻了。比如,领导让你做贷款,相关事项都谈好了,但钱没到账。你在跑流程,你掌握一切,但领导的心一直都悬着,他并不清楚什么情况,领导持续紧张一周。又比如,你去收应收账款,领导会担心可能发生的各种情况,如果及时向领导发信息,汇报各种进度,领导就很放心。及时汇报,虽然事情你在办,但领导感觉像自己在办一样掌握情况,领导就愿意重用你了。

工作目的是让客户满意,领导有时就是你的内部客户,你必须时刻让领导认知你的价值所在。如何把你的能力、重要性、价值体现给领导呢?汇报工作是最重要的方式之一,也是你获得领导信任的重要机会。

(2)可以再次验证工作目标是否符合领导的预期,方向是否偏差

定时沟通、汇报进度,可以时刻修正目标。领导的期望值随着时间的推移会变化,必须定时沟通,汇报工作进度。同时,了解领导是否有新的想法和期望,经常去碰目标。

让领导了解事情的工作进度,请领导核验半成品。在完成任务的过程中,不要等基本完成时才一次性让领导看。如果对领导的意思吃不准、把握不透,那你在过程中肯定要多沟通。这个思路和方向对吗?是不是我还这么继续下去?

(3)取得一定成果要汇报,工作遇到困难需要求得更多支持时,更要汇报

工作进行过程中,难免会出现一些意外情况。为保证项目按计划实施,不受影响,就要学会及时汇报。这样做,一方面可以得到经验型领导的建议进而调整策略,另一方面也有效调整了领导的预期。

许多人出于对职场绩效的维护,不敢向领导上报错误,这是却忽略了错误也是有弥补时效的,越拖越严重。

领导的作用就是提供资源,帮助自己把事情做好。汇报困难要讲究技巧,不能只带问题去汇报,必须要带解决方案去汇报。这里的解决方案包括出现的问题、原因分析、解决方案选项和利弊分析等内容。这里要注意,提供的解决方案必须大于两个,让领导做选择题,而不是做填空或判断题。

(4)如果任务比较重要、期限较长,则需要进行定期的阶段汇报

汇报的内容包括进展和计划:目前做到哪一部分?还差多少?预计什么时候可以完成?存在的问题和建议?

这样做的目的,是让领导了解项目的进展,对项目子目标的完成状况保持同步跟进,便于进行后续安排和协调。

(5)关键时刻要充分展现自己

追随松下辛之助 30 年的江口克彦在《我在松下三十年——上司的哲学下属的哲学》中认为:"对于上司来说,最让人心焦的就是无法掌握各项工作的进度……如果没有得到反馈,以后就不会再把重要的工作交给这样的下属了。所以要知道,虽然只是一个简单的汇报,却能让你得到上司的肯定。"

《哈佛学不到》的作者马克·麦考梅克说得更加尖锐:"谁经常向我汇报工作,谁就在努力工作;相反,谁不经常汇报工作,谁就没有努力工作。"这也许不公正,但是领导也不能根据别的情况来判断下属是否在努力工作。

经常汇报工作的人,需要领导的思路,来保证自己的工作不跑偏。很多人做事很拼,但那只是单兵作战思维,现在讲究团队作战,所以,及时沟通是团队协作的最佳途径。谁不掌握这个要领,谁必然会被边缘化。互通信息、共享信息是职场现代化的基本要求。因此,努力工作是晋升的基础,埋头苦干并不意味着你一定会晋升。汇报工作就是推销自己,当然,汇报工作也并不是一味地取悦领导。

案例 4-6

总统电视辩论

总统大选时,约翰·肯尼迪和查理·尼克松进行电视辩论。在此前,很多政治分析家都觉得肯尼迪处于劣势。他年轻,不出名,十分富有,波士顿口音重。然而,观众在荧屏上看见的是一个心平气和、说话很快却轻松的人,面孔新鲜而惹人喜欢。

在他旁边,尼克松看上去饱经风霜、紧张、不自在。据说就是因为这次的辩论,很多人的看法才改变了,转而喜欢肯尼迪。

(资料来源:根据网络信息整理)

案例 4-7

两个大学生的发展

有两个同时入职的大学生,一个工作任劳任怨,另一个被大家视为"投机钻营"。一年后,"投机钻营"者被提升为主管,另一个还在默默奉献。

大家猜测"投机钻营"者是领导亲戚,老板说"这个人办事让人放心"。领导其实也看到了任劳任怨那个人,但用另一种方式在使用他。

"投机钻营"者每次出差回来及时向领导汇报,领导也愿意给他安排工作,他逐渐增多了调动资源的权力,并建立了广泛的关系,他的提升也是水到渠成的。

(资料来源:不会汇报工作,还敢当财务经理?搜狐网 2016 年 11 月 08 日)

在强者的行动逻辑中,总是最大限度地使自己的展现能力得到磨砺,设法做一个展现自我的大师!谁在展现上占据的优势明显,谁在生存上也更具有优势。

2. 工作过程汇报的方式

工作过程汇报中的主动汇报,可以根据实际情况采用三种不同的反馈方式。

(1)周期性反馈

周期性反馈主要适用于任务周期较长的情况,可以采用定期报告(日报、周报、月报)或例会等反馈方式。

(2)阶段性反馈

阶段性反馈主要适用于项目或事件有相对明确的节点和里程碑等,一般采用会议、评审等正式的反馈方式。

(3)临时性反馈

相较于周期性和阶段性反馈,用得最多的反馈方式反而是临时性反馈。这种反馈随时都可能发生,反馈形式也多种多样,有像周期性和阶段性反馈的正式形式,也有通过微信、电话回复一两句话汇报的非正式形式。

3. 过程汇报反馈的时效要求

(1)接受新信息时的及时反馈

在收到别人发起的信息时,要及时给予对方一个信号,证明收到了信息,让对方了解到对信息的接收情况。

反馈的信息可能是某个具体的完成时间,也可能是个人的意见或建议,或者是一句简单的"收到"。

(2)事项完成时的及时反馈

当完成了领导或同事交代的某件事情后,需要及时主动地将完成情况发送给对方,并确保对方接收到了信息。

如果默默完成不作声,等着对方来问完成情况的话,哪怕将事情完成得有100分,在对方心目也最多剩下80分。

4. 汇报工作是个双刃剑,要把握好

汇报工作忌讳显摆和卖弄,是汇报工作还是炫耀邀功领导是能区分出来的。向领导恰当地汇报而没有炫耀的想法,领导是乐意接受的。

在沟通中忌讳给领导上课,不要给领导讲大道理,如果有卖弄的意思,反而让领导认为你浅薄。

二、实现参考:如何进行工作过程中的汇报和改进?

(一)进行迭代工作过程中的汇报和改进

即便暂时没有做出成绩,但汇报时需要整理工作,这会反过来促进自己去思考工作,促进进步,由此形成自我约束,日积月累,便会促使自己提升。而不汇报工作给人印象是不会做工作,不会汇报工作,在职场上就会不进则退。

因此,敢于汇报工作可以提升自我、挑战自我、迅速成长;不敢汇报工作则由于缺乏沟通,使领导不了解、不信任、不引导你,必然被边缘化。

1. 表述清楚过程汇报的主要内容和重点
(1)过程汇报的主要内容
• 背景描述
结合自己承担的任务进行背景介绍,包括领导如何安排的、计划如何制订的、自己如何执行的、大家如何分工的、如何配合。
做一个简单的概述,这一部分篇幅不要太长。如果是PPT的话,两张PPT就够了。
• 工作过程
这一部分主要是把在工作当中如何克服遇到问题的思路及采取的办法等做一个简单的介绍,这一部分也不可以太啰唆。
• 成绩总结
这一部分是工作汇报的重点,要知道领导最想知道的就是工作结果是什么。所以这一部分越详细越好,最好用数字把工作结果表达出来,然后再配以各种各样的图表。可以让领导更清晰地知道工作任务的进展情况,比如:
➢做了哪些工作?
➢取得了什么样的结果?
➢和过去相比有哪些增长?有哪些下降?
• 下一步打算
这一部分千万不要落下,重点是把下一步的策略和措施向领导进行汇报。实际上也就是和领导确认一下,你下一步的打算和领导的安排是不是冲突。这样更能重点突出,更能符合领导的意图。
• 需要领导支持或解决的问题
这一部分也是重点。工作上遇到的一些问题和下一步工作打算中重点要解决的问题,需要领导如何提供支持和帮助,这时候一定要提出来,寻求领导的指点和支持。
• 可能的改进点
这一部分是以开放的心态,请领导和各位与会者提出存在的或潜在的问题,并找出需要改进的地方,作为自己今后工作修正、完善的重点之一。
如果下一次例行汇报工作,也要总结本次改进点的整改、落实情况,作为对领导提出改进点的实际回应。
(2)过程汇报的重点
• 领导关心、关注的结果
一定要把你的工作重点和领导关注的重点相结合,这样的结果才是领导想要的。
• 对领导给予的支持和帮助的感谢
个人取得的成绩一定与领导的支持和帮助分不开,领导的支持是你工作取得成绩的重要原因。这一点不管在什么样的汇报当中,都是不可以落下的。
• 团队成员的配合和下一步的打算
这一部分是向自己身边的同事表示感谢的内容,这样才能体现出团队精神。
(3)工作汇报的注意事项
• 成绩和人际关系紧密相连、相辅相成。

- 姿态、意识很重要，与技能的成长同步，并相互影响。
- 时机把握、水到渠成。
- 高调做事、低调做人。
- 成绩要看得见，书面的方案、及时的汇报。
- 如果有例行汇报工作的制度，则每次只说重点即可。

2. 如何面对工作过程汇报中的批评

（1）如何正确看待批评？

人们都比较容易接受肯定和褒奖，但无论是在工作还是生活中，以良好的心态和恰当的方式面对负面评价是一件挺难的事。不管你的工作表现多么优秀，总是免不了要收到来自领导、同事、客户或合作伙伴的负面反馈。你觉得自己坦然地面对所有人，但总有人在背后指指点点。

没有人能不被任何人批评，而且，批评也不总是对的，批评是复杂的、微妙的，总是基于某些立场之上的，负面的信息与反馈也会给每个人带来消极的情绪反应。

往往越优秀、越完美主义的人，越难面对批评，越容易感到伤害和挫败。但这是必经之路，一个懂得如何心平气和地接受批评，并将负面评价看作提升自我的宝贵机会的人，才更有可能赢得尊敬并取得进步。因为来自别人的批评可以为我们提供更多的视野和见解，成为帮助我们成长的资源与动力。

批评有两种：公正的和不公正的。有时候会得到真正建设性的意见，虽然可能也难以接受，但会对我们有很大帮助。

因此，面对批评，要做的第一步是判断批评的性质。如果是面对那些自命不凡、仅仅出于嫉妒或者攻击性人格的人，其提出的意见显然是非建设性的，并不需要太在意，它们不会真地伤害到我们。不必争论，保持冷静，可能反而会赢得对方的尊重。

而对于建设性的批评，我们需要重视它们的价值，应该把建设性的批评看作一份礼物，因为它是成长的捷径。试着跳出来，站位高点并以第三方的角度来思考。既不要愤怒，也不要因为受到了批评就开始对自己进行负面的思考，这样只会无谓地消耗精力，影响自己。

那么，如何有效应对有建设性的批评呢？面对这样的批评，首先要做到的是"面对"本身。因为负面评价往往与真相有关。这其实是一种考验：能否面对真实的自己存在的问题，接受自己作为一个人并不总是完美的事实。

所以，先冷静下来，不要立刻做出反应。有时候，迎面而来的批评真的很无情，甚至包含一些指责。在那一刻，可能很难控制自己的情绪，但在做出进一步的反应之前，先做个深呼吸，给自己一些时间，放空自己。因为越情绪化，就越不容易做出理性的思考，引发的行为也就越漏洞百出。冷静地留在原地，用微笑面对对方是最好的——微笑既能帮助自己放松，也容易使对方采取更温和的方式说话。

然后，还需要将针对事实的评价和针对个人的评价分开。很多人在面对批评时，最大的问题就是，往往将客观的批评理解为是对自己的私人批判，而不只是针对事实的评价。比如，你告诉妈妈一个事实——她做的菜不好吃，并不是在对妈妈本人发表看法，她有时却认为你是在批评她这个人，因而发怒。其实，如果把批评"菜不好吃"这件事理解成就事论事,进一步了解菜哪里不好吃,为什么会造成这样的原因,就会避免不必要的冲突。进一步说,即便是因为个人的性格、情绪等方面被做出负面评价,也不是针对个人的,针对的是这类性格、情绪本身。

因此,需要就事论事,同时,试着去分辨出负面评价中属于"建议"的部分,而不要把重点放在对方的语气、语调上。也就是说,首先要分辨出负面评价本身无关个人,然后再把建议从它的形式和外衣上剥离出来。这样,我们才能正确地面对它。

(2)如何应对负面评价?

认识到评价本身,辨认出批评中包含的有用信息是第一步,然后才能分析它们,提高自己。但在接受评价的当时,仍然可能做出过度的、不恰当的反应,这种情况,尤其是在工作中,是特别需要注意的。

• 不要急于证明责任不在你,即便这是事实

在面对批评时,我们会本能地想要争辩,甚至是激烈地否认,有时候,事情的过错可能的确是由其他人造成的。但无论如何,这样的反应都毫无益处,反而会影响到对方对我们的评价。

因此,在面对负面评价时,即便满腹委屈,也一定要注意避免一些主观的、控诉性的语言,比如"这不公平""不是我的错""我是冤枉的"。既然对方问责的对象是我们,说明我们多多少少需要承担。我们应该更多地从自身出发,从客观事实出发,先耐心听完对方的看法,再评述自己在工作中所承担的责任和结果。

案例 4-8

先承认自己的责任

你本来要在今天中午递交给老板一份报告的最终版。你提前一天就交代了实习生去完成报告的修订、打印和装订,结果实习生误解了你的意思,导致要重新制作,递交的时间延迟了几个小时。在这件事上,尽管你按照流程执行,但你的老板并不会在意是不是实习生的责任,他只知道,是你作为报告的责任方,导致了交付时间的延后。

这时,你应该首先承认:"报告交晚了是我的责任。"继而表示:"我会建立更完善的流程和机制,去确保下一次不会出现这样的情况。"

(资料来源:男生怎样让自己优秀?知乎 2020 年 8 月 18 日)

• 不要在批评者身上找问题

每个人都有缺点,但在接受批评时,有的人会反射性地把矛头指向对方,说"你某某地方也有问题"。

切记,不要在批评者身上找问题,仍旧记得就事论事。这个时候,讨论的重点既不是我们的为人,更不是其他人的为人,而是做错的事情本身。即便对方曾经犯过和我们这次一样的错误,也不是可以拿来为自己推脱的理由。

• 不要过度道歉

如果批评是基于一件具体的错误、误解或者行为的话,记得道一次歉就够了。需要注

意的是，道歉必须是严肃的、就事论事的，并且表现出已经完全明白了问题所在，以及如何在未来避免同样的情况发生。批评我们的人会欣赏这种表现，并且更有可能会让这事止于此。没人有耐心一天答复对方五次"没关系"，道一次歉就够了。

- **不要沉湎、纠结于对方的批评**

很多时候，负面评价会让人对自己产生怀疑。特别是，当这些负面评价是我们平时没有意识到，但却触及我们的深层行为习惯和性格，而且很难改变（比如对方提出，在做演讲的时候，太过于喜欢使用连接词）的问题，我们很有可能会非常惊讶，继而感觉很糟。这是很正常的反应。

这时，给自己一段适应时间，然后面对和接受——每个人都有缺点和局限性。这些也有助于我们对自我有更深刻的认识，或许可以在今后的人生中尝试改变，或规避这些难以改变的行为习惯。

总之，无论是犯过的错误，还是某种行为习惯、性格、缺点，都不等于一个人的全部。在工作中的表现、收到的评价，也不会影响我们作为一个人的本质、幸福和快乐程度。从长远来看，我们其实也需要重视那些正面评价的真伪，但是，负面评价永远是让我们受益良多的。

- **不要放过进一步阐释和澄清的机会**

当冷静下来，清空头脑，就回过头来，看看批评我们的人提到过的重点：这些问题是不是真的有意义？还是存在误解和偏见？哪几个点让人受益良多，能够在以后的生活和工作中加以改进？

当批评过去了几天，或者几个星期以后，回去和批评的人讨论也并不是一个坏主意。比如，我们可以说："基于我的评估，有三个方面是我特别需要改进的，还有两个地方是我觉得之前就做得比较好，需要继续坚持的。最后，你提到的一点让我还有些疑惑和担心，如……"这时，对方一方面会欣赏我们就收到的负面评价进行了分析和思考；另一方面，我们也可以有机会澄清一些误解和对方说错的部分。

所以，无论是家人、朋友、上司、同事，都有可能对我们发表非常有建设性的意见，我们要抓住它们，吸取那些有建设性的部分，批评并不能伤害到我们。

3. 积极应对工作过程汇报中的改进建议

(1) 认真地聆听对方的发言，不要打断

让对方说，主要是给对方充分发言的空间，以便下一步的沟通可以冷静且客观。

(2) 对对方给出改进建议予以感谢

无论对方说的是对的还是错的，是有理由的还是无理取闹的，能当面给出反馈都是好的。

而简单地说一句"谢谢你指出我的问题，让我有改进、进步的方向，你真是太有心了"更大的作用在于，认可对方的好意，进而将氛围进一步导向"心平气和地讨论"的良好状态。

(3) 承认对方说的合理的部分，并提出改进方案

一方面是表示自己是个勇于承担责任的人；另一方面也是肯定对方所说的内容。而肯定对方有什么用呢？提出建议或改进点的人其实也是想要获得肯定的，肯定他的说法，

他下一步就比较容易与我们平等地探讨。

而提出改进方案首先是表达自己重视对方说出的内容,其次是通过进一步承担责任,落实、改进解决方案,树立自己的良好形象。

如果那些改进建议是有效的、有益的,那么,尝试采取行动吧!

(4)对于对方说得不对的地方,加以解释,但要给对方台阶

经过前三步,基本上得到了对方的肯定,这个时候再讲自己的理由,对方也会比较容易接受。

然而,没有人喜欢被别人指出自己的错误,因此,在指出对方错误的时候,要给对方找理由,俗称"给他台阶下"。比如,"我是按照领导给我的几条任务一条条做的,不过没能很好地跟大家衔接,如果当时能更充分地沟通就更好了。不过领导要管这么多事,忙不过来也是可以理解的。"

(二)活动三:"我明天就向公司递交我的辞职报告,我讨厌这个公司!"

1. 活动目的
学会正确面对汇报工作过程中领导的批评,作为自己成长的动力。

2. 活动流程
(1)阅读材料

马丁和保罗同在一家公司工作,两人关系不错。一天下班后,马丁很气愤地对保罗说:"哼,今天上午我到经理办公室汇报我负责那个项目的进展情况,我自认为是超额完成了,但他却不依不饶,就因为一点小事把我狠批一顿,至于吗?我明天就向公司递交我的辞职报告,我讨厌这个公司!"

保罗听了后说道:"我非常赞成你的决定!不过你现在离开,还不是最好的时机。"

马丁很奇怪地问道:"为什么?"

保罗说:"如果你现在走,公司的损失并不大。但是,如果你趁着在这家公司工作的期间,拼命去为自己拉一些客户,成为公司独当一面的人物时,到时你再离开公司,公司才会遭受到重大的损失,这就会使它非常被动,主动权就掌握在你的手中了!"

马丁觉得保罗说得非常在理,于是就努力工作。事如所愿,半年多的努力工作后,马丁果然为公司开发了一批新的客户。

一天,两人再次谈论起此事。保罗说:"现在是时机了,要跳槽就赶紧行动吧!"马丁淡然笑道:"老总跟我谈过了,准备升我做总经理助理,我这回不想走了。"而让马丁留下也是保罗的初衷。

(2)分组讨论

①马丁对待工作汇报中领导的批评,其心态是怎样的?

②你受到批评时是什么态度?一蹶不振,逃避推脱,找回面子,以牙还牙,嗤之以鼻,消极苦闷,还是闻过则喜?

(3)课堂分享

• 各小组安排1人分享小组讨论结论,其他成员可以补充,也可以分享不同观点

3. 观点分享

• 不要把自己的面子太当回事儿。

- 领导的鞭策是成长机会。
- 越挫越有力,挫折是进步的原动力。
- 接受他人的批评便拥有了成功的翅膀。
- 以牙还牙?纵然赢得了一场战斗却败了整场战役。
- 领导的特别关注何尝不是一次转机。
- 勇敢面对和化解冲突才是最明智的。

三、任务实现:继续进行"互联网+"大学生创新创业大赛项目备赛

1. 任务一:"互联网+"大学生创新创业大赛项目备赛

继续迭代式地进行"互联网+"大学生创新创业大赛项目备赛,主要聚焦商业计划书的编制。

第1章　执行概要

总结商业计划书的精华,控制在两页纸之内,主要写出市场痛点、项目亮点、市场需求、市场前景、产品与服务的介绍、创业团队、商业营利模式、项目的投资回报等。

第2章　市场分析

分析国家政策,看是否符合社会主义核心价值观且为社会发展的大趋势,因为一个好的项目必须得响应国家的号召,符合国家的期望。

分析市场的痛点是什么?是怎么解决的?目标客户有多少?你的潜在客户是哪些群体?市场空间和潜力等要分析透彻,让投资者动心。

写作时注意多用数据、多放图表,这会比只写文字强得多,会很有冲击力和说服力。

第3章　产品与服务

这是商业计划书的核心内容,产品要有创新性,涵盖产品的设计与生产、知识产权、核心技术、独特亮点等。

第4章　竞争力分析

通常采用SWOT分析。优势上可以从产品的技术、政策、团队、渠道、服务等多方面诠释;劣势可以分析资金不足、某些技术点不足、宣传能力不足等;机会就是客观分析市场上存在哪些潜在的可能及其空间;竞争对手是主要的威胁分析的切入点。

第5章　商业模式

这部分需要阐述如何通过独特的商业模式来创造利润,以什么样的经营方式来生产。怎样让产品和服务在满足用户需要的同时带来合理的利润,还需要考虑经营优势以及如何让用户选择你而不是竞争对手的产品或服务。

第6章　营销策略

营销策略是商业计划书中必不可少的。"4P"营销理论是大家常用的,"4P"指产品策略、价格策略、渠道策略与促销策略。

第7章　团队管理

突出团队的专业性、创新性、上进性、执行力、学习力等。包括成员的专业、学历情况、技术背景和个人能力,也包括团队的创业激情与理想、抗挫折能力等。

第 8 章　财务分析

主要是财务分析、财务规划、三年规划、融资规划这些内容。要回答完成研发所需投入、达到盈亏平衡所需投入多少、达到盈亏平衡的时间。而且,要有计算的简要过程。比如估算你项目需要多少资金,就包含房租、设备、给员工的工资、水电费、材料费、差旅费、专利费等项。

第 9 章　风险管理

企业经营如果连可能面临的风险都不了解,就无法提前做好防范措施,在大小风险面前,也就失去了抵抗的能力。风险管理通常包含政策风险、技术风险、市场风险、管理风险、资金风险等方面的内容。

而且,在进行商业计划书准备时,注意突出以下要点。

(1)突出获利能力

大部分评委对参赛项目的获利性是最看重的,也是项目能获奖甚至获得融资的首要条件。因此,一定要充分发掘项目盈利点,前期亏损没关系,主要是长期下去能盈利。

(2)提高撰写技巧

准备商业计划书需要用高度概括的书面用语,不能写口头语和"流水账"。优秀的文笔可以为项目加分不少,甚至可以让项目得到评委的青睐。

(3)用数据支撑

数据是增强商业计划书说服力的重要支撑。调研或者网上调查都要突出数据及其来源。绝大多数去参赛的项目都应该有专利或论文作为支撑,而且专利和论文的权利人必须是团队成员,这样不仅会对项目知识产权进行保护,还可起到支撑的作用。

如果比赛还有一两个月就要开始了,也建议尽快进行专利、论文申请。虽然短时间内得不到授权书,但是可以在短时间内获得专利受理通知书,也可起到一定佐证作用。

(4)商业运作很重要

对于非创意组的比赛来说,不能停留在商业计划书上,要体现商业"落地"的进展和成果,如一些合同、相片、销售数据等。

- 过程汇报

进行"互联网+"大学生创新创业大赛项目备赛期间,请不定期跟项目老师进行汇报(至少半个月一次),听取老师的改进建议。

2. 任务二:汇报材料中引用了别人的错误数据,领导严厉批评了你,你怎么办?

在一次工作汇报后,领导严厉批评了你,因为你汇报材料中有一个数据错了,但数据是小王给你的,这时,你会怎样和领导解释?请写出你的想法。

- 观点分享:亲自写汇报材料,避免知其然而不知其所以然

仔细想想,每次你向上级、客户汇报或跨部门汇报时,汇报材料是否是自己亲力亲为或者在你的指导下进行的?

亲自整理汇报材料会对任务有全局的把握,在汇报过程中对任务能够进行系统客观的分析,明确关键点,找到问题的痛点,从而有策略地寻找解决方案。亲自写汇报材料是系统性把握整体汇报效果的基础。如果不是亲自准备的汇报材料,你的汇报是表面的、脱离实际的。

四、任务总结:人人都可以进行自我迭代

很多企业往往会因为一个产品(服务)做得好而在市场上站稳脚跟,赢得一定的市场,获取可观的利润,然后开始稳步发展扩大。这些企业会持续改进产品(服务),提升营销与销售力度,力争保持市场地位,保障利润与发展。可往往坚持不了几年,利润开始下降,市场份额不断下跌。这时他们就会发现,公司应该早几年就研发新产品,寻找新的增长点,这样在老产品走下坡路前就可以完成营收重点产品的切换。

对于个人来讲也是一样,稳定在一份工作上后,只有保持精进,不断更新迭代自己,升级自己的"操作系统",才能保持竞争力,在不得不面临失业、转行等情形时从容淡定,游刃有余。

1. 精进既有专业能力

这是我们最容易做的。以软件开发为例,你熟悉了Java语言,能够完成一些工作,那可以继续熟悉各种框架,如Struts、Hibernate、Spring、Hadoop、Spark等,也可以学习设计模式,还可以看看从Java发展出来的语言,如Groovy、Scala等。

只要愿意精进,现在工作中用到的知识、技能,一定有新的方向让我们学习。

2. 培养第二职业

已经过了初入职场的那份新鲜感,开始了日复一日没有太多变化的工作。所以渐渐觉得有些无聊,也没有成就感可言。该如何调整自己?

请问自己两个问题:我们现在做的,就是你一辈子想做的事吗?如果这样在职场上混一辈子,你愿意吗?假如两个问题的答案都是否定的,那说明你对自己还有期待,对自己的将来还有预期,那就可以寻找方向,重新出发。

如果我们真的不能做到热爱现有的工作,一时又要靠它生活,无法离开,那就利用业余时间,找到一个自己喜欢的方向,丰富相关的知识和技能,持续耕耘,积极逼近可以切换的那一天。

比如刘慈欣,他凭借《三体》获第73届世界科幻大会颁发的雨果奖最佳长篇小说奖,为亚洲人首次获奖。刘慈欣1985年10月参加工作,在山西娘子关电厂任计算机工程师,他利用业余时间,每天晚上、每个周末写作,最终获得了成就。

很多很多的人,都是采用这样的方法,发展了自己的兴趣,养大了自己的第二专长,在合适的时机完成了切换。

3. 提升通用能力

所谓通用能力,是指那些可以应用在很多职业的、可随着工作迁移的能力。比如学习、自我管理、目标规划、计划跟踪、写作、演讲、沟通、制作PPT、英语、开车、绘画、管理、组织、协调、策划、调研、信息搜集、逻辑思考、提问等。

通用能力是一个人的核心竞争力,只有通用能力过了某个门槛,专业能力才能快速发展,即专业能力在通用能力的加持之下,才能发挥出更大的作用。

所以,提升自己的通用能力,是一个非常重要的努力方向。可以通过读书、培训、参加线下的各种研习班等方式来提升通用能力。当然最重要的是要在实际的工作和生活中不断地运用已有的某种能力,不断地总结,不断地改进。

第三节　兑现承诺,对结果负责

🔷 任务:高质量完成"互联网+"大学生创新创业大赛项目备赛

1. 任务描述
学习如何高质量完成"互联网+"大学生创新创业大赛项目备赛。

2. 任务分析
职场中人,按时完成任务才能兑现自己对主管的承诺;而保证交付质量,才是对结果负责的体现。

实现准备	课堂活动	活动一:关于对秦某、李某未按时完成工作的处理意见
	课堂讲解	不要被人催你"交货",按时完成工作是员工分内的事情
	课堂活动	活动二:做一天和尚,撞一天钟
	课堂讲解	对工作交付质量负责,职场要的不是秀努力,而是要拿出结果
实现参考	课堂活动	活动三:小K面对偷懒的员工,为了按时完成任务,只能累自己?
	课堂讲解	如何保证按时"交货"?
	课堂活动	活动四:任务是从客户那里要回货款
	课堂讲解	怎样做才能有好的工作结果?
任务实现	课堂实训	高质量完成"互联网+"大学生创新创业大赛项目备赛
任务总结	课后思考	按时完成任务、对结果负责才是真的负责

一、实现准备:不要被人催你"交货",要对交付质量负责

(一)活动一:关于对秦某、李某未按时完成工作的处理意见

1. 活动目的

理解在职场按时完成工作的重要性。

2. 活动流程

(1)阅读材料

关于对秦某、李某未按时完成工作的处理意见

各部、车间、处室:

2021年4月26日第14期生产调度会上黄总询问酒精车间液化泵技改以及水处理车间二期污水废醪液换热器安装两项目未按之前会议制定的4月25日节点完成的原因,经调度中心调查结果如下:

一、酒精车间液化泵技改缺少安装需用的阀门、法兰等管件,虽已申报临时采购计划,但货物至今未到厂而未能按时完成;

二、水处理车间废醪液换热器安装项目,因换热器未能及时就位,且安装换热器相关管线上的阀门需外加工特制,在4月25日才运抵公司,因此未能按时完成。

以上情况两车间项目负责人秦某、李某均未能及时进行汇报,也未能积极地与相关部门进行沟通,采取有效措施保障技改项目顺利进行,根据《员工行为管理规定》第二章第四

条第十四款内容：在规定时间内没有保质、保量完成工作，给予罚款500元。

因此，建议在酒精车间秦某、水处理车间李某当月绩效中扣除考核处罚金500元，同时扣酒精车间、水处理车间当月绩效考核各2分。

望各部、车间、处室引以为戒，在今后的工作中及时做好汇报、沟通等工作，杜绝此类情况再次发生。

生产技术部调度中心
二〇二一年四月二十七日

（资料来源：作者根据网络资料整理）

（2）快速思考
- 你认为对秦某、李某的处理合理吗？是否有合规的依据？
- 你怎么看职场上对按时完成任务的要求？
- 你有按时完成学习、工作任务的习惯吗？

（二）不要被人催你"交货"，按时完成工作是员工分内的事情

周四下午2点："没问题，我明晚之前给你。"

周五下午2点："我在等财务给我提供一些信息，可能周一才能给你。"

周一下午4点："很抱歉，我今早遇到点急事，必须得今天下午处理，我明天一定给你。"

周二上午11点："目前我就做完这些。你看看这样开头是否可以？如果可以我这周尽量把剩下的部分给你。"

这场景是否似曾相识？无论你是"催货"的还是那个没能如期"交货"的人，这样的情况都很令人沮丧。

在指定时间内完成任务，是每个员工应主动去做的事，而不是对某位员工的特殊要求。这样的员工在其职业生涯中才会获得重用和发展。因为团队的任何一员，能否按时完成工作将对整个团队的目标达成与否带来很大的影响：

- 一定时期内，团队里的工作任务总量是一定的，任何人不能按时完成自己的工作任务，团队里的其他同事就得想办法替他完成，因为某员工的完不成，最终会影响到整个团队的完不成。
- 并不是所有的同事都有时间来帮别人，他们都有自己的工作要做；并不是所有完不成的工作都能够通过加班来补，有时候，在最忙的时候，连补救的时间都没有；并不是所有的工作任务都能移到明天去做，有时候，哪怕就只相差半天，甚至半小时，就有可能会产生绝对不一样的结果。
- 每个人该做的事，即使想躲也躲不了。谁遗留的工作越多，谁就会影响自己和团队里的其他同事越多。
- 不能按时完成工作，不但是跟自己过意不去，也是跟整个团队里的其他同事都过意不去。
- 任何人在不能按时完成自己工作任务的同时，不仅剥夺了自己正常的休息时间，也剥夺了团队里其他同事的正常休息时间。
- 经常不按时完成工作任务的人，不光自己会变得很累，就连整个公司里的其他成员

也会被拖累。

你希望看到团队里的其他成员为你而牺牲吗？你愿意成为整个团队中扯后腿的员工吗？如果不愿意，请按时完成自己的工作任务吧！

作为一个称职的员工，对职场很多不成文的"规则"应该清楚。比如，一般领导想当然认为员工会遵行的事就是按时完成工作任务。为此，每个员工的任务是要在指定时间内完成工作，领导最不喜欢下属凡事都找借口。认真完成每一件工作，别等他人来提醒，尤其是那些职位比我们高的人。

(三)活动一：做一天和尚，撞一天钟

1. 活动目的
理解以结果为导向，保证交付质量。

2. 活动流程
(1)阅读材料

两个和尚每天都撞钟。年小的和尚每天准时撞钟，动作轻，声音清脆，但大家的评价却不高。小和尚很不服气地问："为什么？我撞的钟多准时，态度多虔诚，声音多清脆！"年长的和尚反馈说："你撞的是很准时，态度也很虔诚。但钟声听了没有感觉！钟声是要唤醒沉迷的众生，因此，撞出来的钟声不仅要洪亮，而且要圆润、浑厚、深沉、悠远。你心中若没有众生，撞钟又有何用？"

(2)思考
- "撞钟"任务的结果是什么？
- 如果是你，怎么才能"撞好钟"？

3. 观点分享

"撞钟"是任务，需要的结果是唤醒众生。因此，任务不等于结果；态度不等于结果；职责不等于结果；完成需要的结果才是正理。

(1)为何不应该设加班工资？

加班工资是鼓励加班的一种形式，很多老板都希望员工拼命加班，认为这样公司的未来才有希望，才觉得员工的工资付得值。问题是：鼓励什么，就会得到什么。

鼓励加班，得到的只是工作量。

鼓励结果，得到的才是高效率、高质量的执行！鼓励成长，得到的是工作八小时外，员工能有目的地进行学习以提高技能，为下一次创造更好的结果做准备。

(2)案例的启示：分清任务和想要的结果

内训是任务，成长是结果；分享是任务，他人收获是结果；打扫是任务，环境干净是结果；学习是任务，运用是结果；苦劳是任务，功劳是结果；上班是任务，创造价值是结果；招聘是任务，招到合适的人才是结果；开会是任务，解决问题是结果；沟通是任务，理解是结果；指导是任务，做对是结果；批评是任务，改进是结果；升职是任务，成就是结果……

- 以达成目标为原则，不为困难所阻挠。
- 以完成结果为标准，没有理由和借口。
- 在目标面前没有体谅和同情可言，所有的结果只有一个：是或非。
- 在具体的目标和结果面前，没有感情、没有情绪可言，只有成功或者失败！

- 工作和目标面前,再大的困难也要"拼"。
- 不要用自以为的"判定"挡住了自己的去路。
- 在结果导向面前,人人都不会放弃,因为放弃就意味着投降。

(四)对工作交付质量负责,职场要的不是秀努力,而是要拿出结果

1. 职场要的不是秀努力,而是要拿出结果

企业是以营利为目的的,凡是不能够给企业带来直接或间接利益的,都不是企业想要的结果。姜汝祥的《请给我结果》一书中阐述的一个核心道理就是,结果最重要,做事情要给结果让路。

"这件事情,我跑了7趟,但是相关部门……"简而言之,就是事情没有办成功,就是没有取得想要的结果,这跟跑多少趟没关系。所以,作为一名员工,我们应该更加注重的是办一项工作所希望的最终结果,并沿着这一结果不断努力。

(1)结果思维是什么

结果思维就是将能力和行为封装起来转化为价值的思维模式。职场做事必须要有结果,有结果才有价值。

职场的本质就是交换,用个人的付出来获得职场的回馈,而这个交换的介质,不是个人努力的程度、不是学历的高低、不是自以为的能力,而是更加具体的价值呈现。

这个价值呈现可以是在自己的岗位上完成的任务、为公司带来的业绩,也可以是个人和团队共同研发出来的产品。这些工作的结果,都是交付出来的价值。离开价值谈结果,没有意义。

结果的价值是可以衡量的,是有层次的。同样的事情,因为站位不同,想法不同,结果也有层次之分。底层员工、中层干部、高管和老板,对于同一件事情,想要的结果是不一样的。

比如,老板看中战略布局、利润状况;高层管理者看到的是市场占有率,是对竞争对手的优势;中层干部可能眼中盯着的是安排给部门的业绩任务;员工看到的更多是自己需要完成的具体任务。再比如,老板想要的是一个能够占领市场的爆款产品,服务于企业的产品战略;中层想的可能只是做出一个产品满足各项要求;而底层的研发者可能只专注于搞定产品的一个功能。

如果员工眼中看到的不是任务,而是帮助部门完成整个的业绩,甚至达成公司的战略,那这个员工交付出来的结果就会有大不同;如果员工眼中看到的不是产品的具体功能,而是看到功能背后产品的整体好坏,还看到产品在未来市场表现的可能性,投入的心思也会大不一样。

案例 4-9

买票去青岛出差

五一节,北京一家公司要派10个人去青岛参加展会。根据公司规定,去青岛只能坐火车,而且必须保证晚上休息好,第二天到青岛就可以开展工作。

4月20日,预售的第一天一早,公司就派小刘去火车站买车票。过了很久,小刘回来了,说:"我排了3个小时队才轮到我,但去青岛的所有火车票,包括软卧、硬卧、硬座都卖完了,我只好回来了。"再细问,小刘什么都不知道了,老板非常生气,将小刘训了一顿。小刘感到很委屈:我辛苦了一早上,的确是没票了,为什么还怨我?

老板又派小张去火车站看看,小张过了好长一段时间才回来,他的回答是:火车票确实卖完了,我调查了其他一些方法,请老板决策。A.中途转车:北京到济南有×趟,出发时间××,到达时间××;济南去青岛有×趟,出发时间××,到达时间××。B.坐飞机:××日有×班飞机,时间分别是××。C.坐汽车:包车费用是××元,豪华大巴每天有×次,时间分别××,票价××元。

对比一下小刘与小张的做法,差别在哪儿?小张虽然也没有买到车票,但因为他用结果导向来思考问题,主动提供替代解决方案,只要老板决定采取哪一种方法,结果是不是就出来了?

(资料来源:执行模式在企业管理中的重要作用 百度文库 2022年01月15日)

那些思考问题时能超越自身层级、看到上层想要的结果的人,才能让自己的工作更好地服务于结果,才能提升自己工作的交付质量。这些不同的交付结果,就能让旁观者尤其是领导看到结果背后所呈现出来的能力、态度和资源等的差异,谁能脱颖而出一目了然。

(2)结果思维的价值

结果思维的价值可以用向外和向内来看。

- **向外,结果是最好的呈现方式**

用结果思维做事,重视结果大于过程,在业绩上想方设法,在产品上精益求精,在任务上深度思考,这些都会使自己做的事情比别人好很多,其结果所展现出来的业绩也会比别人高不少。

做事的结果本身是可以直接兑换成价值的,比如奖金、表彰;同时,结果也是职场的本钱,为以后的发展铺平了道路。

- **向内,结果是对能力的最好检验**

做事情有好的结果,可以从中萃取经验技巧、总结流程方法,为以后做得更好打下基础;做事情有不好的结果,可以从中看到自身的不足之处,为下一步的改进找到突破方向。

2. 如何理解"以结果为导向"

(1)"以结果为导向"不是"唯结果论",而是围绕自己想要的结果来制订计划

坚持"以结果为导向"的人,既然早早地定下了目标,必然会围绕这个目标制订周详的计划。而且,如果早早地"以结果为导向"制订计划,当结果出了问题时,也可以迅速地找到问题的症结所在和自己的弱点,而不容易觉得自己哪儿都行,把失败归咎于客观条件。

(2)"以结果为导向"就是底线思维,先出结果,逐步完善

做了很多,但是还缺一点点没有做,那么即使已经完成了99%都等于无效,因为需要的结果还没有达到。只有全部做完、做好才叫结果,这是从结果角度考虑的定义。

需要做到"先保60分,逐渐完善"。很多时候按时拿出结果,比拖延时间拿出一个更好的、所谓的完美结果来得更重要。所谓的完美,事实上它本身不可能达到完美,正所谓没有最好,只有更好。在这种情况下,要是再去追求完美,就等于拖延了整个时间进度,"先保60分,逐渐完善",最终拿出全力以赴后获得的最好结果。

(3)"以结果为导向"的人是否很累且人生无趣?

• "以结果为导向"的人有时会累,但总比稀里糊涂地过日子轻松得多。

退一步说,"以结果为导向"的人,不一定是自律的人,他有时会偷懒,有时也会完不成任务,也不一定比享受过程的人更成功,但他一直走在正确的道路上。就好比过一条河,"以结果为导向"的人,可能找到了渡河的轻舟,即使划一会儿,歇一会儿,也更可能会比莫名其妙坐上一辆车,然后碰运气般寻找过河之桥的人更早到达彼岸。

• "以结果为导向"的人会对失败更加敏感和在意,但从长期角度看,能从这份在意中受益更多。

一般地讲,"以结果为导向"的人很在意失败。一时间,会因为失败而愤怒和闷闷不乐,然而,冷静下来后会发现,正因为所做的很多事情都是针对结果的,在遇到失败时,会很容易找到自己失败的原因,因此,会更快地从失败中获取经验,从而进行下一次努力。渐渐地发现:"失败"不再是一件可怕的事情(因为可怕源于未知),而是可以用来学习和获取经验的宝藏。

部分所谓的"随遇而安"的人,却是最怕失败的人。他们既不知道失败什么时候会来临,也不知道失败后该怎么办。他们假装很快乐和无所谓,却未必能挺过真正的风浪。

• "以结果为导向"的人因为计划周密,反而不会为了目标不择手段。

以结果为导向的人在制订计划时,会考虑到各种意外情况,因而对失败有很大的"容错性"。因此,在实行计划的过程中,各种备用方案让他们不容易陷入"绝境",因而他们无须不择手段。

真正容易不择手段的人,是那些从不好好制订计划,却夸口说自己一定会成功的人。

• "以结果为导向"的人随时知道自己走到了哪里,体会到"阶段性胜利"的快乐,也可以将自己生活中的社交和娱乐纳入计划,更加舒服地享受它们。

一方面,以结果为导向的人,在制订计划的时候,是有进度条的,可以体会到自己的每一点进步,并为它欢呼雀跃,因为进步是乐趣所在。另一方面,那些目标明确并努力前行的人,不仅不无趣,反而都有着丰富的业余生活。

比如,某公司有个员工,每天都给自己制定苛刻的任务,要求自己尽可能高效地完成。但是一下班,他马上可以全身心地投入各种体育娱乐活动中,成为一个令人羡慕的多面手。

因此,越是"以结果为导向"的目标明确的人,越是清楚自己需要为目标付出多少,反而越有能力凑出他们想要的业余时间,并全身心地利用这些时间做自己想做的事,不仅不会无聊和不近人情,反而活得更加丰富多彩。

3. 在职场中如何运用结果思维

(1) 必须让自己用结果思维来做事

做事必须有交付,交付要有价值。事情的完结是用结果来衡量的,并且提升交付结果的质量,可以让自己站到更高的层次上。

时时思考:自己交付的结果是不是仅仅这样?还有什么需要提升的?比如为什么领导安排我完成这个任务?为什么公司要开发这个产品?多问几个为什么,把事情背后的结果、层级看得更透彻,做事的动力和方法也就有了提升。

(2) 注意记录和复盘

在做事的过程中记录自己思考和行动的过程,做完以后要及时复盘。

- 可以萃取自己的能力,充分挖掘自己的优势,找到自己的能力矩阵。
- 可以提炼经验、方法、流程,以后做同样事情更有效率,或者可以复制到更大的范围内。
- 对于不好的结果,反思、总结失败的原因。

➢如果是因为自身能力的问题,就看到自身的不足,找到自己下一步成长的方向。

➢如果是因为组织或系统结构的原因,看能否提出对组织改变有利的建设性解决方法。

➢如果失败的原因并不是因为做得不好,而是因为"运气"或者其他原因,那么,要有胸怀来接受,争取下次做得更好。

(3) 良好的工作交付质量是职业发展的最重要的实证

要知道,按时完成工作的考核结果只能是及格线。

- 遵守上班时间,只是最低标准。
- 程序编译通过,只是开发实现的最低标准。
- 按时完成任务,只是进度考核的最低标准。
- 遵循公司的规章制度,只是职业精神的最低标准。
- 自己以为做完了任务,只是完成了最低标准。

可以说,工作交付成果是职场唯一的入场券。而入场券的位置优劣,取决于交付成果能够提供多大的价值,即工作的交付质量。

从"平凡"到"优秀"再到"卓越",才是公司和个人追求的目标。不管打工还是创业,不管是做人还是做事,所有的成功都是一次次结果的积累,它只掌握在自己手里,完全由自己决定,与其他人无关。做事结果充分地展现了一个人的执行力和行动力。

图4-9完好说明了员工价值与职业发展之间的关系。工作交付结果就是人生价值得到完美体现,你的未来就是你想成为的那个人,不断地让自己变得更卓越吧!

图 4-9 员工价值曲线

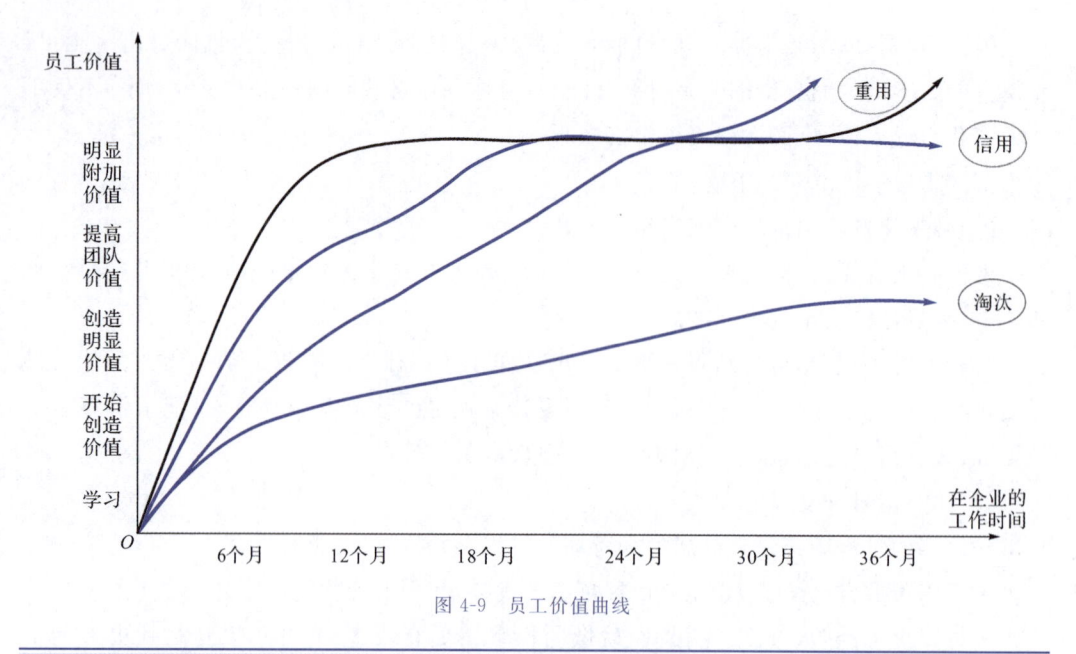

二、实现参考：如何保证按时输出好的工作结果？

（一）活动三：小 K 面对偷懒的员工，为了按时完成任务，只能累自己？

1. 活动目的
怎样按时完成工作任务？通过案例有何启发？

2. 活动流程
（1）阅读案例

A 公司是一家国内顶级的信息通信产品公司。这天，A 公司临时接到国内某大型网络公司的一笔订单，对方要求 A 公司在极短的时间内为其开发一款第三方网络交互软件，并且该网络公司承诺如果顺利完成任务，今后将跟公司建立长期的合作关系。

公司老总自然不敢怠慢，立刻从编程部门抽调了 6 名优秀的编程人员，组成一个项目团队，并且任命在工作中表现最为优异的小 K 作为这个项目团队的队长。由于这个订单对于公司的发展至关重要，老总放下狠话：如果不能按时完成任务，你们今后就都不用来公司上班了。老总的一席话无疑把每个人都逼上了"绝境"，团队中的成员开始积极地搜集相关资料，分析客户深层次需要，设计软件的组织构架……每个人可谓兢兢业业，以期可以按时完成任务。

可是，一段时间后，团队中部分成员的积极性就开始下降了，惰性也日渐显露，虽然每个人表面上看都在做事情，可是整个工作进度却明显不如从前。作为队长的小 K 自然是看在眼里，急在心里。小 K 也曾私下找过那几个"偷懒"的团队成员谈过，可是每个人都表示任务太艰巨了，自己能力有限，已经尽力而为了，这样的回答让小 K 无话可说。

在接下来的时间里，小 K 不得不和其他团队成员付出加倍的努力，每天起早贪黑、披星戴月，以保证项目可以顺利按时完成。经过三个月的艰苦努力，大家终于按时完成了任务。然而当每个团队成员都从老总手里接过 5 000 元奖金的时候，小 K 他们几个曾为团队立下汗马功劳的团队成员却怎么也高兴不起来。

(2)分组讨论
- 为什么团队中总有"偷懒"的员工？对他们该怎样激励或使能？
- 任务完成了，小 K 为何高兴不起来？他在工作中有什么需要注意的吗？

(3)课堂分享
各小组安排 1 人分享小组讨论结论，其他成员可以补充，也可以分享不同观点。

3. 观点参考

在知识大爆炸的新时代，工作对个体的要求增高、难度增大，依靠某个人独立完成某项工作已经越来越不现实了。对于团队领导者来说，整合团队资源，调动团队成员的工作积极性，提高团队整体绩效，保质保量完成目标，显得尤为重要。

团队是由不同的个体组成的，每个个体的思维方式、做事风格迥异，所以在团队工作过程中，某些问题会逐渐露出头角并进一步显性化，从而影响到团队的整体绩效。这时，团队的管理肯定出了问题，团队合作氛围遭到破坏，员工的工作积极性必受挫伤。

在一个团队中，造成团队绩效低的原因有很多种，总体来说可以概括为以下几个：
- 团队目标不明确，缺少指引团队成员前进的指明灯，致使其如断线的风筝漫无目的地工作。这个问题也是导致企业效率低下的一个重要原因。
- 团队成员职责分工不清晰，每个成员在团队中承担的角色定位不清楚，成员之间工作职责交叉或者缺失，易引起团队内部互相扯皮，增加内耗。
- 与团队运作相关的制度不健全，对成员的约束或者激励机制未形成，干多干少一个样，部分成员往往会存在"搭便车"心理，偷懒现象时常发生。
- 团队无沟通机制，或者沟通机制不畅通，信息共享不够，无法在团队内部形成合力。

(二)如何保证按时"交货"？

1. 学会设定你能满足按时"交货"的最后期限

如果总想要令人满意、给人留下好印象，就常常会设定不合理的最后期限。其实，如果对完成任务所需的时间更坦诚，会获得更多尊重。如果你是个可靠的人，需要帮助时也能主动开口求助，那么工作中人们就会更尊重你。

只要合理估计完成一项任务所需的实际时间，就能保证每次按时完成任务。请考虑以下几方面的因素：
- 是否有其他急需优先完成的事情？
- 是否需要依靠别人才能完成任务？比如，客户的需求设计、小张的 UI 设计、小李的产品设计等。需要的这些资料多久才能拿到？
- 团队里有没有能提供帮助的人？或者他们能不能把其他环节的工作做了，让我专心处理这个任务？
- 是否已经告知所有相关人员要完成这个任务所需的所有步骤？
- 基于对团队、主管、工作情况的了解，自己和相关人员有多大可能会被要求同时完成其他计划外的任务？
- 以前设定的最后期限是否过于紧迫？从中吸取了什么教训？

一旦问过自己上述问题并考虑了所有可能延误工作的因素，就能更好地估计最后交付期限了。

如果要为更大的项目设定最后期限,那就每周修改一次时间表,如有任何变动,及时告知所有相关方。如果个人的权力不足以解决问题,向领导报告时就要提出自己的意见,让领导推动解决,并让他知道自己随机应变、积极主动解决问题等能力。

2. 怎样实现按时"交货"

如果不提前计划,一定会发现很难按时完成任务。列出必须完成的步骤,按顺序排列,只要分配好时间,提高行动效率,就绝对能按时完成任务。听起来老生常谈,但是有多少人真正做到了呢?

不要拖延!蒂姆·厄本(Tim Urban)说,人们拖延的原因是人们想活在当下,享受现状,正如"及时行乐的猴子"一样。他指出,人们及时行乐的需求常常战胜了大脑的理性,导致最后时刻惊慌失措。

面对堆积如山的工作,很容易让人感到心情烦闷、情绪紧张,无法摆脱工作的阴影,就算与朋友一起饮茶聊天,也不会开怀大笑。实际上,每个人能否按时完成工作,关键在于他们怎样处理事情,若想用最少的时间,发挥最大的工作效率,必须注意下列各点:

- 对于不是自己分内的工作,坚决地说个"不"字。
- 如果整天的工作排得满满的,应该把一些必须马上完成的事情抽出来,专心处理。
- 假如觉得自己的心情不好,应先放下工作,让自己有松弛的机会,待心情好转时再投入工作。
- 吃饭时间,不要安排太多的会议,可以利用用餐时间会见客户,尽量利用每一个机会。
- 若能用电话直接处理事务,就不要浪费时间写邮件。
- 把文件整齐排列,就不必费时找寻资料和报告。

寻求帮助并不会让人看轻你。如果开始工作后很快发现不能按时完成任务,那就告诉别人,让他们知道自己决心要按时完成任务,但是如果有人能帮忙的话,按时完成任务会更加现实。甚至可以计划哪些工作要委托给愿意提供帮助的人,哪些可以自己完成。主管可能不了解我们完成某些任务需要多少步骤,所以,要尽可能让他知道。

如果确实没能按照自己设定或承诺的最后期限完成任务,不要找借口,而要拿出认为最佳的解决办法。什么时候保证能做完?需要什么帮助来加速完工?获得什么经验和教训?下次会注意些什么?

3. 督促团队成员按时"交货"

如果我们是团队主管,团队成员能否按时完成任务将影响整个团队工作的完成进度。因此,如何督促他们按时"交货"呢?

(1) 明确团队目标,制订行动计划

一个优秀的团队,必然是建立在相同的利益、相同的兴趣、相同的奋斗目标之上的。因此,团队成立之初,必须根据团队使命、组织目标和利益相关者的需求制定团队目标和工作计划。

比如,管理咨询公司与客户签订合同后,根据客户的需求组建项目团队,制定项目团队的使命和组织目标——在规定的时间内利用管理咨询公司的专业知识和技能帮助客户解决实际问题,并顺利回收咨询服务项目款。

在此目标基础上,团队需进一步制订团队的工作计划和目标,明确每个阶段、每周,甚至是每天的工作任务和所要完成的项目成果,设计关键节点以利于对项目整体的把控。

(2)界定成员职责

目标明确后,确定团队的主要负责人,全权负责相应工作的计划与组织实施,对团队集体负责。根据目标确定团队的主要工作职责,然后将每项职责细化并分解落实到每个成员,进一步理顺每个成员的主要工作职责,要求他们必须清楚自己真正的工作职责、级别角色、工作权限和团队价值贡献,并使大家明白每项工作具体由谁负责,这样就从某种程度上避免了偷懒。

(3)安排工作时,合理配置人员

确认自己的工作分配是否存在问题以至于下属无法完成的情况出现。考虑下属的工作态度及状态,确定接下来的工作安排。

(4)确定可以缩短工期的工作,选择快速结束

有一些项目的工期是无法缩短的。例如,要安排小组成员去参加为期五天的课程,派一个人去参加要用五天的时间,派十个人去参加也是要用五天的时间。所以,可以考虑一下在所有的工作当中有哪些工作的工期是可以缩短的,有哪些工作的工期是不能缩短的。

可以采取不同的方法来完成同样的工作以达到缩短工期的目的。例如,如果把一份合同传递到客户那里本来需要三天的时间,可以通过多付邮资和连夜传递的方法把时间缩短为一天。

(5)降低对下属的预期,增加沟通的频率

良好的沟通对双方的工作都有帮助,这也是为什么要集中办公的原因:减少沟通成本,提高沟通效率。需要多注意沟通的方式,以事件优先。

(6)将工作的截止日期主动提前或者设置双"死"线,预留修改时间

是人总有惰性,有人反正总是最后半天草草完成,给这样的人时间也被当成泡沫,不妨把泡沫"挤出来",把缩短时间的计划"还"给他。

(7)在对待下属的方式上,多采用精神上的鼓励

对团队成员多一些关心,比如,采用询问加班情况、报销车费事宜,当他们的面略微夸奖一个做得比他好一点点的同事,适当的物质刺激,绩效与个人和团队目标完成情况挂钩等激励方法。

(三)活动四:任务是从客户那里要回货款

1. 活动目的

理解什么是对结果负责、怎样做才是对结果负责。

2. 活动流程

(1)阅读案例

小付和小周同是一家公司的销售人员。公司的产品不错,销路也不错,但由于很多货款要不回来,公司陷入了财务危机。特别是有个大客户,三年前就买了公司600万元产品,但总是以各种理由迟迟不肯支付货款。

公司研究决定派小付去那个大客户那儿讨账。那位大客户没有给小付好脸色,说那

些产品在他们那个地方销售情况很不乐观,让他过一段时间再来。小付知道不能得罪这位大客户,心想我已经尽力了,已经对工作负了责任,要不到钱也是没有办法的事,于是便心安理得地返回了公司。

小付无功而返,公司又派小周去要账。小周找到那位客户,那位客户的态度更差了,说他们这段时间资转也很困难,说等资金到位了一定还钱。小周还是据理力争,希望客户尽快还钱。这时,客户指桑骂槐地教训了他一顿,说公司两次派人来逼账,摆明了就是不相信他们,这样的话以后就没法合作。小周并没有被客户的强硬态度吓退,他见招拆招,想尽办法与那位客户周旋,最终,那位客户只得同意给钱,开了一张600万元的现金支票给小周。

小周很开心地拿着支票回到公司,交给了公司的财务人员,财务人员去银行取钱时,被告知账上只有599万元。很明显,对方要了个花招,因为账上少了一万元,那张支票成了一张无法兑现的空头支票。如果不及时拿到钱,不知又要拖延多久。

小周觉得应该对这件事情负责到底,因为这是他的工作。最后他突然灵机一动,自己拿出1万元钱,把钱存到了客户公司的账户里去,这样一来,账户里就有了600万元。财务人员立即将支票兑了现。

公司知道后,不仅将他垫出的这1万元全额补偿给了他,还发给他3万元的奖金,不仅仅因为他的聪明,更因为他的负责任。

(2)快速思考
- 小付和小周的做法,谁是对结果负责?小付算不算负责的人?
- 小周即使出差完成回到了公司,在发现公司回款没法兑现时,也主动想办法把账要到了公司。他对整个事情的处理过程对你有什么启发?

(四)怎样做才能有好的工作结果?
1. 人生和工作的结果＝能力×热情×思维方式
著名企业家稻盛和夫的《活法》里提到,人生和工作的结果＝能力×热情×思维方式。
- "能力"主要指遗传基因以及后天学到的知识、经验和技能,取值区间为0~100。
- "热情"是从事一件工作时所有的激情和渴望成功等因素,取值区间为0~100。
- "思维方式"则指对待工作的心态、精神状态和价值偏好,取值范围则为－100~100。

从上面的公式可以看出,一个人和一个企业能够取得多大成就,是靠三个因素的乘积。所以,即使有能力而缺乏工作热情,也不会有好结果;自知能力不足,而能以燃烧的激情对待人生和工作,最终能够取得比拥有先天资质的人更好的成果。而改变思维方式,改变一个人的心智,人生和事业就会有180度大转弯;有能力、有热情,但是思维方式却犯了方向性错误,仅此一点就会得到相反的结果。

- **思维方式**

做人的基本原则是正直、公平、努力、谦虚、诚实。明确这条准绳是实现人生价值和意义的前提条件。比如:
➢ "且走且看":随意性思维,容易迷失方向。
➢ "从起点到终点":正向思维,过于关注当前。

> "从终点到起点":逆向思维,合理规划路径。

- 能力

> 设定目标的能力:一个人要给自己设定超出现有能力的高目标,只有这样才能激发自己的斗志,提升自己的能力。

> 完成目标的能力:不管是完成什么目标,都要付出不亚于他人的努力。

> 抑制欲望的能力:战胜自己贪图安逸之心,才能设定超出现有能力的高目标,并为实现这个高目标而付出艰苦的努力。

- 热情

在从事工作时要有激情和渴望成功的愿望,喜欢自己的工作,全力以赴地去做,就会产生成就感和自信心,就会有向新的目标挑战的渴望,让自己变为"自燃人",即使在周围没有人督促的情况下,也能熊熊燃烧自己。

我们要学习这种理念,带着这个人生哲学公式不断地思考改进,不断地设定超出自己预期的目标,用火焰般的热情努力实现目标,让自己的工作结果更有价值,让自己的人生活得更有价值!

具体该怎么做呢?给出一些参考建议:

(1)时刻记着以结果为导向的意识

没有借口,使命必达。靠谱的人没那么多借口,直接把事情搞定了,有多少困难都自己先扛着的。不靠谱的人一上来就说困难,说事情搞不定的原因有一二三,比如说,这个项目上线晚了,是因为临时出了软件缺陷,然后把话题转到描述通宵排查问题的辛苦上。

困难及不确定性,是要克服的东西,不是在开始之前,就预设为事后"完不成的理由"。一旦有这种预设就完了,就从一个"行动者",变成了一个"解释者",精气神就没了。大多数人面对的困难和不确定性远不到不可抗力的程度——还没"尽人事"呢,就"听天命"了。

具有结果导向的意识,就是没有借口。使命必达,是工作中的美德,是真正的靠谱。

(2)根据工作目标确定以结果为导向的可行方案和计划

方向和目标是确定的,方案是由自己定的。不管黑猫白猫,能抓老鼠的就是好猫,是关于工作目标与工作方案的最好诠释。"抓老鼠"是目标,好猫的标准就是"能抓老鼠",而不是长得萌或其他,在这个标准下,黑猫、白猫都可以是好猫。

因此,可以问领导要方向和目标,但不能问他要方案。方案是自己出的,能想到领导想不到的方案并做出来,才体现了我们的价值。更进一步,理解目标更能帮我们站在领导的角度看问题,超预期完成工作。

(3)以结果为导向的行动管理

从终点出发。我们用手机地图导航时,第一步都是先输入目的地。然后地图会给出几条可选择的路线,再看是打车还是公交。这里隐藏的一个道理是"倒着做事"。

所谓"倒着做事",就是从想要达到的结果倒推,而不是根据眼下的情况决定行动方案。比如,为了避免迟到,就要从上班时间倒推,确定出门时间、起床时间;而不是先看几点钟起床,再看什么时候能到公司。

拿业务分析来说,我们犯过的错误之一,就是先搜罗一大堆数据,再左比比,右算算,看能得出什么结论。我们处于大数据时代,一上来就伸手找数据,一方面容易在无效数据中迷失；另一方面，容易被唾手可得的信息所迷惑，错过关键但难以量化的数据。正确的数据分析方法，是脑子带一个分析地图，先有基于问题的假设，再找多方数据验证假设。分析能力的提升，不是学会了多少分析方法，而是掌握了正确的分析思路。

先看要做什么样的任务，分析需要克服的困难，推导需要怎样的能力，然后组建具备这样能力的团队，制订并执行具体的行动计划，还要预测可能出现的困难，想好风险的处理策略。绝不是从自己的能耐出发，一步步看能不能完成任务，如果完不成就作罢。

跨团队合作中，结果倒推尤其重要。不是"等你做好这个，我们再开个会讨论那个"，而是"下周三我们一起开会讨论结果"。这样的好处，是利用"来自目的地的张力"，倒逼自己和团队提升效率。

(4) 以结果为导向的沟通方式

• 以对方为准是以结果为导向的沟通方式

常听到团队关于沟通的抱怨："我跟 A 说过这个事，但 A 太不靠谱了，到现在都没做好。"出现这种情况，通常不是 A 不靠谱，而是在跟 A 的沟通中出了问题。

沟通容易犯的错误，是从自己（沟通的发起方）的动作出发，而不是从对方（沟通的结果方）的接收以及接受出发。有一句名言：沟通最大的问题在于以为沟通已经发生。沟通最大的美妙之处在于达成共识，而我们常常获得的是已经达成共识的幻觉。

比如，打车时，司机要是说"我在马路右边"，会让人非常恼火，你说东南西北还可以，我又不知道你的朝向，谁知道你说的右边是哪边？又比如，发一个通知，说"这个我已经发过群体邮件同步过了"，这只是"发了邮件"，却没有保证对方已经了解了情况，万一对方电脑坏了呢？

• 不同的目的适用不同的沟通方式

要资源、要指导、同步信息的沟通方式一定不同。对谁讲、讲什么、怎么讲？对方了解背景知识吗？对方是什么立场？对方可能会有怎样的质疑？我说的对方听得懂吗？是直截了当还是旁敲侧击？是用邮件正式沟通还是随意聊聊？是开会沟通还是一对一沟通？这些都是沟通之前要考虑的问题，并从对方的角度来获得答案，而不是无差别地从自己已经习惯的沟通方式和风格来推进。

影响力就是不断与对方达成共识所提升的，正确的沟通是拓展影响力的最佳方法。沟通中，要确保信息对方已经接收到了；在达成共识中，要确保对方已经接受了。而不能止步于"反正我说过了"。

(5) 重视以结果为导向，同样要关注过程

结果是衡量工作好坏的唯一标准。在业务上，说"顾客是上帝"，说"用户永远是对的"，因为"顾客和用户感知是检验工作好坏的唯一标准"。一个事情做得好不好，不是由你的出发点和付出多少努力所决定的，而是你的用户和用户的感知所决定的。

另一个角度来看，只有用户可感知的才是有意义的。比如，为了提升产品质量，我们选用了更好的原材料，几个月下来，营业额没变化，成本不断上升。究其原因，是好的东西并没有直接传递给客户。

要实现结果就要排除得到结果的所有障碍，解决实现结果的所有问题。问题不解决，问题始终存在，就不能实现结果，所有的过程就成了零。

案例 4-10

我要的是葫芦

从前,有个人种了一棵葫芦。细长的葫芦藤上长满了绿叶,开出了几朵雪白的小花。花谢以后,藤上挂了几个小葫芦。多么可爱的小葫芦哇!那个人每天都要去看几次。

有一天,他看见叶子上爬着一些蚜虫,心里想,有几个虫子怕什么!他盯着小葫芦自言自语地说:"我的小葫芦,快长啊,快长啊!长得赛过大南瓜才好呢!"

一个邻居看见了,对他说:"你别光盯着葫芦了,叶子上生了蚜虫,快治一治吧!"那个人感到很奇怪,他说:"什么?叶子上的虫还用治?我要的是葫芦。"

没过几天,叶子上的蚜虫更多了。小葫芦慢慢地变黄了,一个一个都落了。

(资料来源:根据网络信息整理)

所以,要达成好的结果,过程同样需要重视。

2.细节决定成败

"泰山不拒细壤,故能成其高;江河不择细流,故能成其深。"不管多么大的事,其实都是由一个又一个小小的细节组成的。细节不仅可以决定整个事物的最终等级,还可以改变事物的整体发展方向,甚至可以决定事情的成败。

(1)细节成就伟大

老子说过:"天下大事,必作于细。"对细节是否重视,是否做到位,往往决定着伟大还是渺小、卓越还是平庸。有些一心想成就一番伟大事业的人,常常对细节不屑一顾,甚至是嗤之以鼻,结果,其人生往往是以平庸而告终。

(2)留心细节,化腐朽为神奇

任何事物的存在都是有价值的,存在即合理,关键在于我们有没有找到其合理的成分。腐朽也是如此,它不等于没用,只要你留心细节,那腐朽的东西也能变得神奇。将这个道理用到一个人的身上,只要一个人留心细节,那么,无论他的出身、地位、现状如何,都能用双手和头脑为自己打出一番神奇天地!

(3)细节中蕴含创新因子

现实生活中,偶然可能会迸发一些灵感,刚迸发出来的时候,一般会觉得过于天真和幼稚,所以,便不想深入想下去,更不愿意与别人分享,因此,这些灵感也就此消失。这是十分可惜和遗憾的,因为在这些细节化、碎片化的点滴灵感中,往往蕴含着创新的因子。

(4)忽视小细节,可能吃大亏

千里之堤,毁于蚁穴。现实生活中,因为疏忽大意,常常忽视细节,不经意地处理一些自认为不重要的事,或者随便打发掉一些自认为对自己不重要的人,结果吃了大亏。对此,我们一定要予以重视。

案例 4-11

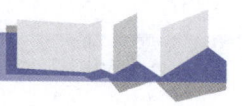

结核菌检测？

老王在准备入职时，收到了人事经理（HR）给出的入职手续准备清单，其中的"结核菌检查结果"（图4-10）让他犯了难：联系了市内的多家医院，只有市传染病医院可以做相关检查。在成功预约、排队等候2小时后，终于等到老王看医生了。

医生说："你确定是要做结核菌检查吗？通常入职体检是不需要做这个检查的。"这一下把老王搞蒙了。老王马上联系HR，HR说只要提供没有结核病的检查结果，就可以入职了。

老王再次找到医生，医生说："那你应该是要做结核菌素（PPD）试验吧？如果做结核菌检查时间很长，费用也要好几千。"老王按照医生的建议，开了结核菌素（PPD）试验单，赶到医院相关窗口时，被告知结核菌素（PPD）试验下午4:30后医院就不做了。无奈，老王只有第二天再预约了。哎！浪费了半天的时间，细节不清楚害人呀！老王感叹道。

图4-10 入职手续准备清单

附：

结核菌素试验又称PPD试验，是指通过皮内注射结核菌素，并根据注射部位的皮肤状况诊断结核杆菌感染所致Ⅳ型超敏反应的皮内试验。结核菌素是结核杆菌的菌体成分，包括纯蛋白衍生物（PPD）和旧结核菌素（OT）。该试验对诊断结核病和测定机体非特异性细胞免疫功能有参考意义。

结核杆菌检查是确诊肺结核最特异性的方法，痰中找到结核菌是确诊肺结核的主要依据。采取涂片检查法或细菌培养法。涂片抗酸染色镜检快速简便，在我国非结核性杆菌尚属少见，故抗酸杆菌阳性，肺结核诊断基本即可成立。除了痰液，尚可采取咽喉部分泌物、胸液、腹水、尿液、脑脊液、胃液、脓液、粪便等标本进行检验。

（资料来源：根据编者亲历整理）

因此，天下难事，必作于易；天下大事，必作于细。对个人来说，能把一件简单的事做好就是不简单，能把每一件平凡的事做好就是不平凡。对于企业，细节就是创新，细节就是机遇，细节就是财富，细节就是决定生死成败的关键；对于个人，细节体现素质，细节决胜职场，细节攸关幸福，细节暗藏玄机，细节具有决定命运的力量。

（5）如何注重细节

• 改变观念

两个人观念见解都不一样，那么他们必将谈不到一起。自己的主观思想有了改变，意识到细节决定成败的重要性，这是第一步，也是关键一步。

• 从点点滴滴的小事做起

细节存在于我们生活中的每一件小事当中。随手关门，轻拿轻放，节约每一滴水、每一度电、每一张纸,朋友的问候,亲人的关心……生活中的细节不胜枚举。就好比美的东西到处都是,但是要有善于发现美的眼睛。能时刻看到生活中的细节并不断地关注细节,发现了就去做,当养成习惯之后就会发现,做事的效率会提高很多,事情同样也会进展得顺利。

- 自律

这是一个人人皆知的东西,却人人都难做。拖延症就是不自律的最大表现。凡成功者无不懂自律,他们在任何细节上都有自律。对自己严格要求,不放任任何一件事情,养成良好的习惯。好习惯更是需要自律来保护。

有人说,细节是成功的基石;也有人说,成功是细节之子。的确,所有成大事者必注重细节。伟大雕塑家、建筑学家米开朗琪罗曾说过:在艺术的境界里,细节就是上帝。所以,用丝丝细节播种心田,才会收获成功的果实。每个人做事都需要精心揣摩,注重细节。做事细致的程度,决定人生的高度。

三、任务实现:高质量完成"互联网+"大学生创新创业大赛项目备赛

1. 完善项目商业计划书

一份好的"互联网+"大学生创新创业大赛项目商业计划书基本决定了初赛甚至决赛的成绩,毕竟绝大多数评委会通过项目商业计划书了解项目的情况。项目商业计划书应尤其注意下面这些内容是否突出:

- 项目商业性

➢商业模式,包括商业模式的完整性与可行性。
➢项目可行性,如市场容量和占有率、技术壁垒和产品设计等。
➢价值创造情况,项目收入与持续盈利时间、市场扩张预测等。
➢股权融资规划,创始人团队占股情况、融资规划等。

- 项目创新性

➢项目技术领先行业的时间。
➢商业模式优势领先行业的时间。
➢生产与服务模式领先行业的时间。

2. 准备项目呈现PPT

PPT用在项目演示答辩的时候。优秀的PPT是项目获奖的关键。PPT在符合项目主题的同时又要讲究美观大方,要经过多次模拟答辩后反复修改完成。

PPT在时间规划上,遵循2-8法则。即10分钟的展示,2分钟内要抛出重点,开门见山,吸引听众,直接说项目的最大优势在哪里;剩下的8分钟进行论证。

PPT在内容策划上,一定要围绕商业计划书展开,是商业计划书的精髓概括。但要尽可能简短,并展现完整的可执行方案,要有理有据、条理完整、逻辑通顺。具体内容要涵盖项目介绍、财务预测、市场预计、具体计划安排等要点。

3. 宣讲答辩准备

答辩宣讲人员最好全程跟着项目走,有助于全面熟悉项目。在比赛开始前一段时间,多模拟答辩几次,流程可按照正式比赛规格模拟,邀请朋友、指导老师来做模拟答辩评委,

在不断的提问中完善项目,并注意以下要点:
- 团队整体风貌:仪容与掌控力。
- 陈述的感染力。
- 产品展示效果。
- 团队配合默契度:如项目创始人或法人到场。
- 材料支撑和逻辑性:合理性、权威性、价值性。

比赛的前几天,可以让团队成员每人想出一些比赛评委可能问及的问题,用于赛前准备。另外,获取往届大赛优秀竞赛答辩视频进行学习,从别人的宣讲答辩中吸取经验远比自己私下摸索来得有效。

宣讲演练。当众练习,在队友面前演练,肢体动作、眼神、语调语速、节奏把握等都要按正式宣讲答辩要求演练。用手机给自己录像,并且计时,每完成一次,自己观看自己的录像,并找出问题,注意改正。基本上练习20遍后,自信心就建立起来了。

四、任务总结:按时完成任务、对结果负责才是真的负责

军队从来都是一个善于坚持到底,对结果坚决负责的团队。他们接到命令,从来都是毫不犹豫地说:"报告首长,保证完成任务!"

"保证完成任务"是一个对过程和结果都负责任的态度。他们不仅懂得如何坚持对完成任务的过程做到毫不懈怠地负责,而且对每次行动、每个行为的结果充分负责。因为军人必须负责到底,也只有做到对结果负责才是真正的负责。

"人在阵地在"是一种负责到底的精神,这是军人团队内在素养的折射。正是责任,使这个团队在困难时能够坚持,永不绝望、永不放弃。责任使他们忘我地坚守在自己的岗位,出色地完成任务。

成功的人一定是负责任的人,不但关注结果,并想尽一切办法去获得结果。将责任根植于内心,让它成为我们脑海中一种强烈的意识。在日常行动和工作中,这种责任意识会让我们在落实工作中表现得更加卓越。

对结果负责的人,才是对工作真正负责。所有优秀的人都有一个共同的特点,那就是对工作的结果负责。也就是说,只有对工作的结果负责,才能够成为优秀的员工。不要总认为这不是自己的事,那也不是自己的事,或者说不是自己能力范围能担负得起责任的事,只要我们能用心,只要把交给我们的事情当作自己的事情来做,就一定能够承担起责任,把事情做到最好。

结果永远都是最重要的,对结果负责才是真正的负责。无论过程多么天衣无缝、完美无缺,如果没有得到结果,那就是不负责任。如果要想成为一名优秀的员工,就一定要树立好结果意识,在问题面前把自己的潜能发挥到极致,进而创造出实实在在的业绩,真正做到对结果负起责任。

第四节　做事闭环，总结提升

◆任务：参加"互联网＋"大学生创新创业大赛并进行项目总结

1.任务描述
参加"互联网＋"大学生创新创业大赛项目，并进行项目总结。

2.任务分析
事毕回复和工作总结既是领导的要求，也是自我进步的需要，更是职业化素养的直接体现。如何做呢？学习相关知识，参考案例方法、开展活动并养成习惯。

实现准备	课堂活动	活动一："小王帮我订好机票了吗？"
	课堂讲解	事毕有回复为什么重要？
	课堂活动	活动二：怎么送我两张VIP票？
	课堂讲解	为什么要积极地进行总结呢？因为总结是升级版的"事毕回复"
实现参考	课堂活动	活动三：都收到面试结果了吗？
	课堂讲解	如何做到事毕回复？
	课堂讲解	如何进行工作总结和项目总结？
	课堂活动	活动四：你喜欢什么样的总结报告？
	扩展阅读	如何才能写出接地气、有温度的总结材料
任务实现	课堂实训	参加"互联网＋"大学生创新创业大赛并总结项目
任务总结	课后思考	善于总结，不断进步

一、实现准备：为什么这么看重事毕回复和总结工作？

(一)活动一："小王帮我订好机票了吗？"

1.活动目的

了解事毕回复、做事闭环的重要性。

2.活动流程

(1)阅读案例

李总下周要去北京出差，自己查完航班号后，让前台小王去订机票。小王立即订了机票，但没告诉李总。

结果李总在出发前，没有收到小王确认订票的信息，产生"小王帮我订好机票了吗"的怀疑，只能自己再打电话给小王确认订票情况。虽然得知小王按照要求订了机票，但领导对小王的做法并不满意，因为小王未及时向他汇报，留下了"不靠谱"的印象。

(2)快速思考

- 你是不是也有"小王"一样的习惯，悄悄地把事情给办了，不吭声？
- 为什么很多人不喜欢事毕回复？请分析其想法。
- 请帮助"小王"给其领导回复一下预订机票的情况。

3. 观点分享：小王应该这么做

小王在订好机票后，将订票成功信息通过微信或短信发送给李总……

了解更多信息，请扫描二维码阅读。

小王应该这么做

(二)事毕有回复为什么重要？

1. 事毕不回复就像永远停留在 99% 的工作进度

当视频加载到 99%、显示 Loading 时，你是否有些抓狂？其实这种"99%困境"也时刻困扰着得不到员工反馈的领导们。最令人哭笑不得的情形是叫下属送一份文件到其他部门，然后文件就跟消失一般毫无回音。几个小时忙完之后跟下属确认，对方表示："早就送去了，不好意思，忘了跟你说。"

员工应当明白一个事实：工作进度最后的 1% 永远是由你的汇报完成的。当老板来询问进度时，说明你已经缺失了这一重要环节。再次催问时，说明老板对你就不放心了。当你每次工作都要有监督者出现来催问的时候，你的这种"99%"工作习惯就已经影响了团队的效率。潜移默化之中，你可能就成了不靠谱的人。

在我们周围，总能看到有的人办事特别靠谱，凡事会有交代，件件都有着落，事事均有回音。但凡遇到重要的事，我们一定就会想起某个做事让人放心的人来。因为不用担心，委托的事，他一定会放在心上，尽心尽力，随时回复，绝不让我们焦急等待。对这样的同事和朋友，人人会以礼相待，并以同样的重视程度对待对方托付的事，这就是共事双方的默契。

2. "事毕回复"体现你的做事闭环思维

做事有始有终，"事毕回复"用更专业的话讲，是潜在的"做事闭环"思维意识在支配个人的行为。

(1) 做事闭环的几种情形

第一个情形，依令行，行有果，果有馈。这是理想情形，符合闭环要求。

第二个情形，依令行，行有果，果无馈。任务完成了，但未及时反馈。如果在技术上还做不到自动反馈的话，就会让领导或组织信息不充分，或为了获取信息而额外增加成本，降低办事效率，增加协调困难。这属于轻微的缺陷。

第三个情形是，有令难行或不行，行难果，但有馈。这属能力或选择问题，不违背闭环原则。避免的方法是，令出时，认真领会，明确要求，预测困难，预估结果，请求足够的资源和支持；做事时，不拖延，尽全力，以使工作效果更好。这属于能不配位。

第四个情形是，依令行，行未果，无反馈。即执行了任务，但遇到了困难，执行没有结果，也不请示、不汇报、不反馈。这不仅违背闭环原则，而且缺乏责任心，缺乏担当，浅尝辄止，遇难即弃，不想办法，放任不良后果发生，可能会产生危害组织、危害社会的后果。这属于德能不配位。

第五个情形是，有令不行，无反馈。这既是态度问题，也是能力问题，还违背闭环原则。这种行事方式，对组织危害极大。这也是属于德能均不配位，属最不靠谱的。

这五种情形中，第一种，闭环操作，是理想状态，要努力追求。这种人值得托付重任。第二种情形，没反馈。无实质性危害或损害不大，要改正，改进后仍可托付责任。第三种情形,没执行或执行不好,但有反馈。会负面影响组织运行。态度有好的一面,能力和经验欠缺。要提升能力,要在接受任务时做好评估和选择。第四、五种情形(不做,或做了没有结果,也不反馈),既损害组织又自损形象,要千万防止这种做事方式。

事毕回复体现做事闭环思维,于人于己均有益。所需付出的不多,只要稍微留意、留心即可,有意识培养自己的"做事闭环"思维,一旦成为习惯,做事就会变得越来越容易。

(2)事毕回复(或做事闭环)对最终的结果起促进作用

心理学家赫洛克做过一个实验:四个组的被试者,在不同诱因下完成任务。结果显示,每次能得到鼓励和表扬的组别,成绩最高,且成绩呈不断上升趋势;成绩稍差一些的,是每次都会直接受到批评和能听到别组所接受的批评/表扬的被测者;剩下的那组,与其他三组都进行了隔离,他们得不到任何反馈,最后成绩最差。

反馈不论积极或者消极,都对最终的结果有着促进作用。得到鼓励和表扬(专业术语"正向闭环")的反馈机制不仅能让人心态更加积极,也能让整个人的状态进入良性循环。

生活中,我们每个人都生存在很多恶性循环中,比如由拖延导致的熬夜:拖延症→无法完成任务→不得不熬夜→第二天精神不济→无法完成任务→继续熬夜……

这是因为缺乏正向闭环能力中最核心的一条:建立检查点,对上一个阶段好坏进行总结,把控改进方向。睡眠就是一个检查点,需要正向的反馈,发现因为熬夜精力不佳,任务被搁置,那就在熬夜这一环进行总结改变:某日早睡,待精力充沛后的第二天才有可能弥补没有做完的工作,从而终止拖延。

3. 为什么这么看重"事毕回复"

从"事毕回复"这件事上,能看出一个员工对于工作的态度。懂得"事必回复"的人,就是做到了尊重自己和对方的时间,让领导或团队不在无用的环节上浪费一分一秒,同时也注重对细节的把控,懂得实时沟通的重要性。

- 所有领导都喜欢做事有结果、有回复的员工。
- 小事靠不住的员工,领导不会托付大事。
- 办事靠谱的人,凡事有交代,件件有着落,事事有回音。
- 办事靠谱的人,领导委托的事情一定会放在心上,尽心尽力,随时回复。
- 该回复就回复,根据事情的轻重缓急做出回复,不要等到领导催促再回复。
- 事毕不回复,虽然就差那么一丁点,但事情还是没做到位。

(1)减少了时间成本,减少了沟通成本

企业里面每一个人既是下属,也可能是领导者。每一个人下面都带着团队或者属于某个团队,比如领导交办事项给下属是这样安排的:9点钟交代了一件事情,10点钟交代了一件事情,11点钟又交代了一件事情,一共交代了三件事情。如果9点钟给下属交代的这件事情,10点钟做完了,给他回复了,作为领导心里就会知道这件事情已经做完了,就不会再操心了。如果没有事毕回复,他就不知道9点钟、10点钟、11点钟跟下属交代的事情究竟分别做得怎么样了,他也就不敢给这个下属安排其他工作了,久而久之就会形成很多的等待时间的浪费。这样,这些管理者就会变得因为未知而恐惧,这也许就是很多管理者经常说晚上睡不着觉的原因。人就是因为未知才感到恐惧的。

如果下属做完的每一件事情、做到什么程度能够主动跟领导回复一下,领导了解一件事情完成了,他就在心里放下一件事;他了解某件事情做的过程有问题,他就可以及时重点跟进支持一下。这样,在他心里存储的东西就会少得多,也会感觉轻松很多。

当整个团队都做到了事毕回复以后,这个团队的工作习惯就会发生改变,就能够有非常高效的沟通。每一件事情都有回音和反馈,能够促使每件事情得到落实,如果每件事情都落实了,工作就自然而然地做好了。

在日常的生活当中,有些人好像觉得事毕回复是急性子,但是事毕回复和急性子是有所不同的,事毕回复是急而不乱、忙而不乱。

(2)是不给别人添麻烦的表现

团队协作中,最基本的素质,就是尽可能不给别人增加无谓的麻烦。举个简单的例子,收到任何工作邮件,回复一个"已收到",就是最基本的礼仪。如果你不这样做,别人就无从确定你是否收到了邮件、是否看到了邮件。如果邮件十分重要的话,他就得再一次跟你进行确认,这增加了整个工作安排的"不确定性"(没有获得确定的反馈)。

这种事如果再三发生,别人就认为你是一个团队意识薄弱的人,不会站在别人的角度考虑事情。

(3)信息共享

很多时候,一件事的成功是由多个方面共同促进完成的。就像研发一个产品,研发部门有着不同类型的工程师(电子工程师、结构工程师等),各个工程师的信息汇总在领导这里,领导才能够准确及时地做出正确的判断。

同时,大部分领导又是下属,在处理上级交给他们的事情时,也要从这个维度去考虑事情,做到事毕回复。

(4)事毕回复决定一个人是否靠谱

事毕回复的理论根据是大家熟知的"PDCA 循环"。PDCA 中的"C"有四层含义:Check(检查)、Communicate(沟通)、Clean(清理)、Control(控制)。时刻让任务涉及的各方知道各自手中任务的完成状况,这不仅是对彼此的督促,对于任务本身来讲,一次沟通也就是一次检查点。

事情完成以后,主动告知领导及同事,最好附上自我体会和对经验改进的总结。因为,我们不是一个人在完成任务,事毕回复,不仅能说明一个人有完成任务的能力,更体现了合作意识,通俗地讲,就是靠谱,靠谱的习惯能让对方放心。事毕回复即便发现了问题,也能及时补救。

(5)提升工作质量

当我们所有人都养成了事毕回复的习惯以后,将会非常有助于提升我们自己的工作质量以及下属的工作质量。

为什么?因为我们每做完一件事情并及时回复就意味着有交代、有呈现、有汇报。做任何一件事情的时候,如果总带着"我要有一个交代""我要有一个回复""我要有一个反馈"的心态去做,身上就有压力。当带着这种压力去做这个工作的时候,这个工作的质量要远远大过"不用回复"。

(6)团队合作需要培养事事有回音、件件能落实的工作好习惯

当整个团队都做到了事毕回复以后,这个团队的工作习惯就会发生改变,就能够有非

常高效的沟通。每一件事情都有回音、有反馈,这样能够促使每件事情得到落实,每件事情落实了,工作就自然而然地做好了。

亚里士多德曾说:"尽管人们的思想不尽相同,但将适当部分相互叠加,相当于整个集体接纳了所有优点。"这句话点破了"事毕回复"的核心价值:信息汇集是团队效率和配合的关键所在。

当承担不同分工的人能够将工作进度、工作成果透明化、实时化,团队效率也能在一定程度上得到提升。因此,能够做到"事毕回复"是激发团队效能的重要推力。

(7) 事毕回复看出一个人的工作智慧

举个最简单的例子,使用电脑时,很多人会忘记及时保存文件,遇到突发意外——比如突然断电或电脑死机时,付出许久的心血就荡然无存。如果这种遗失文件的经历在大脑中形成了这样一种条件反射,即工作→保存→工作→保存……如此,在脑海中形成"完成一小段工作就给电脑硬盘回复一次"的"事毕回复"的习惯,工作效果就能在这一次次"事毕回复"的实践中得到保障和提升。因此,有始有终地"事毕回复",是工作的一种智慧。

(8) 事毕回复,也是对自己的负责

如果一个人尊重自己的工作,最起码应该做到做事有始有终。做完一件事情,汇报给上级,接受验收和审核,是工作的收尾阶段,如果没有执行这个阶段,这项工作其实是没有完成的。事毕不回复,从另一个侧面说明了这个人不够尽责,觉得自己的成果不够完美,多少还有疏漏之处,对提交给上级验收心里没底。

从长期来说,这对个人的发展也是不利的。从上级的角度看,他当然希望重要的工作尽量安排给靠谱的人,能够全力跟进、及时汇报,杜绝可能出问题的情况。最起码,这个人得对自己的工作有足够的信心和责任感。如果事毕不回复,那么在团队之中,就很容易失去被委以重任的机会。职场之中,有时候对自己职业发展产生不利影响的未必是能力,也许就是这种自认为的"不起眼的小事",因为它们从侧面说明了一个人的工作态度和责任心。

4. 为什么有人不重视"事毕回复"

(1) 这么小的事情,做好了就行了,还要回复吗?不回复就是"靠不住"吗?

许多人对做"小事"工作抱有的态度是:我只不过送个文件,这么小的事情,这能有什么用?所以在工作完成之后,就没有向上级汇报的欲望。

这个时候应该换位思考,从更高的层面来看自己做的事情。员工认为自己是在跑腿(或者打字、核对数据等),似乎没什么价值;但从领导的角度看,你正在为项目决策打基础,这也是你不断积累信誉值的过程。这样,你就会觉得自己应该做到"事毕回复",成为真正靠谱的人。

(2) 如果事毕及时回复,会挨骂怎么办?会做更多的事情吗?

很多事毕不回复的新人,也许多多少少存着这么一点小心思:晚一点汇报,留下的时间就更少一些,这样一来,即使工作做得不够好,上级也会看在时间紧迫的份上,睁一只眼闭一只眼,多半就可以这样将就过去。

在工作上,只要是和你岗位职责有关的事,都要及时回复。设想一下,你给你的同事发了一个信息,如果对方没有回复,你是什么感觉?同样道理,他给你发的,你不回的原因是你不想回还是不屑回?这不是无所谓的问题。无论是谁,除非确有原因,都应给予回复,这是一个尊重自己和尊重别人的问题。

案例 4-12

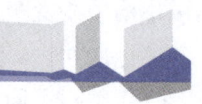

老李不回复的理由

老李是单位的老员工,每次领导布置完工作,老李从来不主动回复,因为怕回复以后,领导不满意,挨骂;或者领导满意了,会分配新的工作内容,自己工作量加大。

老李也从来不回复同事发的通知,因为这样不用负责任,有事情的时候可以装作自己没看见。

(资料来源:根据网络信息整理)

对待靠谱的同事,我们也会以礼相待,并以同样的重视对待对方委托的事情。说来简单,做好不容易。行为只是表现上的事,根本上还是职业品格的问题,这和承诺与诚信有关。

(三)活动二:怎么送我两张 VIP 票?

1. 活动目的

认识为什么要养成复盘、总结的习惯,及其带来的好处。

2. 活动流程

(1)阅读案例

我之前去看某话剧,写了观后感,发在豆瓣上后被导演剧场的工作人员看到,对方请求转载并且送了我双人的剧票(图 4-11),而且还是 VIP 席位。本意只是自己理清思维,回顾日常活动和感想,更加了解自己,但是没想到的是有意外收获!

> 您好,我是杭州蜂巢剧场的小编。
> 我们看到您写的一篇《××××》,想要转载到杭州蜂巢剧场公众号,请问可以吗?因为10月3号这个话剧,会在我们剧场演出,欢迎您感兴趣的话来二刷~我会准备剧票~我的微信是:　　　　　如果可以的话请与我联系,打扰啦。

图 4-11 观后感带来的意外收获

(2)快速思考

①面对案例作者的意外收获,你有什么启发吗?

②你对学习和工作总结的态度是什么?你有时常思考、总结的习惯吗?

(四)为什么要积极地进行总结呢?因为总结是升级版的"事毕回复"

1. 工作总结并不是例行公事

身在职场,不可避免地要写工作总结,甚至很多公司的工作总结是跟绩效挂钩的。但是很多人还是意识不到工作总结的重要性,认为写它是一件很烦琐、很痛苦的事情,好不容易休息了,还要为总结绞尽脑汁,郁闷至极!

认真写工作总结是一件非常重要的事情,工作总结不是作业,不能敷衍了事,更不是写给领导看的,最主要的是对自己阶段性工作的梳理和对未来的计划,是审视自身的必要因素。

人只有在不断总结中才能成长进步。"吾每日三省吾身""致虚极,守静笃"都是对自己的总结。古圣先贤皆是如此,何况我们自己呢?

(1)工作总结能够促使你思考

如果是脑力工作者,思维能力决定了我们的身价和价值。如何提升自己的思维能力?这个不是靠看书可以学来的,是靠日积月累在工作中提升的。提升得快与慢,有先天因素影响,我们难以改变,更重要的是好的工作习惯能够让我们成倍地加速提升。

工作总结是一段时间工作下来,用自己的语言把遇到的问题说清楚。用嘴说当然也是一种方式,但写的过程中,能够更加详尽地整理思路,注意修饰词语。为了更好地说明问题,我们会竭力寻找合适的词语,这个过程就是思维能力和逻辑能力的提升过程。写出来的内容跟说出来的内容相比,写作能够成倍地调动脑力。

(2)工作总结让我们的工作更高效

每天的工作情况在大脑里面存在的时间因人而异,但总是暂存的记忆,这个暂存记忆越长,我们下一步的工作效率越高。如何延长暂存记忆,写就是一个很好的办法。写的过程要不断回忆和思考,记忆得更牢固,同时还可以回查。

所以,一定要总结! 如果你觉得写字太麻烦,可以借助工具,比如手机,能够随时增加,随时查询,这不是用普通的本子写作能做到的。

(3)工作总结聚焦自我批判,成为提升自身素质能力的重要途径

在工作总结中,应全面、深入地回顾一年来本团队和本人所取得的成绩。工作总结主要是针对工作中没有得到落实或落实不到位的原因及工作中存在的问题,分析出根本原因,从而提出解决问题的办法。这对进一步做好今后的各项工作都是很重要的。工作总结的另一个主要内容是自我反思、自我批判,找到自身的不足,并针对性提出改进的措施,在今后的工作中去落实。

如果说我们在实践中增长才干,那么,工作总结也是增长才干的一种好方法。所以,工作总结的过程是自我提高的过程,更是提高自我素质和工作能力的重要途径。

(4)工作总结是展示自我业绩的最好方式

在职场上,如果无法获得领导的信任,工作做得再好,也无法得到凸显。

因此,每个人要学会向上沟通,而因为职位问题无法进行良好向上沟通的时候,工作汇报是一个非常不错的方式。作为职场人,必须主动向领导汇报工作。主动汇报工作总结不仅是工作开展的重要一环,也是展示自我业绩,拉近你和领导关系的最好方式。

所以,通过工作总结,我们可以把零散的、肤浅的感性认识上升为系统、深刻的理性认识,从而得出科学的结论,以便发扬成绩,克服缺点,吸取经验教训,使今后的工作少走弯路,多出成果,这有利于把今后的工作做得更好、更出色。

2. 为什么要积极地进行项目总结

项目总结很容易理解,就是对过去完成项目的情况(包括成绩、经验和存在的问题)进行的总回顾、评价和结论。大部分人都认为它很重要,然而,在实际工作中,人们很少把它

与进度、成本等同等对待,总认为它是一项可有可无的工作。即使在今后的项目运作中碰得头破血流,也只是抱怨运气、环境或者团队配合不好,很少系统地分析总结,把许多宝贵的经验白白地给丢掉了,这不仅仅包括失败的教训,同样也包括成功的经验。

事实上,项目完成后,庆祝成功只是这个完美故事的一部分,进入下一个项目之前,应该借此机会开展总结和反思。因为项目的经验总结是团队和专业人士提高能力的关键手段。

(1) 为什么会漏掉项目总结这一步?

由于缺乏反思并吸取经验、提高业绩的流程,同样的错误反反复复发生,导致了时间和资源的浪费。虽然项目总结的重要性大家都心知肚明,但实践中却往往漏掉这一步。有下面三种原因会导致这种情况发生:

- **项目疲劳,没有在内心中真正认可经验教训总结的重要性**

完成工作后就急着做下一个项目,很自然就忘记了总结这件事!项目中的人们常常优先考虑工作中的主要活动——那些可以看得到、对利润和进度较为重要的活动,积累经验教训的项目总结常被退居次位。

召开项目总结会议,需要大家来参加,但是一般人都"痛恨"开会、写报告。而且与项目总结相关的管理工作、编写文档需要时间,通常被认为没有重要作用,总是缩减到最少甚至力图避免。

- **不愿意面对某些方面需要改进的事实**

让有些人承认我们还可以做得更好,简直是不可想象的。如果已关闭的项目运转良好,往往没有人想要浪费时间对其进行审查;如果项目运转情况很糟糕,更没有人想要"重提伤心往事"或"揭伤疤"。

然而,无论一项工作已做得如何好,总有可以改进的余地,我们应当以这种思想来做项目总结。很显然,责备、抓凶手或惩处之风只会导致没有人愿意对工作进行诚实的评价,大家要认识到项目总结并不是这个目的。

- **项目总结不在项目经理的工作计划内**

项目经理通常是在一个项目快完未完时,就被分配到另一个重要项目上,因此,项目总结阶段不在项目经理的工作计划内或监管周期内。项目总结只能使用临时安排的"另外人员"来负责,经验可能欠缺,比如,采用非结构化(会前不设议题,会议中不控制,会后无纪要、无评估)的会议方式。会上,所有人都很安静,一句不说;或者不久之后,会议重心转移到了责任分配,有了一两个小提议。很明显,这样的项目总结水平就可想而知了。

(2) 为什么要积极地进行项目总结?

- **回顾项目初期的规划是否合理**

在需求评审时,通过相关参与人员讨论,制定了项目规划。但是在项目实施过程中,是否严格按规划进行了呢?如果没有按规划进行,问题出在了什么地方?在项目结束后,对项目规划进行探讨,有利于及时发现规划中存在的问题,以便为后续项目制定更加合理的规划。

- 分析项目过程中是否存在问题

项目实施过程中难免会出现各式各样的问题,项目周期越长,越容易出现问题。通过分析项目实施过程中出现的问题,理解需求的业务流程对原来业务的影响,评估技术实施方案的优劣、人员配置是否合理等,以问题来反推项目,更能发现问题真正所在。

- 反思当时的解决方案是否是最优的

在项目实施过程中,遇到了问题当然要找相应的解决方案。由于项目周期的限制,当时的解决方案可能是权宜之计。现在项目完成后,我们再回过头来评审一下当时的解决方案,有没有更好的方案?如果有,后续有相应的处理策略吗?只有不断地进行项目评审,才能保证在以后的项目中选择更好的实施策略。

- 总结项目经验为以后的需求做指导

所谓前事不忘,后事之师。在我们工作的过程中,不能一直忙着响应各种需求,要时刻注意对所做过的项目进行总结。总结项目实施过程中遇到的各种问题、解决方案、优化策略等,以此来不断地提升规划能力,优化需求实施方案,以及增加各种意外情况的应对策略。

- 对项目成员进行绩效评估,以激励成员工作与成长

项目总结还可以对项目成员进行绩效评估,对表现突出的员工进行激励,作为其升职、加薪的支撑依据;对于项目中出现的问题,要分析根本原因和责任,对有失误的员工进行点评,促进其改进与成长。

总之,做好项目总结,更有利于能力的提升,使得"经历成为经验"。超强的复盘能力可以让人从过去的事情中快速积累经验,让自己跑得更快。

(3)学会总结项目经验

- 将总结会议纳入计划

在项目计划表里提前定好时间、地点召开总结经验会。如果项目计划周期太长,无法决定确切时间,可以在会议安排上标注"具体时间和议程待定"。

- 会议激励机制

有的团队通过提供午餐、甜点或者其他激励方式来提高团队参与经验总结的积极性。项目经理可以根据自己的经验来选择适合团队的激励方式。

- 总结自我经验

在开展总结会之前,项目经理留出15分钟左右思考自己的经验教训。以自我思考开场,可以为团队总结提供思路,并能作为例子在会上分享。

但要注意把重点放在可以控制的范围之内,而不是意图改变整个项目。

- 创建会议大纲

在会议召开的前一两天,制作简单的大纲。这份大纲应该包括会议基本的规定、问题源头、经验教训等。

- 设置基本规则

在会议开始前,花几分钟介绍这个会议的基本规则。比如,会议的目的是确定本次项目的教训以改进以后的项目表现。接着,鼓励参会者用事例来解释他们的意见或评价,确保所有人都能听懂。

最后,可以通过他们的协助将会议上提出的建议落实到项目中去。

• 鼓励团队从项目中获取经验

如果团队不知道从哪里开始吸取经验教训，可以运用以下提示：项目中哪些活动和方法效果最佳？改动哪里可以提升整个绩效？有什么意料之外的事情？下一次该如何解决？将记录经验教训的职责分给另一个人，以便于项目经理能够专心组织并参与讨论。

• 整合所有的教训

为了让这个会议发挥最大的价值，需要花费额外的时间把零散的想法整合到一起，并转化为组织的制度流程。比如：

➢ 假期导致项目延迟

解决：在项目计划中安排获取休假这一步，并通过建立交叉培训计划解决这一问题。

➢ 需求变更要求后，沟通不佳

解决：修改变更控制和沟通制度，以便向所有人通告进度。可能包括：以电子邮件形式抄送所有人每周项目进度、重大变化等。

使用以上方式反思过去的项目，并确保每个项目至少一次总结会议。在下一次项目中用总结的想法来提升项目的表现。

无论是项目总结还是工作总结，都是我们工作中非常重要的一环，跟"事毕回复"一样必不可少，而且正式的项目和工作总结并不是简单的工作，可以说，项目总结和工作总结是"事毕回复"的升级版。

二、实现参考：如何做到事毕回复？怎么进行工作和项目总结？

（一）活动三：都收到面试结果了吗？

1. 活动目的：

做到事毕回复其实不难，多一些换位思考和职业习惯就可以做好！

2. 活动流程

（1）阅读材料

有段时间，求职类节目《令人心动的 Offer》热播。其中有个细节给人印象深刻，就是面试结束后，每一名求职者都收到了面试结果的通知。

有的人如愿通过了面试，有的人即便落选，招聘方也耐心地打电话告知："很遗憾，这次你没有通过我们的实习面试。"

与朋友一同看这个片段时，他感叹道："对这样的公司真的是太有好感了，不论成不成，至少有个答复，让人能感觉到被尊重。如果人与人之间也能做到这样，那该多好。"

（2）分组讨论

• 作为应聘方，你是不是希望面试后，无论结果如何都能收到答复？

• 做到事毕回复并不难，只需要给予答复。对你有什么启示吗？

（3）课堂分享

各小组安排1人分享小组讨论结论，其他成员可以补充，也可以分享不同观点。

3. 观点分享

细节之处见态度。做事有回应，正是说明考虑到了对方的感受，做到了换位思考。

(二)如何做到事毕回复?

1.做好工作记录

要要求下属将每一天的工作做得怎么样、做到什么程度,写一个工作记录。工作记录是我们职业化习惯的起步动作。

工作记录应该具体包括每日的工作计划、重点事项问题的呈报等,这些都要在工作记录上体现。特别是现在,随着信息化的发展,有很多做日志、做事毕回复的工具。

2.及时报告

及时报告就是要借助一些即时的通信工具,比如电话、微信、钉钉等,这些工具都是很好用的,另外包括网络视频、视频会议、电话会议等都是做到事毕回复非常好的工具。特别是遇到一些突发的事情或者上级交办重要的事情时,更要及时报告。

(1)任何时候,上级安排给你的事情做完了,请通过正式渠道提交给他

同时,附上下面这些内容:

- 执行情况:是否按照既定目标完成?
- 问题:截至目前存在什么问题?
- 建议:对这些问题有什么看法?
- 相关文件:上级需要的方案、报告、资料等。

重要任务完成后的回复一定要通过邮件的形式,一是永久存档,便于查阅和搜索;二是属于正式途径,可以跟日常的沟通和聊天区别开。

(2)如果截止日期到了,事情还没做完,也要进行汇报

汇报内容包括进展和计划:目前做到哪一部分?还差多少?预计什么时候可以完成?主要是讲存在的问题和解决方案。

3.定向回复

很多朋友都有微信群、QQ群,把自己的三五个朋友拉在一起,要约别人吃饭就定向地发送。如果在大群发,让大家都知道今天张三请李四吃饭,这样是没有必要的。当然这是生活当中的例子。

事毕回复要做到定向回复。如果没有做到定向回复,例如人事部去招人的一个信息让全厂的人都知道,不但不利于信息保密,看无关信息还会造成时间浪费。因此,除了公告、通告、通知这一类的消息我们需要群发,其他的重点的事件、重要的信息做到定向回复就可以了。

4.用数据说话

数据说话就是要用案例呈现、用事实发生的方式来回复。回复的时候不要讲差不多了、还可以了,一定要讲这件事完成了95%、今天的质量合格率是96%、今天的客诉有2次及原因,一定要有具体的案例、具体的数据、具体的事实来进行汇报。

做到这样,事毕回复的习惯就能够在企业、在团队中形成。

(三)如何进行工作总结和项目总结?

1.如何进行工作总结?

(1)工作总结的提纲

➢工作总结的摘要。

➤工作总结回顾。
➤成果贡献、亮点展示。
➤经验教训、反思改进。
➤思考分析、来年规划。

(2) 工作总结的内容

无论是个人还是部门工作总结,都可以围绕下面这些内容,再对应上面的提纲展开描述。

➤组织建设:包括部门人员招聘、团队建设、人员培训等。
➤业务开展:主要业务的开展策略、实施措施和指标完成情况等。
➤平台建设:部门和公司的流程建设、培训平台的贡献。
➤周边合作:团队内外、部门内外相关的业务合作或平台建设合作等。

(3) 工作总结的写作技巧

工作汇报也是一门艺术,更有非常多的展现方式,你可以根据公司部门以及领导喜好,挑选最佳展示方法。比如:

- 工作总结回顾

大部分人习惯事无巨细地把这一年的所有工作内容都码到PPT上,却忘了工作总结是总结成果不是对账单,不是把信息简单相加汇总就可以,要进行升维总结、提炼。同时应注意自己的层级,要分层级来汇报,如图4-12所示。

图4-12 工作总结回顾

➤所做的每一项工作都是为了特定业务目标而服务的

不同的力量,围绕一个共同的目标一起协同作战。因此,在汇报时应以结果为导向。不是记流水账,要体现工作的策略性。比如KPI描述要用比较正式量化的具体完成数据,见表4-6。

表 4-6　　　　　　　　全年 KPI 全部完成量化数据展示

KPI 指标	基准目标	期望目标	挑战目标	实际完成
销售计划完成率(%)	90	90	95	92
重要工作完成率(%)	90	90	95	92
平均加班时间(小时)	3	2	3	3
平均项目上线率(%)	90	90	95	92
人均营业额(元)	145.824	145.824	145.824	845.824

▶图表比例描述工作完成情况：总结有关工作具体完成报告。如果你的今年工作是未完成的状态，那么这时候需要用简单明了的图表方式按照比例描述出来，如图 4-13 所示，让领导一眼就看明白。

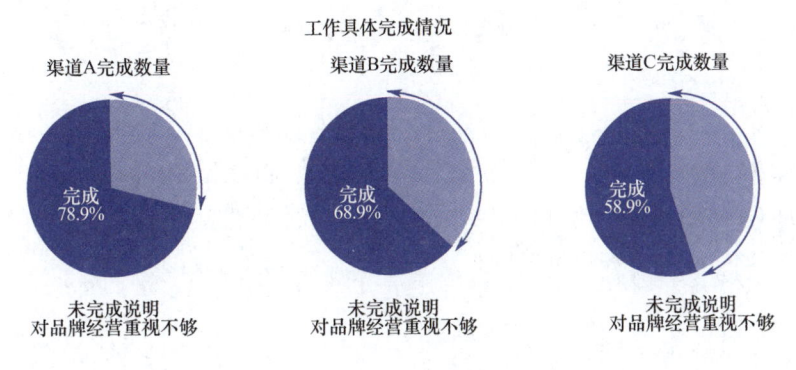

图 4-13　图表比例描述

• 成果贡献、亮点展示

很多工作汇报的内容只停留在汇报工作过程。甚至以谈工作思路来证明价值。领导让你负责这块工作，是因为对你信任，不需要赘述这些内容了。

工作汇报不是方案请示，做完汇报结果就可以了。如果还在一直强调思路、过程，想让领导关注细节，说明工作没有成果，或者把价值型工作当成任务型工作在进行汇报。

▶突出成绩性工作情况：从事销售职业的员工要在年终总结报告中独立突出一个单元专门，突出自己的业务，这时候展示方式一定要用数据表，但是很多人就是简单插入一个 EXCEL 表，虽然很直观，但是从美感方面来说不是太美观(图 4-14)。

▶领导和客户支持赞扬展示：公司大领导以及客户对我们的工作成果评价，可以直接应用到 PPT 中(图 4-15)。

• 经验教训、反思改进

做总结的目的是改进提升，不是挑毛病，有问要有答。很多员工特别诚实，让写"不足与改进"写得很认真，总能写出好多条来。可是如何改进比较费精力，于是大部分人草草了事。试想，你去医院，如果医生对你说，你得了某某病，却不给你开药医治，你会有什么感觉？难道你想给领导留下不安的情绪，看到你有多不靠谱？

目的是改进提升，所以，重点应该在改进，而不是指出不足。要让领导看到你是一个肯思考且会思考的人，这也是表现的机会。

图 4-14 图表展示示例

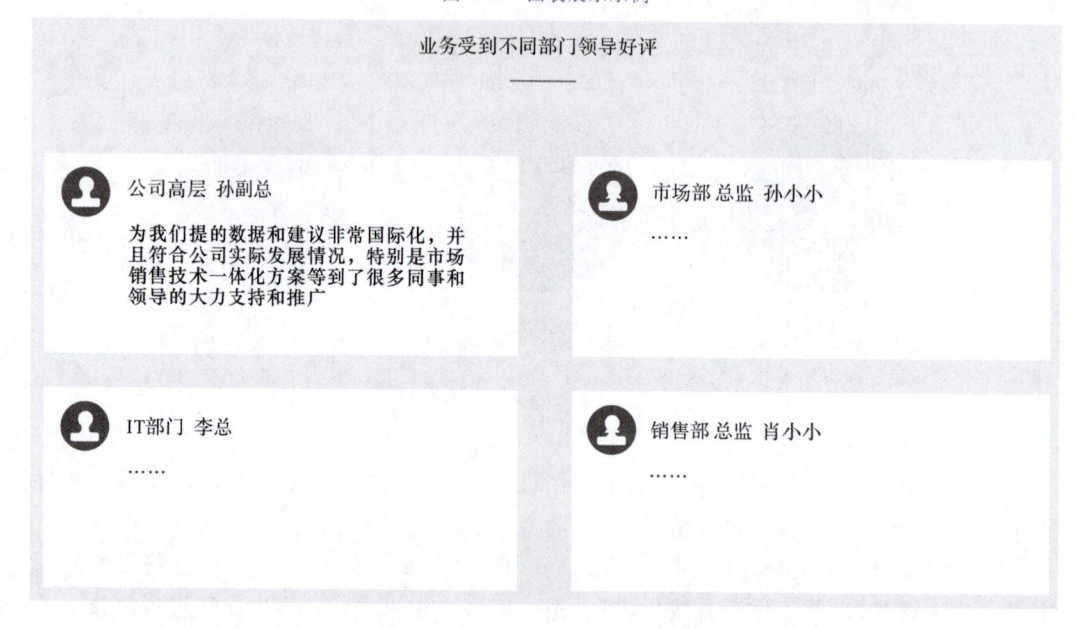

图 4-15 客户对工作成果评价

新旧对比指出不足与改进:这部分的内容是必不可少的,可以按图 4-16 的方式展现。

- 思考分析、来年规划

不是罗列一些核心工作要点,不是只说你要做什么,而要告诉为什么要做这些内容,领导才可以决策这些工作计划是否可行,是否值得投入人力、物力去做。

需要拿具体的工作策略分析(图 4-17)来支撑领导决策。

设计未来阶段性的工作计划、学习计划和成长方向时,需要有时间、目标、奖惩措施、可量化、可供审核和监督等。

2. 项目总结应该包括的内容

(1) 项目总结要根据报告对象的不同进行调整

项目总结开始前要了解报告对象的需求和关注点是什么,再想清楚如何用报告去覆盖和满足。较大项目的总结,应视具体报告对象的需求和关注点进行文字或口头表达语言的调整,比如:

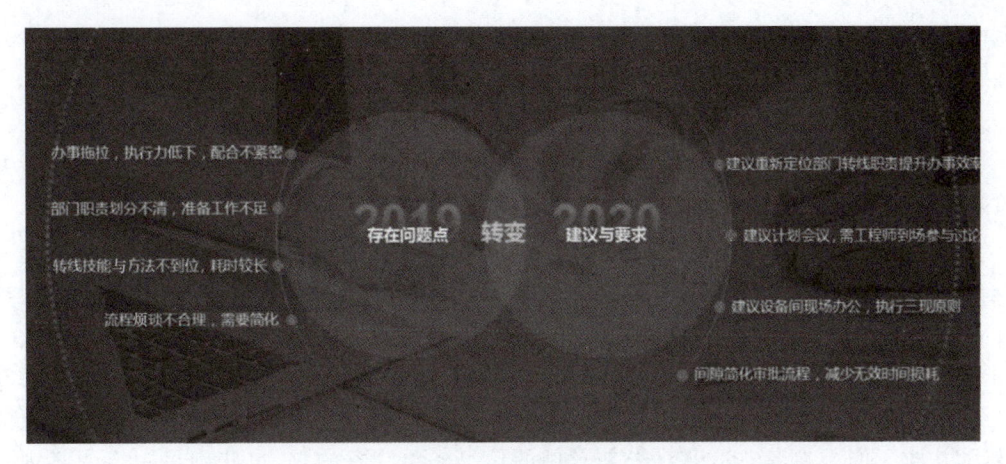

图 4-16 不足与改进

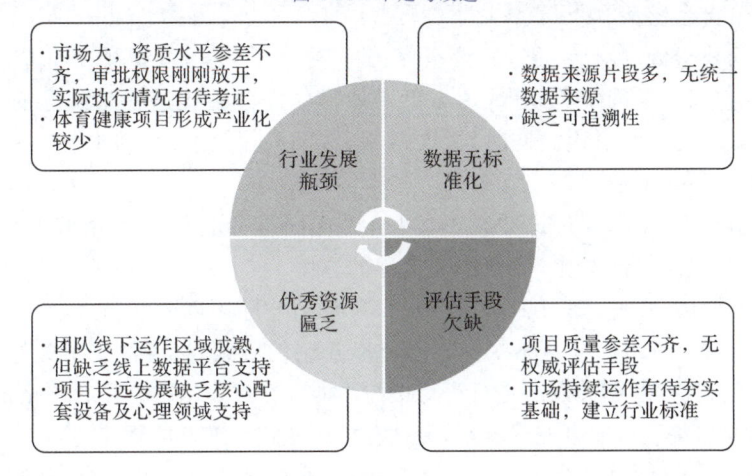

图 4-17 优、劣势分析

• 向总经理汇报,可能高度概括的内容就够了,但要突出项目对公司战略的意义、目标达成情况,或加入对未来项目的分析。

• 向市场销售总监汇报,他关注点较多,但重点会放在市场分析、销售策略、销量、执行力或者执行效果等的取舍和组合。

• 向财务总监汇报就要突出性价比、经费使用和内部控制等要素。

• 和相关部门同事分享,他们更关注的是执行细节和经验教训。

想清楚这个问题,再开始动笔,基本上所有的问题都会迎刃而解。

(2)基本结构和内容

进行项目总结,选取 PPT 等图文结合的文件形式为佳。先拟出框架,写好第一部分,再扩充成完整版本,然后是衍生版本,仍然是"迭代"式完成。

• 项目背景:项目提出背景、项目实施背景。

• 项目简介:一些和项目有关的简单要素集合,因为阅读这份总结的人不一定完全了解这个项目;简单介绍所有和项目有关的人的参与情况、分工合作、责任人等。

• 项目进展实施情况:这个部分应该详细写。

➢ 列出完成目标的情况:已经完成的目标我们要整理归纳;没有完成的目标,分析原因是初目标定得不合理,还是在达成这个目标的时候,没有竭尽全力,没有利用好所有的资源。

➢ 叙述执行的过程:最好能达到非专业人士都能一听就懂得的形式。

➢ 工作记录在这里就十分重要:我们一直强调要多写工作记录或日志,就是能够重新回溯过去发生的事情,能够感受到当时的情绪与状态。

• 项目成果展示:这个环节应该做得有条理一点,因为展示的是一个成果,应该是一个有体系的东西;也包括在项目实施过程中遇到的问题以及解决办法、项目工作人员对项目实施所提出的问题和建议及其效果等。

• 项目反思和自我剖析:关于整个项目实施之后,项目负责人应有的总结反思,还有对今后类似项目操作的建议等。自我剖析的实质就是用今天的眼光和能力去审视昨天的做法,从昨天的行为当中学到对未来有用的信息。要注意的是,自我剖析一定要客观公正,一定不要给自己留情。

➢ 连续追问找根源,找到改进点:没有完美的项目,即使是取得了全面成功的项目也有可以改进的空间。要围绕着"哪些地方可以做得更好""哪些过程是次优的""还有哪些遗憾或缺陷"等问题展开讨论。同时,再次运用"多问几个为什么"的技巧,探询一下影响项目组未能做到最好的原因。

➢ 发现差异,寻找原因:对比往期的结果,对比同行业其他公司相似项目的完成度。当然可以进行横向与纵向对比,找到带来差异的原因。

➢ 分析根本原因:哪些是自己努力带来的、哪些是外部环境造就的。

➢ 理清线索,提出改进方法:哪些是自己可以控制的因素,是否做到了最好?哪些是不可控的因素,是否提前和相关人员进行了对接与沟通?在过程当中有没有严格地把控进程?那些难以确认是可控还是非可控的因素,究竟有没有做到足够好的地步?

• 总结规律、案例归档:找出其中的客观规律,客观规律一定要符合逻辑关系,并具有一般的通用性,对实际工作有指导意义。然后,将项目整理成案例,连同项目的所有资料文件,保存起来,便于以后更好地调取与运用。

(3)整理并分发会议纪要

在召开项目总结会后,有一个结构清晰、简明扼要但保持完整性的会议纪要,是非常重要的,因为没有人喜欢看杂乱无章的长篇大论。但是,如果过于简略,缺少必要的细节,也将大大削弱会议纪要的价值。因此,要尽可能详细地记录对将来工作有帮助的建议,将其醒目地标注出来。

最后,将最终的文件分发给大家,并共享给可能会从中受益的人。

(四)活动四:你喜欢什么样的总结报告?

1. 活动目的

重视总结报告,理解用心进行工作总结的重要性。

2. 活动流程

(1)阅读案例

同样的工作内容,如果用不同的方式来总结,其效果是不同的。比如,如图4-18所示内容,也可以用图4-19或图4-20所示的方式来呈现。

(2)快速思考
- 如果你是领导,你喜欢哪类汇报方式呢?

US Online Adbertising Spending by Fornot.2008-2010(Millons)				
	2008	2009	2010	CAGP
Seorch	S10,545	S10,782	S11,422	4.1%
Bonnerods	S4,877	S4,765	S4,923	0.5%
Classilieds	S3,174	S2,215	S2,030	-20.1%
Leod Generition	S1,638	S1,521	S1,628	-1.7%
Rich Medio	S1,642	S1,476	S1,558	-2.6%
Video	S734	S1,029	S1,440	40%
Sponsorships	S387	S313	S316	-9.6%
E-moil	S405	S268	S283	-16.5%
Toto	S23,448	S22,320	S23,600	0.3%

图 4-18 文字式和表格式的总结

- 对比图 4-19、图 4-20,图 4-20 带来的直观感受更令人印象深刻,原因是什么?
- 是否对于认真对待工作总结,有了更多的认识和理解?

做大做强、迈向国际化新阶段(2016年至今)

2016年销售图

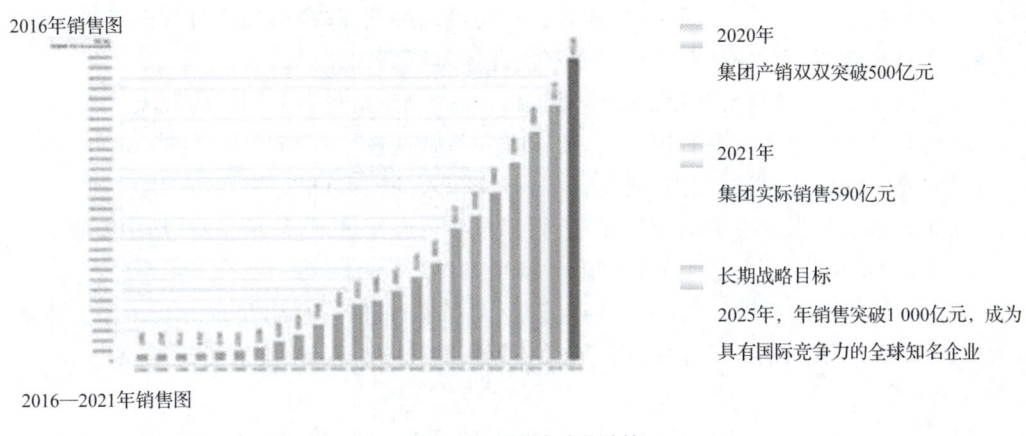

2020年
集团产销双双突破500亿元

2021年
集团实际销售590亿元

长期战略目标
2025年,年销售突破1 000亿元,成为具有国际竞争力的全球知名企业

2016—2021年销售图

图 4-19 图形方式的总结

(2016年至今)
做大做强、迈向国际化新阶段

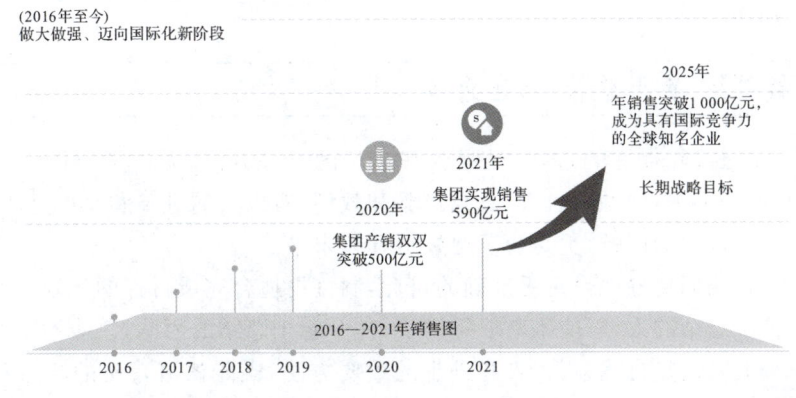

2020年
集团产销双双突破500亿元

2021年
集团实现销售590亿元

2025年
年销售突破1 000亿元,成为具有国际竞争力的全球知名企业

长期战略目标

2016—2021年销售图
2016 2017 2018 2019 2020 2021

图 4-20 改进后的图形方式总结

(五)扩展阅读:如何才能写出接地气、有温度的总结材料

如何摈弃套话和常用模板写总结汇报材料,还能保证你写出的总结材料接地气、有温度?请扫描二维码阅读。

如何才能写出接地气、有温度的总结材料?

三、任务实现：参加"互联网＋"大学生创新创业大赛并总结项目

1. 参加"互联网＋"大学生创新创业大赛并总结项目

（1）满怀信心参加"互联网＋"大学生创新创业大赛

参加"互联网＋"大学生创新创业大赛。参赛前，先了解各比赛赛道、各分组项目评审要点和评审内容。比赛时，有意识地进行有针对性的重点介绍。

提交前，请确认商业计划书是否美观大方、核心突出，技术壁垒的展现是否突出且清楚。商业计划书中关于项目的核心优势、成果转化、运营情况、媒体报道、合作对象、技术壁垒等关键信息一定要凸显出来，让人对项目产生比较清晰立体的印象。

PPT 宣讲、答辩可以用一个故事作为开端，好的故事更容易引起共鸣，进而代入产品或服务。宣讲时一定要声情并茂，容易把评委代入状态，让其眼前一亮。同时宣讲答辩时一定要底气十足、充满自信。

- 克服紧张、不安、焦躁的情绪，相信自己一定可以顺利完成宣讲、通过答辩。
- 注意自身修养，有礼有节，无论是回答问题还是听到批评时。
- 听明白题意，充分理解问题的根本所在再作答，以免出现答非所问的现象。
- 若对某一个问题确实没有搞清楚，要谦虚向教师请教。
- 要注意掌握分寸，强调重点，略述枝节，研究深入的地方可以多讲。
- 除非答辩教师强调要求展开论述，否则都不必要展开过细，简单干脆，切中要害。

（2）进行"互联网＋"大学生创新创业大赛项目总结

对自己参加的"互联网＋"大学生创新创业大赛项目进行总结，呈现方式不限。内容包括项目成果（结果）展示、过程简述、存在的问题、成员分工表现、改进建议等。

2. 课堂分享项目总结情况

各小组安排 1 人分享小组项目总结，其他成员可以补充，也可以分享不同观点，由老师进行点评和评分。

四、任务总结：善于总结，不断进步

总结是一个整理、提炼的过程，是吸收和进步的最好方法，无论是工作、学习还是生活，适当的时候停下来，回顾下过去，总结经验和教训，对以后的进步和发展是非常有帮助的。总结既是对过去的回顾，更是为了更好地开拓未来。

总结能够让我们更好地设定更准确的目标，制订更适合完成目标的计划，不断地取得突破。一个善于总结的人，总能不断取得进步；一个善于总结的团队，总能不断突破创新。总结对于一个人来说是自我革新、自我进步的重要方法，既能认清自己的缺点和优点，也可以有针对性地进行改变和提升。总结对于一个团队最重要的作用是可以发现相互之间问题，制定有效的改善措施，提高团队工作效率，提升团队之间的协作能力。

我们无论从事什么工作，无论处于哪个位置，充当什么角色，都要学会总结，不断地发现问题和不足，进而不断地改善和提高。定期开展工作总结，是一项非常重要的工作。一份高质量的工作总结，既是对自己工作的负责，也是上级领导审核下属工作的重要依据。

上级领导可以根据总结掌握下属工作动态,并相应地提出自己的建议和要求,更加有利于工作的开展和进步。

工作总结是反映一定时期工作情况的重要数据,对周期内的工作加以总结、分析和研究,有利于找出问题,得出经验教训,肯定取得的成绩,对下一阶段工作的开展,具有重要意义。通过总结我们可以全面地、系统地了解以往的工作情况,可以正确认识以往工作中的优缺点。所以,我们要善于总结、主动总结,只有定期总结,并不断分析改善,才能最终取得进步。

第五章 你是否有"野心"

学习目标

➢认识到作为领导力素质之一的战略思维其实每个人都需要,并学习培养自己的战略思维。

➢了解、学习培养能干下属的重要性,并学习如何让下属真正成长的相关方法。

➢认识到组织建设和平台建设是每个员工的职责,从最容易入手的自我培训和培训别人着手。

➢认识到跨部门合作是工作的重要部分,并学习做好跨部门合作的技巧和方法。

任务安排

➢战略思维训练:大学生们,怎样才能抓住 AI 带来的机会?

➢课堂讨论活动:培养下属重要还是发展业务重要?

➢人人都来给别人上课。

➢参加拓展项目活动:"七巧板"。

学习指南

➢通过参与"课堂活动"中的案例分析、小组讨论分享来了解新概念和知识,通过课堂讲解、问题答疑、拓展活动来帮助理解知识点。

➢扫描书上的二维码进行扩展阅读,学习相关的方法和技巧;参考"实现参考"、讨论活动和拓展活动完成任务安排,并将知识点转化成自己的收获或能力。

第一节 战略思维

📖 任务:怎样才能抓住 AI 带来的机会?

1. 任务描述
怎样才能抓住 AI 带来的机会?请讨论。

2. 任务分析
了解战略思维和如何提升战略思维的方法,并通过实例加深理解,之后完成任务。

实现准备	课堂活动	活动一:狼看见大草原后
	课堂讲解	虽然战略思维是领导力素质的体现,但每个人的工作都需要
实现参考	课堂活动	活动二:该如何思考开一家餐馆这件事?
	课堂讲解	如何培养战略思维?
任务实现	课堂实训	进行培养战略思维的讨论——怎样才能抓住 AI 带来的机会
任务总结	课后思考	你的战略思维能力被老板发现了吗?

一、实现准备:战略思维是领导力素质,但每个人的工作都需要

(一)活动一:狼看见大草原后

1. 活动目的

了解一下什么是有视野,如何与自己的目标联系起来。

2. 活动流程

(1)阅读材料

两只饿狼发现了一片草地,一狼大喜,另一狼不解:"你又不吃草,高兴什么?""但羊爱吃啊!"此狼说完飞奔而去。

"你去哪?"另一狼不解地问。"我要把这消息想办法让羊知道啊!"

(2)快速思考

- 读完这个材料,你有什么启示?
- 产生视野差距的原因是什么?

3. 观点分享

人与人之间最大的区别不是视力上的差距,而是视野上的差距,视力可以看到一样的东西,视野却可以看到不同的世界。

如何扩大视野,发现那些常人熟视无睹的新世界呢?这就需要提升战略思维能力,而战略思维就是扩大视野的艺术。

(二)虽然战略思维是领导力素质的体现,但每个人的工作都需要

1. 战略思维的概念

(1)什么是战略?

有人说战略是选择:决策之际,n 个选项摆在面前,选择一个而放弃了其他的,这是

战略。

有人说战略是聚焦:协同关键资源达成最核心的目标,不被其他非关键目标所动,这是战略。

还有的人说战略是扬长避短:以自身的长处攻击对方的短处,成倍地放大竞争优势,高效地获取胜利,这是战略。

战略总给人一种虚无缥缈的感觉,我们整天在谈论,却还是不得要领。好像任何一种"招数"都能上升到战略高度,扬长避短、以小博大、差异化……数不胜数。

那么,到底什么是战略呢?

实际上,关于什么是战略,管理学之父彼得·德鲁克曾经一语中的,他说:战略不是研究我们未来要做什么,而是研究我们今天做什么才有未来。

战略的核心就是围绕两个关键词展开,终局和布局。先将视线升到万米高空,俯瞰 5～10 年后的行业态势(预判终局),再回到地面,根据终局确定当下的每一步(当下布局)。

站在企业的角度来说,所谓战略,就是企业需构建今后 5～10 年的市场和竞争意识,深入系统地回答:未来会是什么样子、未来我们想成为什么、为了让未来变成现实今天我们必须做些什么。

• 预判终局(定目标)——未来是什么样子?我们想成为什么?确立组织长期的发展目标、使命与愿景。

• 当下布局(择方案)——为了让未来变成现实,我们今天必须做些什么?选择能达成目标的手段与方法,即行动方案。

(2)什么是战略思维?

战略思维就是挣脱"有限理性"限制,拓展思维空间,寻找"满意的"战略目标及行动方案的思维过程。也就是寻找终点(目标),并从终点思考问题:现在处于什么状态?从起点走到终点的路径是什么?从而凸显战略思维的作用和价值。

- **战略思维是一种系统思维**

从系统论角度分析,战略思维构成一个系统,其构成因素有:

➤战略思维主体:企业家、首席执行官(CEO)及相关的战略规划部门专业人员、咨询师等,主要功能是思考和谋划战略。

➤战略思维对象:主要是企业的战略目标、使命与宗旨、战略实施步骤等;

➤战略思维环境:主要是战略思维所必须考虑的组织环境,包括自然、科技、经济、政治、法律等因素。

因此,战略思维过程是战略思维主体思考、分析、决策并实施、反馈和修正战略的过程。战略思维必须依靠思维主体取得与战略相关的环境情形、企业优劣状况等信息,并借助思维方法和工具进行比较、判断、选择、决策等思维活动,这一过程与思考者的视角及境界密切关联。

所以,从系统论的观点,战略思维可定义为战略管理者等思维主体基于对企业生存环境及自身资源与能力的认知,构建企业战略目标及行动方案的思维过程,这也是管理者能动适应环境提升自身境界的过程。

- **战略思维是一种复杂的思维方式**

战略思维不同于一般的科学的逻辑思维,很难通过分析和归纳找出某种规律性的结论,也很难通过统计建模揭示战略目标与行动方案之间的关联。

因为战略思维是较为复杂的思维方式:思维需考虑的因素众多,企业战略思维需考虑自身的状况和环境中的众多因素,如果是跨国集团的战略,则需要考虑政治、经济、社会及世界格局等因素,影响因子的数量级非常大。

战略目标具有多样性,有长期目标、短期目标,有总体目标、职能目标和事业目标;战略目标与实现路径之间的联系具有多样性,有线性的关系,有网络关系,还有生态联系。

战略思维具有动态性,是由此及彼的过程。环境在变,思维主体在变,目标也在变,战略思维就是在环境和自身状态约束下,一个追逐移动目标的复杂动态过程。

- **战略思维是一个认知过程**

从心理学视角看,战略思维是一个认知形成的心理过程。这当然是基于战略思考者的视角来分析的。认知战略的主体是管理者及其组成的高管团队。

在形成战略之前,他们有自己的认知模式,对行业环境、竞争优势、组织决策等有自己的思维框架和核心观点。他们带着这个"有色眼镜"去感知环境、解释环境,在考量自身资源和能力后,确定定位和竞争策略,并将战略实施过程的绩效表现和竞争优势形成情况作为反馈变量,不断强化或者修正心智模式。

战略思维作为认知过程也是一个学习过程,如果考虑管理团队共同的战略思考,战略思维还应是一个共同学习的过程。

(3)战略思维的特点是什么?

- 思维空间:具有广阔性和开放性

实现思维对象空间和思维主体空间的统一,避免两者不一致的情况出现。

- 思维过程:超前性和预见性

战略思维的超期性和预见性是指思维主体对客观对象发展变化的超前认识。科学预见是战略运筹的前导,既然战略一般要适用一个较长的时期,因而战略决策者必须具有明确的未来意识。

- 思维结构:多维性和立体性

从多方面、多层次、全过程分析、认识社会经济的运行变化,把握其内在的规律性和发展趋势,从而制定出科学的企业战略。

- 思维主体:创新型和求异性

领导者能够推出新思想,提出新认识,发明新方法,制定新的符合事物变化发展规律的战略目标。

- 思维结果:综合性和整体性

从思维对象的宏观整体出发,对发散思维结果收敛、筛选和集中。

(4)没有战略思维的主要表现是什么?

- 随波逐流

有些人对环境过于敏感、浮躁、投机、跟风,表现为强烈的机会主义,不能拒绝诱惑,没有战略定力,这就是随波逐流的体现。

有些人的意志不坚定,太容易受他人影响,这就导致企业这艘船不能坚守主航道,最终难成大器,缺乏长久的坚持,总是受外界的影响不断改变自己的方向。

- 只顾眼前

人总是现实的,但是如果一味追求落袋为安,只注重眼前利益,没有远见,自己还美其名曰为"务实",其实是格局不行。在创业初期这样还可以,但是如果做到一定规模还如此"务实",就成了致命伤。最常见的例子,就是只顾眼前的营业收入与利润,只要有可观的利润就满足了,不愿意也不舍得为经营长线的价值而投入。

长线是什么?就是眼前看不到收益的事情,比如团队建设、人才孵化、企业核心竞争力的培育、具有划时代意义的产品迭代升级等,这些都是不能偷懒的。又比如,团队建设,有些人认为自己有钱,别人给年薪一百万我给两百万,挖人就完事儿了,但这样是绝对不可能真正建好核心团队的,取巧和偷懒会带来更大的问题。再比如,企业核心能力的培育也是一样需要长线思维和持续的大投入才行。

创业初期企业能活下来就行,生存才是王道,无所谓战略,然而当掘得第一桶金之后,只顾眼前必然导致"路径依赖",也就是过于依赖现有的发展模式与赚钱方式,不愿意做出实质性的改变,结果错过战略机遇期,不能与时俱进。

- 叶公好龙,走捷径

有些人所谓的战略,其实只是"口头禅",表现得很热爱战略,很尊重专业的战略策划,但基本都是夸夸其谈。这种人往往看上去很爱学习,是"听课狂",甚至是"策划爱好者",满口都是天下大事、前沿理论,然而,当一个好的战略呈现在其眼前的时候,反而不以为然,甚至会抱怨"我花这么多钱来找你,你还要我做这么多东西,这么费劲,那我找你还有什么用呢?"

这种人认为的好是什么呢?往往是灵丹妙药,是取巧,追求一夜暴富、一夜成名之类,反正就是不能太费劲。这种人到处去学各种新颖奇特的理论、概念,花大价钱去买点子,一切的出发点都是为了走捷径,贪巧求速,越是热爱这样的"战略",离战略的本质就越远。

2. 战略思维能力是领导力素质的核心

(1)领导力模型是什么?

鉴于领导力对组织产生的巨大影响力,各国研究者对于领导力进行了大量的研究,产生了多种领导力理论。

领导力研究机构主要分三类:国有研究机构、合资研究机构和国际研究机构。相对而言,国有研究机构更具学术性,合资研究机构更务实,而国际研究机构则更着眼未来。

中国科学院课题组经过课题攻关,基于领导过程构建了领导力五力模型。根据领导力概念谱系,领导力是支撑领导行为的各种领导能力的总称,其着力点是领导过程;换言之,领导力是为确保领导过程的进行或者领导目标的顺利实现服务的。基于领导过程进行分析,可以认为,领导者必须具备如下领导能力:

- 对应于群体或组织的目标和战略制定的能力(前瞻力)。
- 对应于或来源于被领导者的能力,包括吸引被领导者的能力(感召力)及影响被领导者和情境的能力(影响力)。
- 对应于群体或组织目标实现过程的能力,主要包括正确而果断决策的能力(决断力)和控制目标实现过程的能力(控制力)。

领导力五力模型中的五种领导能力对领导者而言都非常重要,但这些领导能力并不处于同一层面,在五种领导力中:

感召力是最本色的领导能力,一个人如果没有坚定的信念、崇高的使命感、令人肃然起敬的道德修养、充沛的激情、宽厚的知识面、超人的能力和独特的个人形象,他就只能成为一个管理者而不能修炼为一个领导者,因此,感召力是处于顶层的领导能力。

但是,一个领导者不能仅仅追求自己成为"完人",领导者的天职是带领群体或组织实现其使命。这就要求领导者能够看清组织的发展方向和路径,并能够影响被领导者实现团队的目标,就此而言,前瞻力和影响力是感召力的延伸或发展,是处于中间层面的领导能力。

同时,领导者不能仅仅指明方向就万事大吉,在实现目标的过程中随时都会出现新的、意想不到的危机和挑战,这就要求领导者具备超强的决断力和控制力,在重大危急关头能够果断决策、控制局面、力挽狂澜。也就是说,作为前瞻力和影响力的延伸和发展,决断力和控制力是处于实施层面的领导能力。

①领导感召力

感召力是最本色的领导能力,领导学理论中最经典的特质论研究的核心主题就是感召力。感召力主要来自以下五个方面:
➢具有坚定的信念和崇高的理想;
➢具有高尚的人格和高度的自信;
➢具有代表一个群体、组织等的伦理价值观和臻于完善的修养;
➢具有超越常人的大智慧和丰富曲折的阅历;
➢不满足于现状,乐于挑战,对所从事的事业充满激情。

②领导前瞻力

前瞻力从本质上讲是一种着眼未来、预测未来和把握未来的能力。具体分析,前瞻力的形成主要与下述因素有关:
➢领导者和领导团队的领导理念;
➢组织利益相关者的期望;
➢组织的核心能力;
➢组织所在行业的发展规律;
➢组织所处的宏观环境的发展趋势。

③领导影响力

影响力是领导者积极主动地影响被领导者的能力,主要体现为:
➢领导者对被领导者需求和动机的洞察与把握;
➢领导者与被领导者之间建立的各种正式与非正式的关系;
➢领导者平衡各种利益相关者特别是被领导者利益的行为与结果;
➢领导者与被领导者进行沟通的方式、行为与效果;
➢领导者拥有的各种能够有效影响被领导者的权力。

④领导决断力

决断力是针对战略实施中的各种问题和突发事件而进行快速和有效决策的能力,主要体现为:

➢掌握和善于利用各种决策理论、决策方法和决策工具;
➢具备快速和准确评价决策收益的能力;
➢具备预见、评估、防范和化解风险的意识与能力;
➢具有实现目标所需要的必不可少的资源;
➢具备把握和利用最佳决策及其实施时机的能力。

⑤领导控制力

控制力是领导者有效控制组织的发展方向、战略实施过程和成效的能力,一般是通过下述方式来实现的:

➢确立组织的价值观并使组织的所有成员接受这些价值观;
➢制定规章制度等规范并通过法定力量保证组织成员遵守这些规范;
➢任命和合理使用能够贯彻领导意图的干部来实现组织的分层控制;
➢建立强大的信息力量以求了解和驾驭局势;
➢控制和有效解决各种现实的和潜在的冲突以控制战略实施过程。

而通过对国际商用机器(IBM)、通用电气(GE)、宝洁和摩托罗拉等公司的领导力模型比较,可以发现优秀领导者应该具备的素质分别是:高瞻远瞩(Envision)、激情(Passion)、执行力(Execute)、鼓动力(Energize)、决断力(Edge)。

- 高瞻远瞩

领导者能否为组织决策建立一个有效合理的发展目标和战略规划直接关系到组织的发展绩效。

领导者能敏锐地发现有利于利润增长的有意义、有新意的变革及其征兆,同时能够提出实现这一变革的设想、战略和切实可行的计划,也就是要有战略思维。

成功的领导者能够广泛听取、吸收信息意见,审时度势,从时间、战略和全局上考虑和分析问题,抓住时机,确立目标。同时,力图将目标明确化、愿景化,使下属真正理解并建立信心,持久透入,成为组织的信仰和价值观。

在组织目标的确立过程中,领导者的洞察力起了关键作用。确立产品的发展方向和服务范围,每一项改革和创新都意味着对领导者洞察力的检验。高瞻远瞩是成功领导的必要条件。

- 激情

通过观察平时在生活中接触到的上班的人,或是在电视媒体上看到的成功人物,不难发现,凡是事业成功的人,都是非常热爱自己的工作的。不会有一个人对自己的工作毫无兴趣,甚至讨厌,却能在事业上成功。

激情,不单单是领导者,也是每个员工应具备的素质。只不过,领导者应具备的激情又多了一个含义,不仅仅是指领导者本身要热爱自己的工作,对事业怀有激情。同时,领导者还要把这份对工作的激情传达给下属、员工,在团队中,营造出积极工作的氛围。

当一个组织,从领导到员工都拥有对工作的极大热情,一定会全身心地投入到工作中,不畏艰难,甘愿付出,即使有时候工作辛苦,但也能从工作中获得极大的满足感和成就感,甚至能为自己的工作而感到幸福。身为一名领导,已经不是独善其身,而是更要对下属负责,和下属一起为公司工作。如果领导者自身拥有对工作的极大热情,并带动下属,一定会为公司创造更多的价值。

• 执行力

执行力就是把决定付诸行动。公司是商业性质的,要求员工能高效率办公,保质保量按时完成工作,不可能下达一个任务后,左等右等员工把任务完成,这是不切实际的。

当公司确定战略目标后,把目标细化分配给部门,部门再把目标细化分配给员工。当领导者得知目标后,必须采取一系列的行动来实现目标。行动之前,必定会有构想。领导者要做的不仅仅是根据目标提出构想,更重要的是把构想变成切实可行的行动计划,并带领下属执行计划,实现目标。领导者可以通过适当的紧迫感将全团队的注意力集中到执行计划、取得成果上。

当然,在行动的过程中,会遇到困难或意外的干扰,领导者要和下属同心协力,克服困难,找到解决问题的办法,完成计划。

• 鼓动力

领导者个人确立了组织目标对于组织发展是远远不够的,更重要的工作是要使这一目标成为组织共同的信仰和追求,在组织内形成共有的价值观。

只有组织成员共同拥有真心投入或遵从的群体目标,才能产生群体行动,并激发起更大的责任感和创新精神,从而使目标产生激励作用。所以,领导者必须拥有鼓动、激励员工的能力,让员工努力工作,积极奉献。

• 决断力

领导者在工作中,需要时常做出决策,决断力就是领导者做出决策的关键。如果一个领导者拥有优秀的决断力,他就能沉着冷静地面对内外部变化,迅速正确地做出最正确的决策。

即使在信息不完全的情况下他也能果断地行动,也就是说能处理复杂和不确定的情况。在企业陷入危机时,领导者也能通过自己的判断力和决策力化解危机。

作为一个优秀的领导者,当然还需具备更多的素质,比如创新能力、组织能力、沟通能力,接受公司的价值观和企业文化等。

(2)领导力的核心是什么?

有的人认为领导力的核心是"权威",有了"权威"自然就有领导力;也有的人认为领导力的核心是"组织",一个人有了组织能力,自然也就有了领导力。

其实这些都不是领导力的"核心"。领导力,是指领导者拥有真正战略思维,在处理团队事务中,能感应、顺应事务的"系统自动力",这样领导者就拥有了事务本身的能量,而这种能量本身就能影响团队中的其他人,其他人在这样的领导者身边,不仅是心服口服,而且会有依赖、信任、崇拜的感觉。

战略思维能力对应于领导力模型的前瞻力或高瞻远瞩。因为前瞻力就是在充满不确定因素的商业环境中,领导者能否看清组织或团队的发展方向、发展目标和发展路径,有远见地规划团队长远策略,正确预测未来,从而实现团队的目标的能力。就好比,一个船长,知风知水,总是能把船指引到顺风顺水中,这样船上的水手自然也会开开心心,服这船长。如果船长总是逆风逆水行船,动辄就让水手下水去当纤夫,水手自然也就越来越少。

所以,真正的战略思维、创新思维,能让领导者获得事务"系统自动力"的能量,这才是真正的领导力的"核心"所在。

3. 你的工作需要战略思维

(1) 战略思维是企业管理者必备的一种素质和能力

在风云变幻的市场经济环境中,面对着激烈的市场竞争,企业要想发展壮大,成为商业领域中的佼佼者,其管理者领导力的强弱,往往决定着企业的兴衰与事业成败。而企业管理者本身战略思维能力是否过硬,更是深刻影响其领导力能否高效发挥的关键因素和重要支撑。

所谓企业管理者的战略思维,就是指管理者在面对错综复杂的局势时,善于把握事物变化的总体趋势,准确判断事物的发展方向,高瞻远瞩、谋划全局、精心博弈的一种综合性思维能力,往往体现着企业管理者洞察问题、分析问题和解决问题的高度、广度,还有深度。而战略思维的根本目的,就是围绕全局、把握全局、突出全局、掌控全局,追求全局利益的最优化,而不斤斤计较局部利益之得失。

试想,如果一名企业家不具备战略思维,或者战略思维不过硬,即使获得了雄厚的资金支持,也难以将企业做大、做强。从一些典型的企业发展案例综合审视,在面临严峻风险及挑战时,只有战略思维过硬的企业管理者,才能做到临危不乱、未雨绸缪、冷静应对,科学制定发展战略,做出正确的决策部署,并带领员工毫不动摇地向着既定目标奋进。

实践证明,企业管理者只有具备过硬的战略思维,才能从复杂多变的现象中,发现企业管理的基本规律,从而科学认识到企业管理的本质所在,才能聚焦企业发展的关键点和转折点,找到制约企业发展的短板和瓶颈,从而抓住机遇、抢占先机,夺取企业发展的战略制高点,在商场博弈中保持战略主动。而做到这些,必须要提升企业管理者的战略思维能力。

(2) 各级领导提升战略思维的必要性

战略思维能力是对更高层次领导的要求,也是对基层领导的更高标准的要求!

有的员工可能会说,总揽全局的战略思维是公司老板的事,是大领导的事,他们应当成为战略家,而我们在中、基层或部门工作,处于局部地位,做的是具体的事,何必要提高总揽全局的战略思维能力呢?其实,各级领导提升战略思维都是必要的。因为:

第一,全局和局部的区别是相对的,不是绝对的。相对于全局而言,你是局部;相对于你所管辖的部分而言,你又是全局,也有一个总揽全局的问题。因此,每一个企业管理者都应当具有战略思维能力。

第二,即使从你所处的局部地位来说,你也需要了解全局,具有全局意识,这样才能自觉服从和服务大局,而不是妨碍大局,甚至危害大局。一切工作都有全局和局部关系的问题,都必须懂得全局高于局部、局部服从全局的道理。这就需要有战略意识和战略思维能力。

有人说,没有战略思维的领导做产品,具有战略思维的领导做市场。这句话没错,但是如何把老板的战略思维落地,让公司其他管理层和员工跟上老板的思维,也是企业各级管理者该思考的问题。

• **制定经营策略**

围绕公司战略方向，研判内外部环境，结合内部各系统及外部资源现状，确定经营目标和发展方向，制定实现组织目标的经营策略。

• **战略解码**

充分理解公司战略目标，基于行业理解、市场分析及管理经验等制定各业务的子目标并清晰阐明子目标与整体目标的必然关联。

• **战略执行**

理解战略方向和目标，并向下级宣贯战略对于实现战略目标的意义，通过经营会议和日常工作沟通渠道向不同级别员工、管理者积极阐述愿景、战略及举措，促进员工理解公司整体战略，并带领团队按照公司的经营目标和策略完成相应的绩效指标。

(3) 即使是普通员工，你的工作也需要战略思维

你是不是经常陷入事务性的工作中？

你是不是经常被自己的老板说高度不够，缺少战略思维？

你可能会有这样的疑问：我一个初入职场的小白，一个从事基层工作的小职员，需要培养"战略思维"吗？

答案是肯定的，无论职位高低，但凡一个想发展的人，都需要培养这种思维。因为不能说到了公司高层或创业了，才需要这种思维，而是只有先具备了这种思维，才能做到公司高层。"战略思维"就是站得高、看得远、有全局视野的能力。

阿里、腾讯刚起步的几年，有很多人当时面试成功，却没有选择这些公司；有些即使选择进入这些公司，却没坚持下来，在上市前夜离开，错过了机会。虽然这些人中很多现在过得还不错，但因为缺少战略思维，对中国互联网崛起的前景缺乏感知力和决断力，所以错过了大好机会。

所以，每个人的工作都需要战略思维，即使作为普通员工。同样，其他领导力，诸如感知力、影响力、决断力、执行力等，都不只是领导才需要的。领导力本质上是一种影响他人的能力，成功的职场人，都要有领导力，无论是做下属时影响领导和同事，还是做领导时影响下属，以及创业时感召团队，都需要！

二、实现参考：如何培养战略思维？

(一)活动二：该如何思考开一家餐馆这件事？

1. 活动目的

通过活动，学习如何将战略思维应用于实际工作中，从而培养自己的战略思维能力。

2. 活动流程

(1) 阅读案例

如何开一家餐馆？通常面对一个问题，大部分人很容易立刻切入到执行层，因为见效果，"不管三七二十一，干了再说！"其实不是这样，应该从战略层做思考起点，策略层做切入，最后才是执行层落实。

- **战略层：做什么、做与不做**

战略是全局规划、方向制定、业务分割，即我们要做什么事、这件事能不能做，做立项和布局。能不能开一家餐馆？怎么开？首先思考这几个维度：

➢市场规模

都说线下店拼的是选址，因为流量大，但构成市场规模的不只人数这一个要素。列一个简单模型：市场规模＝人数×客单价×消费频次。

因此，除人数之外，还有客单价（一次消费多少钱）、消费频次（固定周期内消费次数）。综合这三点考虑，如果在客流固定情况下，改善另外两个要素，也能提升整体规模。而全饱和状态，即三个要素都是最大值，是最佳状态，也就是这个地方最多能赚多少钱。

举个例子：如果开饭店每年成本 50 万元，当地人吃饭消费每年最多 40 万元，那就立项不成功，开一天赔一天。而即便是 100 万元，那是理想状态，实际也要在每个要素中打折，最后算下来可能利润也不会太高。

➢用户需求分析

市场规模再大，未必全都能变成你的收入，你只能服务其中一部分人群。这就需要给可能属于你的用户画像，可以用以下四个标签做浅层分析：

身份标签：这家餐馆是做给什么人吃的？小资、学生、白领，还是泛大众？多大岁数？进而就能确定自己的餐厅定位。

触点标签：他们的活动半径是多少？吃饭习惯是什么？是喜欢堂食还是点外卖？在哪儿能找到他们？

需求标签：他们喜欢什么口味？喜欢健康轻食还是油炸快餐？如果三家饭店并排开，来这里的消费意愿有多强？

能力标签：他们的消费能力如何？一次日常吃饭花多少钱？请客、约会花多少钱？由此可对自己的产品定价做参考。

用户确定后，也就能大致知道他们的客单价和消费频次。明确目标用户，就能算出自己能从整体市场分得多大一个蛋糕：餐馆收入＝人数×客单价×消费频次，计算中，人数、客单价、消费频次要根据上面分析的可提供服务的目标用户来设置。

➢产品分析

确定用户消费需求后，就要提供产品满足需求，可参考以下三点：

第一点是做竞品分析。在周边有多少家饭店、每家规模多少、店面装潢风格、中餐还是西餐、菜品如何、价格高低、生意怎么样……尽可能多面详细调查，这样会对这块区域的餐饮消费情况有一定把握。

对比每家的分析，就可以知道这里人的饮食喜好分布、消费能力情况，避免开店的时候自说自话，要么定价太高，要么口味很多人不喜欢。

第二点是打造自己的产品。餐馆的核心竞争力是什么？自家有没有独门私房招牌菜？是价格低、口味好、环境佳，还是服务优？即在做完竞品分析后，能否提供差异化优势？如果别人卖包子，你也卖包子，给一个别人更愿意买你家产品的理由。

第三点是设置自己的产品竞争壁垒。如果开了一家奶茶店卖得特别火，别人能否复制，在隔壁开一家？你的壁垒是什么？独特配方、最佳选址，还是网红背书？商场老板跟你签独家协议,只允许你一家在这儿开?生意小还好,一旦做大,别人抄袭是分分钟的事,你所有的积累就是为他人作嫁衣。

逐条对过,发现自己提供的产品能完全满足用户需求,接着就是找人来做这件事了。

➤团队组建

谁来做?厨师、服务员、清洁工谁当?准备招多少人?能否担负店面所有运营?营业利润能否覆盖人员成本?这点容易分析,自己算笔账就好。

➤资本运作

这里的资本运作不是指融资,而是懂得用资本方法规避风险。如果事、人都没问题,对开店赚钱有信心,但是缺少启动资金,怎么办?其实不需要完全自己承担,除借钱外,可以找合伙人:找5个人,每人出5万元,各占股5%,年终按照股份比例进行利润分红,设计一个回报机制。

很多早期创业者把自己多年积蓄做一次性博弈,破釜沉舟、一意孤行,这非常不理智。在金融制度如此完善的今天,完全可以利用一些机制来分散风险。

当然,找合伙人的前提是说服别人相信你能把这件事做成。

经过以上几点思考,基本完成了战略层布局。于是就知道自己这家餐馆能不能开,如果开起来大致经营情况如何了。

• **策略层:如何做好**

策略是指计策、谋略。一般是指:

➤可以实现目标的方案集合。

➤根据形势发展而制定的行动方针和斗争方法。

➤有斗争艺术,能注意方式方法。

这里主要应用的是方案集合、行动方针。举个例子:隔壁新开一家餐馆,菜品、价格和你家基本都一样,这时就可以制定两种策略:差异化策略和低价策略。

如果发现周边所有餐馆都存在上菜慢的问题,那么就可以制定"快"策略。没错,策略就是快。

策略是为达到一个目标制定的方向和行为准则,是连接战略和执行的桥梁。承接战略细分下来的任务,同时也是执行层的行为准则。

• **执行层:干就完了**

在经过战略层、策略层分析后,确定无误,最后才是实际做事的部分。

举个例子,依照上边制定的策略,你就可以开始以下行动:

➤差异化策略:推出新菜;在包间吃饭能唱KTV;设计漫威、迪士尼、动物园主题包间。

➤低价策略:找个更便宜的厨师,采购更便宜的蔬菜,把其他地方节省下来的成本摊到菜价上,或者直接降价,打价格战。

➤快策略:采购自助点餐机器提高下单速度;多招几个厨师加快上菜;点得多的菜一次多炒几份;在用户等菜间隙,提供饮料、干果、桌游,减少用户等待焦虑等。

即,实际做出的每一步动作,看似简单,但都包含着战略思考,不是随便做出的。也只有从战略起点往下搭框架,执行动作才有条理、不繁乱。缺乏战略支撑,执行就会苍白无力。

不过，以上内容也只是停留在理论层面，若要落到实际，还有很多现实细节问题要考虑，在此只提供一个思考逻辑。

（2）分组讨论

- 这个开餐馆的思考和分析，对你有什么启发？
- 怎么理解上面材料所说的"战略""策略""执行"？

（3）课堂分享

各小组安排1人分享小组讨论结论，其他成员可以补充，也可以分享不同观点。

3. 观点分享

缺乏思考和分析，尤其是缺乏战略思维能力，做事情就会比较盲目，失败的可能性很大。尤其是仅凭那些所谓"创意"就创业，会很不牢靠。但如果做战略规划、策略规划再行动，便会山重水复疑无路。

战略思维不是领导的"专利"，我们每个人都要培养战略思维能力。战略是树干，稳定扎根；策略是树杈，全面扩散、野蛮生长；执行是树叶，最终呈现；所有落到实处的动作，是最后才要考虑的东西。

（二）如何培养战略思维？

1. 用"以终为始"看待事情

所有事情都要经过两次创造——先是在脑海里酝酿，其次才是实质的创造。

个人和团队在做任何计划时，均先拟出愿景和目标，并据此塑造未来，全心投入这个最重视的目标。以终为始是自我领导的原则，唯有盯住真正重要的愿景，然后勇往直前坚持到底，才能最终实现它。

一个特别重要的战略思维：点、线、面、体的战略选择，其实就是"以终为始"的战略思想。

普通人和能人的区别是什么？普通人勤恳努力、斤斤计较，在意的是每一个当下的点，而任何一个点都不会产生过多的收益。那么成为能人呢？就要借助面和体的崛起。这个盈利点附着在哪个面上？这个面在和谁竞争，在哪个经济体上？这个经济体，是在快速崛起，还是沉沦？

比如很多人找工作，并没有站在"以终为始"的思维高度上。特别是职场新人，不要把薪酬待遇放入首要考虑因素，而是要优先加入优秀的团队，提升能力，这样才能创造更大的价值，薪酬待遇自然而然也就能提升。

2. 广泛涉猎，拓宽视野

学习应该是一种生活方式。涉猎广泛的学习，除了可以拓宽视野，提升个人认知水平，更好地理解这个世界之外，还能提升格局。

学认知心理学，了解别人更了解自己。读历史，不仅是了解历史，更是研究前人的经验，寻找规律、判断风险、总结得失、推测未来。无论处于什么行业，什么职位，不要只局限于自己的专业领域，多去广泛涉猎，视野也会更加宽广。

沃顿商学院在对两万多名管理者进行的研究中确认了六项技能对战略性思维非常关键，它们分别是：预见、挑战、阐释、决策、协调和学习。

(1)预见

在互联网行业,占有"首发"优势可以让企业赢在起跑线上。想更准确地判断未来的利益,预见的能力就至关重要。

缺乏预见的能力,可能会导致公司来不及对市场趋势做出反应,如乐高的管理层错失了游戏和玩具领域的电子革命。如果阿里巴巴能够在之前就看到社交沟通工具的潜力,也许今天阿里巴巴也不会无法在这领域占一席重要的位置。

可以通过以下的方式来锻炼自己的预见能力:

- 通过与客户、供应商和其他合作伙伴交谈来了解他们的挑战和困难,从而发现未来的商机。
- 通过市场调查和分析竞争对手的战略及推行的项目来评估他们对新活动或者产品的反应,他们其实也在做未来的预测。
- 研究快速成长的竞争对手,检查他采取的哪些行动让你困惑和被动。当然他们做的不一定对长期发展是最优的。
- 思考和想象未来的各种可能,通过这种方式把不可预料之事找出来,从而做准备。
- 从流失的客户中找出可改进的地方。
- 出席其他行业或者其他职能部门的会议和活动,因为信息是预测的根基。

(2)挑战

战略性思考者质疑现状,不会因为过去是这么做的,未来也继续那么做。他们挑战自己和别人的假设,鼓励不同视角。

开始时,周围的人会不习惯这种挑战性思维,甚至觉得他们具有"破坏性"。其实,这只是想通过更多视角认真考虑并检视问题,然后再采取决定性行动,给企业找到最佳的方案。

在互联网行业,这方面的能力更是重要。别安享过去成功的做法而停止寻找新的突破。互联网企业都在观察对手做什么,然后照抄,甚至在对手的基础上做优化。

这种环境让企业只能拥有短暂的优势。一旦不挑战自己、挑战过去,那被淘汰只是时间问题。耐心、勇气和开放的心态是挑战性思维的基本条件。

可以通过这些方法提高挑战能力:

- 专注于问题的根源而不是现象。运用丰田创始人丰田喜一郎的"五个为什么"方法来找出背后的原因。比如"这个月产品退货率提高了5%。"为什么?"因为产品间歇性地发生故障。"为什么?等等。欲深入了解丰田喜一郎的"五个为什么"方法,请扫描二维码"根本原因分析:五个为什么"。

根本原因分析:
五个为什么

- 找出行业或企业里存在已久的假设,并向不同的人询问这些假设的由来及是否成立。这不一定能获得答案,但是在沟通的过程中能够协助相关人员开始思考。
- 通过举行一些"安全区"会议鼓励讨论,鼓励大家在会议上提出想法。即使想法间有冲突,也是被寄予希望并受欢迎的。
- 在决策过程中加入反对者,以便让挑战早日浮出水面。鼓励队友成为反对者并且允许反对声音的存在。

- 向谁获取意见是关键。如果从不会直接被战略决策影响到的人那里获取意见,他们的意见对挑战性思维没有任何帮助。

(3)阐释

阐释能力是其他能力的"润滑剂"。当领导者对常规提出挑战或对未来做预测时,所提出的观点和信息会是复杂、冲突和富有争议性的。领导者在这个时候就需要善于阐释,协助同事更好理解他们的观点。

"智慧源于识别事实、并加以辨别和重新思考,直至提示其隐藏含义。"可以通过这些方法来提高阐释能力:

- 在分析模棱两可的数据时,列出观察到的至少三种可能的解释,并邀请不同的利益相关者提供观点。
- 强迫自己既关注细节又着眼大局。领导者不能只有宏观视野,没有对细节的洞察。
- 积极寻找缺失的信息和证据来驳斥我们的假设,也许可以找到自己的盲点。
- 用定量分析来补充观察,而交叉检查可以让我们看到更全面的情况。
- 通过放松自己来寻找更好的表达方式。离开一下——去散个步、看部电影、听听音乐来促使自己有开放的心态。

(4)决策

有些人习惯在没有完整信息的情况下快速做决策,因为他们知道由于害怕失去先机,在快速变化及竞争性强烈的行业是有必要这样做的。

但对大部分战略性思考者来说,他们倾向于坚持多种选择,并且不过早受困于简单的做或不做的选项。他们有一套基于平衡的精准和速度、考虑了各种因素的权衡和长短期目标的准则。因为他们是经过一套严密的决策流程才做出决策的,相对之下,他们有(也需要)勇气坚持自己的信念。

在日新月异的互联网行业,做决策的周期就必须更有效率。做决策既要保持效率,又要思考严谨,这是这个行业带给领导者的挑战。

领导者可以通过以下的方法来提高决策能力:

- 重构二元决定,坦率地问自己的团队:"我们还有没有什么别的选择?"即使有了明确的选择,还是可以再探讨其他可能性的。
- 把大的决策细分成小块,理解其组成部分,从而更好地看到非预期的后果。这种方式有助于让自己看到一些夹在中间的机会。
- 根据长期和短期项目制定决策标准。有了标准,才能培养自己的思考模式。
- 让别人知道现在决策过程处于什么阶段。是否仍在寻求不同的想法和讨论?还是已经在决策和选择的结束阶段?毕竟我们不可能无止境地寻求方案。
- 决定哪些人需要直接参与进来,谁会影响到决策成功,调动起团队的力量来做最佳的决策。
- 对于风险较大的决策可以采用试行或试验计划而不要采取大的冒险行动。进行阶段性的投入,随着项目的进展来调整投入的力度能够做出更合适的决策。

(5)协调

战略性领导者不只能想出战略,他们更需要推进战略的落地。这项工作必须与各个部门、分公司和关系企业协作,非常考验协调能力。

他们需要善于找到共同点,得到拥有不同意见和目的的利益相关者的认同,通过主动沟通、建立互信以及频繁参与来协调资源。

协调能力能够把可用的资源调动起来,把不同观点的人凝聚在一起为共同的目标努力。领导者可以通过以下方法提高协调能力:

• 不要怕和相关部门分享我们的计划方案,经常沟通,确保想支持我们的人知道如何提供协助,减少因为信息不同步出现两个最常见的抱怨:"从来没有人问过我"和"从来没有人告诉过我"。

• 确认内、外部的关键利益相关者所关注和在乎的重点,试图找出隐藏的日程或者联盟。

• 运用结构化、有促进性的谈话来暴露有误解或者受抵制的领域。这需要耐心沟通和理解。

• 直接找到抵制者,了解他们的顾虑并进行相应处理。

• 在开展我们的计划或战略时,谨慎关注利益相关者的立场。当他们的立场被考虑了,他们也会考虑我们的处境。

• 认可、表扬并奖励支持团队协调的同事,让大家知道这是好的行为。

(6)学习

战略性领导者推行一种探索精神的文化,在成功和失败的结果中找出教训。领导者以一种公开的、有建设性的方法研究自己和团队的失败,找到其中隐藏的教训。

互联网行业本身就有很多试错的机会,但只是试错,没有学习,最后企业需要付出很大的代价。

领导者的学习能力让他们可以在任何时候、任何情况下都学习。领导者可以通过以下的方法提高学习能力:

• 制订行动后的回顾计划,记录重大决定或者里程碑事件中学到的教训,广泛交流由此带来的经验。

• 奖励那些尝试了、值得赞赏的但结果却失败的经历,让团队知道失败并不是一种"羞耻"的事。

• 开展年度学习型总结来查找决策和团队互动在哪些方面可能存在不足。

• 确认哪些动议没有达到预期的效果,查找根本原因。

• 创立一种重视探索精神并视错误为学习机会的文化。

3. 学会洞察人性,看透规律

世事洞明皆学问,人情练达即文章。人性中有些东西是永恒的,这与是否是"80后""90后""00后"无关,某些规律不是按照代际来划分的。

我们读老子、孔子、王阳明的学说和资治通鉴等,其实就是通过历史认识人性、认识规律。

(1)深刻理解公司级的目标

一般来说,很多当下属的总觉得自己理解了,但是为什么领导总说没理解呢?

这是因为目标有显性的和隐性的,显性目标会写在纸上,领导们也会不断强调,比如增长数字、市场地位、公司愿景等,好理解;而隐性目标往往分散在各个部门里,是要通过了解各部门的目标,才能整合出来的。只有把目标体系梳理清楚,才能用"老板思维"去看问题,有的放矢地开展自己的工作。

比如,谁都想要获得领导的信任,升职加薪。但站在领导的角度,一个人真的知道领导是怎么看自己的吗?在这家公司里、在这个发展阶段,优先升职加薪的标准是什么?真的搞清楚自己的发力点了吗?比如,作为一个业务部门的管理者,必须要让领导看到你为这个部门带来了增量价值,带着这个部门给公司创造增量价值,而不是只在存量上优化。无论是工作方式上、业务形态上、人才吸引上,还是收入规模上,只要任何一个方面有增量,都可以算数。只要领导没看到你创造的增量,就认为你没有胜任。

这就是站在不同的维度,对于同一个岗位的不同标准。只有将这个标准统一,并且按照更高标准做事,才有可能让我们的上级认为自己有"战略思维"。

(2)想尽办法挖掘领导的想法

要趁领导相对空闲的时间,直接与领导沟通、交流和请教。多问好问题,用问题推动结果。提前想好问题和节奏,比如问部门目标怎么优化,问自己的工作方向是否正确,问自己该多学点什么。

当然,和领导交流要抓住时机,别非得等跟领导约专门的时间不可。比如,可以在等电梯时、出差路上、一起吃饭时,或者参加团建的时候,都能聊聊。有时候,挖掘领导的想法就是几句话的事儿。

(3)想问题时,不要只想一步

在做决策的时候,应该多加一个思考的维度进去,从更长、更深、更高的维度来看问题。每次都能推演一下现在的决策引发的下一步、再下一步的结果,就知道要如何取舍了。

比如,下次再做自己的部门工作总结时,多考虑一下相关配合部门,甚至是关系不太好的部门的感受,想想怎么说能更好地调动这些部门一起合作,那在老板眼里,就开始有一点战略思维了。

(4)多角度了解和看待问题

可以试着从第三方视角看待公司或部门面临的挑战和机遇。读书的时候多研究梳理一下产业发展史,工作的时候积极地去与行业专家建立个人关系,参加行业会议时多与同行聊天,多听听不同领域的专家对这个行业发展趋势的看法。如果还能把这些信息带回公司,找机会和领导聊聊,再听听他的反馈,那就更容易打通思路了。

(5)换位思考

日常自己多练习换位思考,而且是真正在头脑中演练这个换位的过程。比如,公司开会的时候,在领导还没表态之前,可以假设自己是领导,从领导的角度看,想想该怎么决策、怎么反馈,设立什么样的目标才合理。然后,等领导真地发言了,就可以和自己头脑中的想法来印证一下,看看哪些一致、哪些不一致。正确率其实不重要,重要的是如果经常这么练习,会越来越有全局意识,正确率也会越来越高。而且,这个练习还有个很好的附加价值,就是随着时间的推移,会更加自信,更敢于在会议上发表自己的见解。

培养自己的战略思维,是职场上关键的一次能力跃升。这些向上思考、挖掘上级想法的锦囊,不是让我们成为一个心机很深的人,而是提醒我们做个有心人。只有熟悉游戏规则,才能成为制定规则的那个人。

"以终为始看待事情;广泛涉猎,拓宽视野;学会洞察人性,看透规律"这三件事情应该贯穿于我们的日常生活,在实践中多运用与领悟。

最后,无论我们现在过得好不好,有没有危机感,都要保持敏捷和好奇,坚持行动与思考,能多加一个思考的维度进去,从更长、更深、更高的维度来看问题,我们就知道要如何取舍了,一如既往地培养自己的战略思维,成为更好的自己!

4. 应用科学的方法,遵循科学的思维方式、思维程序加工获得的信息

思维方式要从封闭走向开放、从静态走向动态、从线性分析方式走向系统综合思维方式、从单维走向多维思维方式、从确定性走向非确定性思维方式、从定量精确方法走向定性与定量相结合的方法。

学会运用系统科学的要素分析、结构分析、系统与环境的输入与输出分析、整体分析等方法。

5. 崇尚实践、勇于实践,投身于实践之中

实践的需要是提高战略思维能力的动力,实践过程是提高战略思维能力的根本途径,实践结果是提高战略思维能力的最终目的,培养和提高战略思维能力,需要善于总结实践经验。

三、任务实现:进行培养战略思维的讨论——怎样才能抓住 AI 带来的机会

1. 任务描述

人工智能(AI)跟我们的职业有什么关系?怎样才能抓住 AI 带来的机会?请分组讨论。

2. 课堂分享

各小组安排 1 人分享小组讨论结论,其他成员可以补充,也可以分享不同观点。

3. 观点分享

AI 看似离我们还很远,然而看看周围,我们会发现:现实中的 AI 虽说还影响不了全人类的生存,但很有可能影响我们的生活。

(1)全面代替具有"持续性""重复性"的工种

最典型的例子就是"无人驾驶"。以前我们总说"工作做不下去了去开出租车""想多做一份兼职去开滴滴",可一旦"无人驾驶"技术成熟,连这样的"退路"或赚外快的机会都没有了。

(2)部分取代"创作性"工种,减轻工作负担

不过,比起工厂加工、驾驶之类具有重复性、较为简单的工作,AI 影响更大的还是在一些看似依赖人脑,但实际上非常好取代的领域里。

比如"创作",一直以来,我们都觉得"创作"是一件绝对需要人类参与、费脑力、要创意的事情,然而至少在新闻领域,AI 的存在感已经越来越强了。比如 2019 年 11 月,瑞士举行选举,小名 Tobi 的文字生成"机器人"大展身手,为媒体巨头 Tamedia 生产将近 4 万篇有关选举结果的新闻,而且只花了 5 分钟。

(3) 为社会带来更多美好的同时,也使我们的工作更加美好

当呼唤"Siri""小艺小艺""小爱同学"时,智能助理会为我们服务;当用美图相机拍照的时候,AI 会自动帮我们美化;当想找部电影看看的时候,AI 也能通过分析我们以往的记录了解我们的喜好,为我们推荐合适的电影。

(4) 带来众多新兴职业

有人说 AI 会让生活变得更加轻松,也有人说 AI 会让我们面临失业的风险,但 AI 带给普通人的,更多的是机遇。

不难想象,随着机器人、无人机、无人车等 AI 相关技术的发展,会产生大量的工作机会。据普华永道 PwC 报告预估,未来 20 年将创造出 720 万个新工作机会。

根据预测,我国 AI 人才需求量到 2022 年达到近 600 万(图 5-1)。

AI人才需求预测需求(万)

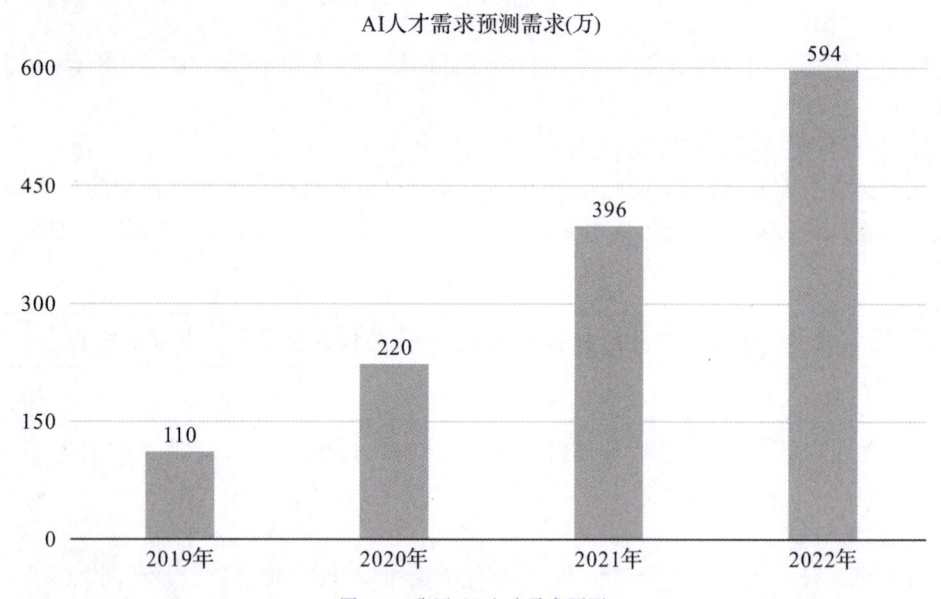

年份	需求(万)
2019年	110
2020年	220
2021年	396
2022年	594

图 5-1 我国 AI 人才需求预测

(5) 我们应做的准备

- 从事 AI 技术、产品等的研发、设计、销售工作

例如,做 AI 芯片、图像识别软件、语音交互等的产品经理、工程师,或从其他产品线销售转做 AI 产品的销售等。

- 去 AI 公司工作

例如,目前比较火爆的 AI 芯片、软件等,这些公司也需要行政、人力资源、财务、采购、IT、品牌策划、平面设计等工作岗位。

- 用 AI 技术或产品来改进、提升自己的工作

例如,ADAS(高级驾驶辅助系统)、疲劳检测等技术,可以提高驾驶的安全性;语音识别技术则可用于智能客服,帮助客服后台快速了解客户需求并精准分配给客服人员。

- 避开受 AI 冲击较大的工作

例如,有的工厂开始用机器人从事分拣、打包等工作,相应岗位的人员则应尽早转型。

四、任务总结：你的战略思维能力被老板发现了吗？

通过学习，大家都知道培养战略思维能力非常重要，可是许多人并没有意识到向老板和其他高层领导展示这些能力对于职业发展有多关键。展示战略思维能力可以告诉老板，你能够独立思考，对公司未来的定位做出判断。这可以向他们保证，你不是凭空做出判断，而是考虑了其他部门可能会受到怎样的影响，或者外界会如何反应。

展示战略思维要求你同时是一个营销人员、推销员和变革促进者。主动、广泛地与人交流你的战略努力，加上挑战他人、发起并推进你的战略思想的勇气，这些才是引起老板和同事注意的东西。

1. 把观点摆到明面

领导希望知道你的想法，他们通过你对更大决策的准备程度来看待你的升职价值。问问自己："人们知道我的立场吗？"以此提高自己展示这种本领的能力。展示战略眼光是让领导注意到你的万全之策。

2. 发起创新并带来战略性转变

欲被视为战略思想家，还必须展示能够运用你的知识将新思想付诸行动的能力。无论你身处何种级别，都可以通过实施创新项目来展示你的战略思维，该项目可以证明你的理解超越了你目前的职责范围。

第二节　发展他人

📖 **任务：培养下属重要，还是发展业务重要？**

1. 任务描述
培养下属重要，还是发展业务重要？

2. 任务分析
认识到培养下属、发展他人的重要性，学习让下属成长的方法。

实现准备	课堂活动	活动一：组长的职责是什么？
	课堂讲解	培养下属将使你更上一层楼，能干的下属是你的业绩与荣耀
实现参考	课堂活动	活动二：鹰的成长能"培训"出来吗？
	课堂讲解	如何让下属真正成长
任务实现	课堂实训	讨论培养下属重要，还是发展业务重要
任务总结	课后思考	领导要能与下属彼此成就

一、实现准备：能干的下属是你的业绩与荣耀

（一）活动一：组长的职责是什么？

1. 活动目的
了解培养下属是主管的职责之一，从中认识培养下属的重要性。

2. 活动流程
（1）阅读材料

下面是新任组长与其领导的对话：

组长：领导，作为组长，每天工作都很忙，精力总是不够用，怎么办？

领导：我先不说我的办法，你准备怎么办？

组长：我想尽快处理好工作，客户要我去沟通，创意要我去思考，计划书要我去写，简直把我忙得焦头烂额。

领导：有人能帮你吗？

组长：虽然我管一支团队，但是他们都帮不上忙。

领导：他们平时主要起什么作用？

组长：他们只能做些小事情，大事都是由我来做。

领导：为什么会这样？

组长：他们的能力还不行，我不放心。

领导：他们来公司多长时间了？

组长：有的一年多，有的半年了。

领导：你平时有培养他们吗？

组长：有的，但是我们的工作好坏主要靠悟性，不是一下子就能学会的。

领导:听起来他们跟你的期望有偏差,当初你为什么要招他们进你的团队呢?
组长:他们能做一些事,也可以培养,但是需要花时间和精力。
领导:你不把他们早点培养出来,就只好辛苦你喽!
组长:我知道,但是我每天都很多事,没太多时间去培养他们。
领导:这说明你觉得做事比培养人更重要。
组长:可能是吧。有时候我没太多耐心教他们,他们花一天时间做出来的东西,我出马很快就搞定了。而且,我做出来的产品,客户都很满意。
领导:看来你很享受亲自出手的感觉。
组长:是的,我就是凭这项技能当上主管的。
领导:值得肯定啊!现在你是什么角色?
组长:团队组长。
领导:组长的职责是什么?
组长:管好团队,为公司赚更多的钱。
领导:我感觉你像执行员工,不像管理团队的人。
组长:我要为客户提供最好的产品,当然不能马虎啦!
领导:提供最好的,这当然没错。问题是一定要你亲自出马吗?不能交给下属做吗?
组长:下属们还不行。
领导:那是因为你没有舍得花精力教育他们成长。问题是你在主管的位置上还在做员工的事情。
组长:您说的道理我都明白,我也知道自己要改进,请问我该怎么做呢?
领导:如果你想当员工,麻烦你让出主管的位置,请一个主管;如果你想当主管,就做好主管该做的事,培养出更多更好的员工!

(2)分组讨论
- 对话中"组长"很忙的原因是什么?
- "组长"作为主管,他在哪些方面需要提升?

(3)课堂分享
各小组安排1人分享小组讨论结论,其他成员可以补充,也可以分享不同观点。

(二)培养下属将使你更上一层楼,能干的下属是你的业绩与荣耀

1.能干的下属,会不会给领导造成危机感

这要看主管对自己的定位是否清楚、是否能干得恰到好处。古时候有功高震主一说,臣子如果太过聪慧,功劳多到超过皇帝,手握兵权深得臣民信任的话,那么,皇帝就会产生危机感。但是现在领导和下属间的关系,虽与其有相似之处,却不能简单地这么看待。

一般意义上来说,有一个能干的下属对领导来说应该是一件很贴心的事情,尤其是有人替他将那些琐碎的事情都提前完成,让他没有后顾之忧,在同事面前有面子,在他的领导面前有面子,那么,这样能干的下属是不会给他造成危机感的。

有可能造成危机感的能干的下属是怎样的人呢?越过直属领导表现了能干。比方说他领导上面还有领导,最上面的领导注意到了这个能干的下属,时常关注和夸奖这个下属,那么,此时这个直属领导自然会产生危机感,也就不得不做些事情来预防了。

因此,对于这样的下属,要提醒他:想要恰到好处地表现出自己的能干,最重要的一点就是别越级,哪怕最高层领导让你做一件事情,在做之前最好也同直属领导说一声,因为作为直接主管是有知情权的,也好提供相关支持。另外,你的工作完成得好,他也会向上级汇报你的业绩的。

2. 真正优秀的领导者,永远不会害怕下属强过自己

(1)越是怕下属能力强过自己的领导,越是没有担当和格局

在职场工作,我们可能遇到形形色色的领导:

- 有的一人独大,其他员工什么话都插不上。
- 有的骄傲自大,总觉得手下的员工全不如他。
- 有的看似求贤如渴,有机会就不给员工机会去尝试。
- 有的什么都不懂,又爱门外汉指挥专业团队。

案例 5-1

遇到这样的领导,你选哪条出路?

我曾经就遇到过一位领导,能力一般但是脾气非常大,常常拿着下属的事说三道四,但又给不出一个有建设性的解决方案,只是一味地说别人不行。

说到底,他除了来得早之外,毫无长处。

有时候,就连一个工作汇报都是下属给他写的,写完就拿去和上级汇报,如果换作是你,你愿意把自己宝贵的职场时间献给这样的领导吗?

我想,应该是没人愿意。

而这位领导,被人吐槽最多的地方就是格局太小,只要能力稍微强过自己的下属,基本上都是升迁无望、很难晋升。

因为这样的下属太能干、太好用了,对方根本不会轻易放你走,遇到这样的领导,一般人只有两种出路:

- 要么自己认命,不断被压榨职场价值;
- 要么就早点离开是非之地,选择有上升空间的环境。

后来我才知道,和他共事不到一年,手下员工要么是主动离职,要么是郁郁不得志,要么就是和他一样在职场上混日子。

(资料来源:真正优秀的领导者,永远不会害怕下属强过自己 凤凰网 2020 年 04 月 28 日)

但领导自己的发展又如何呢?

- 那些尊重下属懂得正向激励员工的领导,最后事业越做越大,彼此双赢;
- 那些生怕下属升迁影响自己利益的领导,最后团队人心涣散、无人可用。

在实际工作中,一些领导往往搞错了重点:总觉得自己的能力一定要强过下属,不然怎么显出自己的权威?在该鼓励下属的时候,却打击员工自信心矮化对方,这样几次下来,员工要么走人,要么是承认自己比老板弱,变成一个只会喊"领导优秀"的职场老油条。

但实际问题往往是,如果下属的工作能力比不过主管,那员工的价值何在?你这么厉害,你还要下属做什么?

这对领导和员工本身,都不是什么好事。

很多领导不过是怕能力强的下属爬到自己的头上,影响自己的既得利益。可问题来了:领导的想法再厉害、再完美,不也要能力强、有执行力的下属去执行好吗?

这么简单的判断题,很多领导就是想不通。越是怕能力强过自己的领导,越是没有担当和格局。

(2)领导害怕能力过强的员工,大多数是注意力错配导致

很多领导之所以如此忌惮下属能力强过自己,很大一部分是他们的"注意力错配"导致。简而言之,就是把精力放在不该关心的问题上。

在某一次专家会议上,华为创始人就表示过自己的态度:"今天和专家座谈,你们的问题我答不出来,不是我的羞耻,而是我的伟大。为什么呢?我容忍你比我厉害,就是我伟大……"

很多公司之所以变得平庸、发展不起来,根本原因就是它的组织架构是个宝塔。领导高高在上站在塔顶,他自己就是公司的上限,下面的员工都不能超过他,那么这样的公司又谈何发展?领导的能力水平就是公司能力的"天花板"了!

同样的话,也有人曾经说过:老板永远不要跟下属比技能,下属肯定比你强;如果不比你强,说明你请错人了。

一个优秀领导人凭的是长远眼光、广阔胸怀和非凡实力,如果成天盯着自己的既得利益,不仅显得层次不高,更让下属从心底瞧不起。

与其关心如何防着下属强过你,倒不如想想怎么样给他们机会让他们变得更强。建立完备的人才发展梯队、给下属向上的空间和动力,让他们得以赋能、去完成既定计划,这才是一个真正优秀的领导者应该注意的地方。

毕竟,真正优秀的领导者,永远不会害怕下属强过自己。

3.培养下属将使你更上一层楼

作为一名领导者,不管业务能力有多强,也不管专业知识有多丰富,只靠领导一个人搞好企业显然是不可能的。作为企业,要实现其发展目标,需要全体员工的共同努力;作为一个部门,有一群精明能干的下属,能提高团队的绩效,圆满完成工作任务无疑是一笔巨大的财富。因此,作为领导者,必须清楚地意识到培养下属的必要性。

(1)培养下属有利于提高绩效

领导和下属的绩效是紧密相连的,因此领导和下属的关系是绩效伙伴的关系,下属的绩效直接关系到领导者的绩效。从这个意义上说,领导者培育自己的下属是非常有必要的。

主管的职责并不是对所有的事情都要详细规定该怎么做。如果经常性地采用命令式的方式指导下属,下属是不太可能有新的发明和创造的。长此以往,下属往往在遇到困难

的时候就对领导习惯性地产生依赖。而员工缺乏创造性,对于提高工作绩效是大为不利的。

所以,领导者应该意识到,教给下属的是方式、方法,而不是代替下属解决具体问题。培养出能干的下属,领导者在处理事情的时候也就可以省心省力了。

(2) 培养下属有利于留住人才

由于更换合格的、有经验的员工越来越困难,成本越来越高,所以留住优秀员工非常重要。加强对下属的培养,有利于其对企业的归属感,有利于留住优秀人才。获得人才的途径虽然很多,例如可以通过各种渠道挖到最优秀的人才加入公司,但如果不注意留住人才,公司的一大批人才也可能源源不断地流出,这样做是很不划算的。

所以说,"找人才不如留人才,留人才不如造人才"。将这些人留下来放到企业中,与其等待让他在经验过程中缓慢地成长,还不如有计划地去造就人才。企业要懂得把"材"转化为"才",再把"才"转化为"财",其中,"材"指的是材料,"才"指的是人才,"财"就是财富。在"材""才""财"这三者之间实现转化,才是真正有价值的工作。

另外,对员工进行培训,相对来说成本较低,风险较小。很多MBA教材上都提道:在人才身上投资所能得到的最高回报是1:30。所以,有人说在人才身上投资是风险最小的投资。当然这种培训应该是适当的,应适合企业的需求,根据需求制订培训计划,再实施计划,才会行之有效。

(3) 培养下属有利于提升整个团队的能力

领导者本质上就是通过别人(包括下属和整个团队)来完成工作,团队的绩效好,领导者的绩效才可能好。在很多知名企业,升迁的条件往往是:所领导的团队绩效有多好,而不是领导者个人的能力有多强。

如果领导者的个人能力非常强,下属解决不了的问题由领导者自己来解决,这样的人充其量就是一个"超人",但绝不是一个好的领导者。好的领导者扮演的是顾问或知音的角色,懂得让别人去解决问题。所以,团队的绩效关系到领导者的绩效。

为此,要针对本部门的目标来培训合适的员工,也就是说,培训应该是基于团队目标的培训,培训以后使员工更好地服务团队工作。

能力得到提升,从而提高士气。这就是我们给团队赋予的新内涵。

(4) 培养下属是步入管理者行列的必经之路

作为领导者,要出业绩,已经不是你一个人的事情,而是一个团队的事情了——哪怕下面只给你了一个人,业绩也是算在你们两个人共同合作的基础上。你现在需要掌握的艺术是管理,管理每个人的工作量、分配和协调,掌握项目进程,并且处理好平时的琐碎事务。

你培养他,你安排工作,你调控过程,你付出努力的方向,终究是为了你团队的长久稳定和业绩的可持续上涨。你的上司,其实也在观察你,作为一个管理者合不合格,有没有那个胸襟,以后是否能带更大的团队。

领导者也曾经得到过他人的培养而成长。正是因为当初那个领导给了足够的信任和提拔,今天的领导者才有现在的成就。

案例 5-2

木桩子上的小乌龟

《根》的作者是哈利。他曾经在他的办公室挂了一幅画,画的内容:下面是几个栅栏,有个木桩子戳在那儿,木桩子上面有一只小乌龟。问题是乌龟怎么爬到木桩子上去的?

作者说这幅画上的小乌龟就是比喻他自己。他今天之所以有这么高的成就,能够在这小木桩子上待着,那是当年有很多的人曾经帮助和支持的缘故。他以这幅画来提醒自己:有了一定成功和地位的时候,也应该以同样的心态来对待年轻人,辅助他们成长是自己的责任,也是对于曾经支持过自己的人最好的回报。

(资料来源:根据网络信息整理)

所以,培养下属是领导者义不容辞的责任。从这个意义上说,领导者要以同样的感恩心态来对待自己的下属,鼓励所有的领导者多培养自己的下属。

(5)水涨船高:培养下级就是培养自己的未来

• 培养下属是"水涨船高"而不是"水落石出"。

很多领导者都知道应该培养下属,但有的人会担心:下属培养起来后,是否会取代自己的领导地位?

很多领导者正是出于这样的顾虑,停滞了对于下属培养的步伐。实际上,培养自己的下属是一件"水涨船高"的事情。下属的能力强,作为领导者也可以跟着学习新的技能,这其实是一种双赢的结果。

• 领导者获得更多时间学习新技能,下属变得更自信与感激。

如果每个下属都完成自己的工作,每个下属都愿意完成领导者工作中的一部分,那么,领导者就会变得相对比较轻松,就可以腾出更多时间来学习知识,学习下一个职位所应该具备的技能。

这是领导个人往前发展的开始,而下属也会因此变得更有自信,更为感激。所以,不管从哪个角度讲,培养下属,对领导者和下属来说,都是一件共赢的事情。从图 5-2 可以看出,下属的行为方式体现了是否对其做过培养。

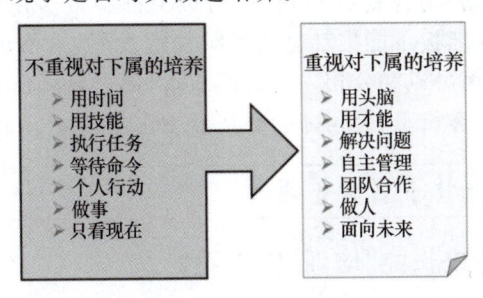

不重视对下属的培养	重视对下属的培养
➢ 用时间 ➢ 用技能 ➢ 执行任务 ➢ 等待命令 ➢ 个人行动 ➢ 做事 ➢ 只看现在	➢ 用头脑 ➢ 用才能 ➢ 解决问题 ➢ 自主管理 ➢ 团队合作 ➢ 做人 ➢ 面向未来

图 5-2 下属的行为方式体现了是否对其做过培养

4. 能干的下属是你的业绩与荣耀

管理大师彼得·德鲁克说，正因为卓有成效的领导者明白最终负责的是他自己而不是别人，所以他不害怕同事和下属能力出众。卓有成效的领导者希望有得力的同事，他鼓励他们，督促他们，真正地以他们为荣。因为他最终要为他的同事和下属的错误承担责任，因此他也把同事和下属的成功看作自己的成功，而不是威胁。

如果一个人害怕其手下强过自己，这个人就不是称职的领导。因为这是一种软弱的表现。美国钢铁大王卡内基的墓志铭上刻了这样一句话："这里长眠了一个人，他知道如何在其事业中启用比自己更好的人。"这是管理者应该拥有的气度，也是他的工作职责所在。如果"武大郎"开店只要比自己更矮的人，那么管理将变成管理者个人的一场秀，组织的精神荡然无存，更谈不上组织的新陈代谢、持续发展了。

一个好的管理者，应该是一个善于发现人才、敢于重用人才的人，而不是整天担心优秀的人会取代自己，或者担心他们跳槽。

领导者最重要的一项素质是会用人，而能招聘到能干的人为自己所用是领导的另一项重要的素质！现实中，聪明的领导都会在身边找一个可以弥补自己某方面能力不足的副领导，形成互补。所以有时我们说某位下属比领导强，可能只是某一方面的能力比领导强；如果下属每一方面能力都碾压该领导，最后还是愿意为该领导所用，那就不得不佩服该领导识人、用人、留人的能力了。

所以，对待这样的员工，该怎么使用呢？

（1）给足够的薪水

好的收入是必要的，且必须保证，尤其是优秀员工，需要让他在这儿的收入不会比他找其他工作更低。但仅仅是薪水，还无法长期留下这样的员工。

（2）给施展能力的平台

优秀的人才，他们不仅仅看重薪水，也会看重他在其他方面可以获得什么，比如能力的持续提升、视野的扩大等。很多人出去创业，都是因为产生了一个公司内无法实现的想法。所以，让优秀人才去尝试新业务、新点子，培养了这个氛围后，公司一定会收获由员工想出来的特别棒的新点子，促进公司业务的发展。

（3）给足够多的机会，把他们放在关键岗位上

业务方向找到了，具体业务线也设计好了，对应的岗位也产生了。而能创造业绩的岗位，正是优秀员工需要的！他们通过这些岗位证明自己，让自己进步，也同时获得更高回报的收入！

员工要有职业规划，公司也要有规划，任何员工都不希望在一个毫无前景的公司上班。换句话说，如果一个老板不能推动公司持续快速发展，给不出清晰的发展路径，也就无法让这些优秀的人相信可以和公司一起共同成长，他们离开也只是时间的问题。所以，总的来说，重视并培养优秀员工，公司才会在培养中进步。

二、实现参考：如何让下属真正成长？

（一）活动二：鹰的成长能"培训"出来吗？

1. 活动目的

认识到实践、实战的重要性，靠书本学习和培训是训练不出"将军"的。

2. 活动流程

(1)阅读材料

有一部电影叫作《追鹰日记》,耗时6年多,真实拍摄了一只鹰从破壳而出到成为雄鹰的全部过程。

这只鹰的名字叫亚伯,在幼年时期被亲哥哥推下悬崖,幸得男主卢卡斯的救助,才捡回一条命。卢卡斯想通过"培训"来教会亚伯飞翔与捕猎,但效果不太理想。

有一天,羽翼丰满后的亚伯,虽然凭本能飞上了天空,但却连一个动物都抓不到,饥肠辘辘的它,又回到了卢卡斯身边……它必须回到残酷的真实世界里,去撕咬、去跌倒,从绝望中学会如何生存。

离开卢卡斯后的亚伯,几度濒临绝境:抓捕羚羊,差点摔死;突遇雪崩,差点被埋;患上雪盲,差点撞死;掉入冰水,差点冻死;没有食物,差点饿死……

但最终,它还是活了下来。亚伯的身手变得越来越敏捷,眼光变得越来越犀利,甚至开始想从别的猎手嘴中夺取食物。终于,历经磨难的它,慢慢成长为了一只翱翔于天际、令所有动物们都胆寒的超级捕手。

(2)分组讨论

- 鹰为何不能在安全的环境里接受耐心的培训,成长为蓝天之王?
- 读完鹰的成长故事,你得到什么启示?

(3)课堂分享

各小组安排1人分享小组讨论结论,其他成员可以补充,也可以分享不同观点。

(二)如何让下属真正成长

1. 培养下属的三种途径

培养下属的三种途径:工作中指导、工作外训练和自我启发。三种培训途径所占的比例如图5-3所示。

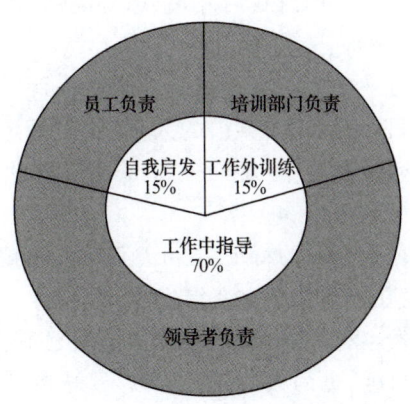

图5-3 培训下属的三种途径所占的比例

领导者如何培养下属,可参考表格5-1:

表 5-1　　　　　　　　　　培养下属的方法

工作中指导	工作外培训	自我启发
➢新员工培训 ➢主动关心 ➢善用工作中的指导方法 ➢善用各种时机实行教导	➢选择适合的教师人选 ➢培训前的面谈和重视 ➢培训中的支持与关注 ➢培训后的引导与协助	➢经验分享 ➢引导发展途径,给予必要支持 ➢以身作则,带动学习气氛

领导者工作中指导下属的时机包括安排工作时、平时工作中、下属汇报工作时、下属工作出错时、开会时和下属询问问题时等。

通过培养,下属可以达到以下基本要求:

- 自动自发的意识:能主动工作,乐于思考,不等不靠,积极规划后续工作。
- 独当一面的技能:能独立做事,带好小团队,敢于创新,妥善处理突发事件。
- 从团队精神角度遵守规则:能服从大局,协同合作,互信互助,自觉维护团队形象等。

2. 如何有效培养下属

培养下属的方式太多了,每个领导都有自己的一套做法,很难说哪种方法更好。对于领导来说,培养下属是一项极其重要的工作。正如杰克·韦尔奇的那句名言:"在你成为管理者之前,你成功的标准是使自己成功;在你成为管理者之后,你成功的标准是使别人成功。"下面的一些培养下属的做法,可以作为参考。

(1)营造学习的风气,培养下属自发学习的习惯

领导者对下属的培养和训练,目的在于让下属发展自己的才能,使所有的下属都具备向上心。换句话说,身为领导者,要在团队内部营造学习的风气,且须由领导者以身作则,做出良好的榜样,如此才能领导下属,形成良好的学习风气。反之,如果领导者本身不专注于工作和学习,而是一味贪图玩乐,妄图压榨下属以坐享其成,那下属必会群起效尤。

培养下属,重在自我启发。所谓自我启发,意思是说,下属为了提高个人的能力,自拟计划而实行,以便实现某个目标。

在学生时代,任何人都有一些擅长与不擅长的学科。例如,喜欢英语的人,总是自动购买英语参考书、听英语节目等;而讨厌英语的人,即使父母怎样激励,也是鼓不起劲来,对参加补习或是请家庭教师,都抱着"退避三舍"的态度。因此,英语成绩总是不与努力的程度成正比,让人常常为此大感头痛。

从这个体验不难知道,自我启发的特征,在于"学习意愿相当强烈"。同理,培养下属的根本,不在于领导督促,而在于下属的自我启发。

话是这么说,但自我启发也有缺点,那就是只学习自己感兴趣的事。另外,学习意愿的程度,以及借此想达成的目标,也因人而异。所以,领导者在平时就得对"某某员工希望做什么工作"之类的事,有详尽的了解,对下属的希望、能力、性格等做全盘的分析。然后告诉下属说:"你如果要做一直想做的某项业务,就得对目前所做工作中的一些部分,好好下功夫。"如此这般,在适当时机做这样的指导,就能让下属对工作产生兴趣,自动产生学习的意愿。

(2) 知人善用

将同一个人放在不同的位置上,他的成长可能有天壤之别。因此,若想要下属更快成长,首先就要做到知人善用。

- **用人优点**

管理大师彼得·德鲁克有一个思想是:去用人,别去改变人。每个人都有其不足,但同时每个人也都有自己的优点。在对下属的安排使用上,要尽量做到用其优点、避其缺点。

因此,每接触一位新下属时,都可以先花一段时间来观察他,根据他的特点,逐步调整能发挥其优点的任务给他,塑造他的优势能力。至于不足的地方,则尽量找团队其他同事来协作弥补。

- **给足压力**

领导培养下属的第一步,基本都是从工作能力入手的,下属只有把本职工作做得出色,才具有培养的基础。一个连自己的本职工作都做不好的下属,是不值得培养的,所以,提升下属的工作能力是首要的任务。

如何提升下属的工作能力呢?就是领导不断给员工工作压力,因为压力带来动力。如果想培养某位下属,请给他"足够"的压力,而不是适当的压力。只有对人才充分使用,才能激发人才的潜力,管人要严,用人要狠,同时,对人要好。当然了,任何事情都要把握一个度,"足够"的意识是要把培养对象区别于一般下属,但绝不是"超负荷"。

- **动态调整**

我们所处的环境是一直在变化中的,环境中的人也是一直在变化中的。今天适合做这件事的人,到了明天不一定依然合适。因此,我们要持续关注下属的各种变化。

如果员工的工作输出符合,甚至超出预期,就鼓励他去挑战更高的目标。如果离目标还有差距,就带他一起分析差距在哪里、要如何改进,并时刻关注改进成果。但假如发现无论怎样改进都无法达到预期,那就要果断换人了。因此,管理者只能用合适的人做合适的事情。

(3) 激发动机

将正确的人放在正确的事上,下属成长的方向就没有问题了,但还没到高枕无忧的时候。下属到底是抱着怎样的动机来做这件事的,决定了他成长速度的快与慢。

案例 5-3

激发工作动力

我从销售负责人转而接手一百多人的技术团队时,还没开展工作就碰到了很多阻碍。我新的五个直系下属,清一色都是技术出身的,他们听说是个不懂技术的领导来管理,私底下都非常质疑:"她都不懂技术,这往后可怎么带我们发展啊?"

说实话,本来业绩压力就重,再听到这些私下的抱怨后,我特别想打退堂鼓。但无奈临危受命,即使觉得艰辛,也必须迎头赶上。

我做的第一件事,就是找他们谈心。我分别找五位总监做一对一沟通,站在他们的角度去思考,关心他们未来1~3年有什么职业规划、现在的平台可以发挥他们哪些优势。

再分享我理解的公司战略目标,邀请他们一起来思考,我们每个人可以做什么,以及需要我提供什么帮助。

一轮沟通下来,他们的积极性就上来了,其中有位技术总监事后还悄悄跟我说:"以前跟领导都是谈技术如何发展,其实从没考虑个人目标和公司平台如何更好地结合。你这么一引导,我觉得我的工作也同时是为了自己的发展,聊完非常有动力。"

(资料来源:如何让下属更快成长? 澎湃新闻 2020-08-24)

带人如同轻握手中沙,如果只是一味强压,对下属抓得越紧,他们反而会离你越远。但如果从下属的角度出发思考问题,挖掘出"团队和个人""你和他"的共同目标,把他们当合作伙伴,他们有了为自己工作的意识,就会迸发出更大的热情,更加主动地去自我提升。

如何通过挖掘共同目标的方式,激发出下属的动机呢? 做到以下三步就可以了:

- 认真倾听下属的需求,寻求双方目标的契合点:从下属的需求里,挖出与团队目标一致的部分。
- 把你的目标转述成下属视角的具体目标:只有认可到工作目标是自己想要的,下属去做一件事的时候,才会更有动力。
- 基于相互认同的具体目标,确定好具体的工作任务:将目标落地为可执行的各项任务,这样就有了具体行动,而不会只是停留在纸面上。

(4)驱动成长

自我学习能力和自我管理能力强的下属基本就不用操心了,只要等着他们不断成长就可以了。但这样的优秀下属毕竟是少数,大多数下属还需要再推一把来驱动成长。

- 对自我管理能力不够强的下属要给压力

人都有停留在舒适区的本能倾向,因此,一旦发现下属已经胜任当前工作后,就要想办法逼着他们走出舒适区,在自己优势能力的基础上,进一步扩大能力边界。

一般的做法就是给下属设定更高的目标,让他们不得不去学习一些新知识、提升一些新技能。通过这种逼他们走入临近学习区的施压方式,下属一般都会有不错的持续成长。但与前面说的培养前途大、给"足够"压力不同,对这样的下属,不能给太大的压力。

- 对学习能力不够强的下属要给支持

乔布斯的领导风格是对下属极限施压,榨出下属自己都未意识到的潜力。但这种领导风格是有一个很重要的应用前提的:下属必须是学习能力超强的优秀人才,他们能够在压力下迸发出更强的创造力和执行力。

对全球 99.99% 的公司而言,都没有这样的团队。绝大多数团队都是由学习能力一般的普通人构成的,因此我们不能像乔布斯那样光提要求,而是要给他们提供方法、资源,甚至是手把手带一遍的示范。

案例 5-4

小李的经验

小李带团队拓展新业务那会儿,因为是新业务,公司也没什么商机提供,新来的几位销售和售前虽然干劲满满,但天天出去跑也都没成果。

一开始小李的方法是不断强化销售指标的考核,并发展到每天跟他们过一遍当日跟进的商机,但除了新人因压力大不断离职外,业务的拓展依然毫无进展。

没办法,他只能抛开其他所有事,自己上阵去找商机、谈客户、讲方案。在这个过程中,自己亲自带着销售、售前去拜访客户,听小李如何挖掘客户需求、观摩如何分析客户痛点、匹配方案,再让他们一步一步地参与过程中的客户沟通和方案制作等工作。

意想不到的事发生了,仅仅一个季度的时间,小李带领的 6 名销售和 2 名售前,不仅拿下了两个新行业,获得将近 1 000 万元的签单,而且之后他们 6 个人也能自己独立签单了。

(资料来源:如何让下属更快成长? 澎湃新闻 2020-08-24)

上面的案例就是不只提要求,还提供支持的作用。

(5)成功导向

• 给担责的事情,构建下属的成功导向

要想把下属培养成一个合格的人才,就要在他的头脑中种下成功导向的种子,因为成功导向强不强,直接决定着他的执行力和结果导向性强不强。一个人的结果导向、成功导向如果有问题,那么,他的执行力就一定有问题,而执行力有问题的人,是不值得培养的。所以,作为领导,可以有意识地让下属去独立负责一些事项,并告诉他拿成功的结果来说话。

大家现在认可的那些成功人生,都有一个思维习惯,不给失败找借口,只为成功想办法。这就是成功导向的直观体现。

当然,重视成功的结果并不是说要忽略过程,事实上,过程如果做得不对,结果肯定好不了。对于一般下属,领导要重点把控过程;对于重点培养的下属,还要强调结果,而且是成功的结果。作为未来的领导,成功导向一定要牢牢树立在心中。

• 给充分的机会锤炼下属的沟通能力

通常,工作中的大部分问题,都是沟通的问题,但凡出现工作失误,"沟通不到位"肯定是一个重要原因。职场的各级领导者,起着上传下达的重要作用,因此,对沟通能力有刚性要求,职位越高,对沟通能力的要求越高。所以,要想把下属培养成独当一面的人才,就必须重视对他沟通能力的培养,不管是开会还是做事,请有意识地创造机会,去锤炼他的沟通能力。

• 容忍犯错,给下属一定的成长过程

如果想让下属快速成长,就要将下属看成是一个不断进步的人,容忍他们成长中的错误,给试错的机会,这样他们的能力边界才会不断扩展。

• 给思考的空间,培养下属的格局意识

这一点看起来是务虚,实际上很重要。现在人们做事情,都习惯先讲大格局,其实就是指一个人的格局意识。这虽然很难用语言来表达清楚,但大概可以解释成站在更高的地方来看待眼前的事情,站在未来的角度来对待今天的工作,从而达到从整体上把握分寸的意思。这就是我们上一节讲过的战略思维习惯。

当一个人的格局意识足够高时,就不会犯致命的失误或者原则性错误。怎么做到这一点呢？当领导的要多给下属深度思考的空间。

身为领导者，我们最大的工作重点其实不是自己的能力和成长，而是团队的能力和成长。如果带的下属能够快速而且持续地成长，那么管理者的管理水平就一定不会差，并且这个管理者也会离"救火队长"的角色越来越远，越来越轻松。

所以，对于管理者来说，培养下属是职责所在，请把这件事重视起来，并当成自己的重要工作来做。

三、任务实现：讨论培养下属重要，还是发展业务重要

1. 任务描述

小张在公司业务发展需要扩张时，作为资深研发员工，刚转行当了两个月的销售后，立刻升级成了销售主管。

当他把销售线索分配出去以后，产生了很多问题，主要有团队成员能力不够、丢单严重、利益分配朝令夕改等，最后团队的氛围可想而知。

小张面临的问题包括：第一，是公司重结果，而培养下属周期过长，培养下属的过程中无人来完成眼下的销售业绩。第二，小张初上任时，发现在下属身上花费的时间永无止境，收效却微乎其微，有那时间，还不如自己去做。第三，除了时间精力的消耗外，还可能产生收益上的落差。第四，因为不知道如何培养下属，有疑虑或困惑。

2. 分组讨论

- 小张现在是培养下属重要，还是发展业务重要？
- 作为初任管理者，他该制订怎样的解决方案？

3. 课堂分享

各小组安排1人分享小组讨论结论，其他成员可以补充，也可以分享不同观点。

四、任务总结：领导要能与下属彼此成就

职场上有两类领导，一类领导喜欢成就自己，无限迎合上层的诉求，喜欢做样子给外边的人看；而另一类领导，专注于把握框架和方向，给予下属足够的信任，让下属有足够的权力去做事。

每一个公司，甚至每一个部门的文化都不一样，身为领导也应该自己去把握这个度，把事情做好，让上层领导开心，同时让下属得到成长。这是一件不容易的事，但从长期发展来看，能够充分放权，去培养下属，让自己的下属做出更漂亮的事，是最精明、最合算的一笔投入。

职场中最恰当的关系就是领导和下属之间共同进步，相辅相成，互相成就。

永远不必担心"教会徒弟，饿死师傅"。如果能培养出更出色的下属，说明管理能力也在众人之上。成就下属就是成就自己。如何培养出优秀的人？如何留住最优秀的人？这两件事才应该是重点研究的，而不是去担心别的无关紧要的事。

第三节　关注组织与平台建设

📙 任务：人人都来讲讲课

1. 任务描述
人人都尝试讲课。

2. 任务分析
组织建设、业务平台建设离不开每个员工的参与与贡献。而与每个员工成长息息相关的企业培训，更是需要每个员工既当学生又当培训师。

实现准备	课堂活动	活动一：内推为何大受欢迎？
	课堂讲解	组织建设和平台建设是每个员工的职责
实现参考	课堂活动	活动二：不可思议的每日内训
	课堂讲解	每个员工在培训中是学生也是老师
任务实现	课堂实训	实训课：人人都来讲讲课
任务总结	课后思考	力所能及关注组织与平台建设

一、实现准备：组织建设和平台建设是每个员工的职责

（一）活动一：内推为何大受欢迎？

1. 活动目的
了解人人参与招聘等组织建设工作的重要性。

2. 活动流程
（1）阅读材料

内推，简单解释就是企业内部员工以个人信誉作为担保帮忙推荐求职的一种方式。内推是企业招聘方式的一种扩展，期望员工能够将合适的人才推荐入企业。区别于传统人力资源部和猎头招聘，内推人员不是以招聘为主业，他们有着自己的日常工作要进行。

在中国大概有 38% 的招聘是由员工内部推荐完成的，在招聘渠道里排第二（图 5-4）。

而对于广大求职者而言，他们更多人倾向于找认识的人推荐，因为可获得的信息更充分，可信度更高。图 5-5 显示的是人们换工作时获取职位信息的首要途径。

所以，从招聘市场角度、人才求职角度来看，无论是企业还是人们求职都以员工内部推荐的招聘方式为主。

（2）快速讨论
- 内推成了人员招聘和应聘的主要方式，你分析其中的原因是什么？
- 你得到了什么启发呢？你还认为招聘工作仅仅是人力资源部或 HR 的事情吗？

（二）组织建设和平台建设是每个员工的职责
华为创始人说过："人是企业的财富，技术是企业的财富，市场资源是企业的财富……而最大的财富是对人的能力的管理，这才是真正的财富。"

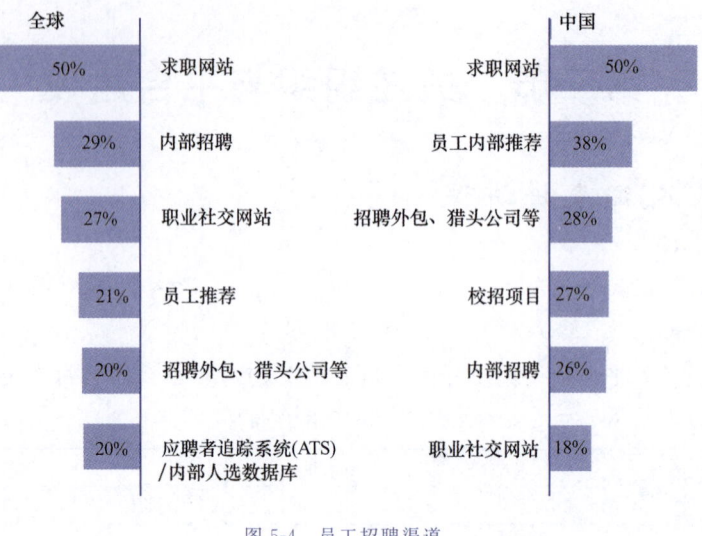

全球		中国	
50%	求职网站	求职网站	50%
29%	内部招聘	员工内部推荐	38%
27%	职业社交网站	招聘外包、猎头公司等	28%
21%	员工推荐	校招项目	27%
20%	招聘外包、猎头公司等	内部招聘	26%
20%	应聘者追踪系统(ATS)/内部人选数据库	职业社交网站	18%

图 5-4 员工招聘渠道

认识的公司员工	22%
人力资源公司或猎头公司	19%
第三方网站或求职网站	18%

图 5-5 换工作时获取职位信息的首要途径

提到管理,多数人想到的是领导者、上司或者是老板,想到的是地位与层级的区分,想到的是上级人员对下层人员的控制与领导。

但企业里的每个人都在发挥自己的主观能动性,都在管理和控制好自身所从事的工作,这样才能确保企业成为一个富有纪律、富有责任感并且富有活力的组织。

在企业中,如何让员工有自己既是工作者又是管理者的意识,这对于企业的长远发展是至关重要的。

1.组织建设和组织能力发展是每个员工的职责

组织的定义有狭义和广义之分,这里组织的含义是指狭义的解释,即人们为实现一定的目标,互相协作结合而成的集体或团体。

从组织的定义可以看出,组织是人的集合,为某一目标而存在,组织的运行依靠人的分工和协作。

组织建设包括组织发展、组织能力建设等,这些工作并不是人力资源部或主管等个别人的事情,是团队每个员工都要关注和出力的工作。

(1)人人参与组织发展工作

组织发展工作的重要内容之一是招聘工作。对于任何一家公司来说,招聘员工都是很重要的工作,要招聘到适合自己公司的员工,员工的思想和发展方向要与公司的发展方向一致,如果员工的发展理念和公司是背道而驰的,那么这个员工对于公司来说是没有任何作用的,甚至还会阻碍公司的发展。同时,随着的公司业务的发展,组织建设规模的需求也水涨船高。

所以，招聘初期，人力资源部可以配合用人部门领导搞清楚该岗位到底需要哪方面的专业技能，有针对性地招人。之后，为了公司和部门业务的发展，还会用到的一种招聘方式就是全员招聘。

通常，招聘往往会被认为是人力资源部的事，公司其他人都不会参与进来，人力资源部也很少在公司说明公司正在招什么岗位，这就导致即使其他员工有合适的人员推荐，却因为不知道公司是否在招聘而错过。所以，我们每个员工都要关注并投入到人员招聘工作中。

(2) 组织能力发展需要全体员工投入

组织能力是建立能够快速应对外在环境改变的团队战斗力，它指的是团队的整体能力，不是个人能力。

组织能力有几个含义：

• 组织能力是团队整体的战斗力。真正的组织能力深植于组织内部而非个人，具有可持续性；能够为客户创造价值，并得到客户认可；明显超越竞争对手。

• 组织能力不是集中在几个人或几个部门内部，它必须是全员行动，是整个组织所具备的能力。而且，评价公司组织能力比较客观的裁判是客户，而不是管理团队自身。

• 组织能力要聚焦、清晰。优秀的公司往往在两三个方面展示众所周知的组织能力。如果什么都做，反而无法集中资源建立优势，容易变成四不像，样样都不专不精。

组织能力的打造和调整需要的时间长，涵盖的人数多，这也造成了组织能力成为约束企业成功的更大瓶颈。当企业快速成长时，需要加强组织能力的打造，当企业外部环境变化时，需要重视组织能力的再造，而再造的难度高于打造。

企业组织能力的发展之所以特别难，首先在于这件事从上到下地推动格外艰难。业务增长时最适合做组织建设。在企业内，组织建设永远是动态的，就如流动的水。并且它是螺旋式上升的，干完一个螺旋接着干第二个、第三个，永远是需要往上走的。

如果 CEO 不能亲自带队，不能带动全员参与，企业的组织建设不可能持续地向前推进。没有组织能力，企业也无法生长出真正的"第二曲线"。

组织能力实则是组织中人群的能力，所以企业组织能力建设主要围绕员工展开，包括员工能力、员工意识、员工治理。员工能力指员工是否具备完成工作任务的能力；员工意识指员工是否有意愿为完成企业战略目标努力工作；员工治理指企业能否为员工提供充分发挥才能的环境。

当确认企业的组织能力后，就面临如何打造组织能力的问题。这里的员工不仅仅是指基层员工，而是企业所有员工，特别是中高层主管。

• **员工能力**

员工有没有配备相应的知识、技能、素质。比如希望打造一个有创新精神的团队，除了专业知识外，还要看团队里的员工是否有好奇心、是否敢于挑战权威、是否有开放性思维。

• **员工意识**

员工每天上班，他们最关心的、最重视的东西，是不是和企业追求的目标匹配。比如，海底捞公司的员工上班时，会特别关注顾客的一举一动，挖空心思想着怎么提供卓越的服务体验,这与海底捞的组织能力——超出期待的服务就非常契合。

核心价值观是打造员工思维的第一步,但不要仅仅停留在口号和标语层面。很多企业会把客户第一作为核心价值观,但员工在做事的时候,脑子里优先考虑的是领导会怎么想,而不是客户导向思考,这样的"员工意识"就没法支撑起企业希望打造的组织能力。

• **员工治理**

员工治理是指公司给员工提供了什么管理的资源和支持,分为三种:

➢ 有没有给员工足够的权责

比如,要求员工创新,那有没有给员工足够的空间让他们可以放手去试错?权责往往是与整个组织架构、组织模式相关的,包括授权程度、组织架构,都会影响到员工权责。

➢ 管理资源就是流程

不管是创新也好,服务也好,都不是一个部门能搞得定的,需要其他部门的通力合作。管理资源就是不同部门合作的这个流程能不能简化、标准化、闭环。

➢ 管理资源是信息

组织内部信息的流动,决定了员工的绩效,是很关键的管理资源。企业中跨部门的协作,往往会有很大的问题。员工治理最主要解决的就是组织内部的运作顺不顺畅,容不容易相互协作,还是说有很多内耗。

组织能力的这三个支柱,是解决打造组织能力的三个问题:团队会不会做?团队愿不愿意做?你容不容许他做?三个支柱需要互相平衡,不能顾此失彼,任何一个欠缺了,组织能力都构建不起来。而且三个支柱要共同聚焦,这样才能形成合力。

组织建设是最高管理者领导下的全员工程,涉及每个员工,尤其是各级管理者。在实施这个工程中,从上到下所有管理者都面临着意识和能力的转变。

组织能力建设意味着从上到下的每个人形成全新的能力,为公司的战略方向服务。"员工治理""员工意识""员工能力"要体现在各层经理对自己直接下属的日常行为调整上。既要各级管理者理解需要什么新技能,还要管理者把一系列的行为传递给员工队伍。

在企业中,管理层对员工的态度决定着企业能否有效提升组织能力。如果一个企业视员工为成本,预示着企业将不会在员工身上增加过多的投入,员工自然不会对企业产生强烈的责任感、归属感,这势必导致员工忠诚度大大降低;但是,如果一个企业视员工为稀缺资源,管理层就会付出大量心血在员工的培养和治理上,重视员工价值实现,为员工打造发展路径,满足员工内外需求,而员工必然会毫无顾忌地将全部精力投入企业,心甘情愿为企业发光发热,员工的忠诚度将出现大幅提升。比如良将如云的阿里巴巴、华为等大企业,它们的成功离不开优秀人才的贡献。所以组织能力建设应将重心放到员工身上,视员工为能够给企业带来效益的稀缺资源,并形成一种文化共识,在这种共识下才能更有效地开展组织能力建设。

2. 平台建设需要每个员工做贡献

"平台"的概念很广,这里指所在企业或部门的业务管理体系和培训平台。

如果一个组织没有完善的业务流程管理体系和培训平台,业务运作起来就不会有秩序感,同时也很难鼓励自己的员工努力工作,快速成长。

（1）关注业务流程管理体系建设
- 业务流程管理的概念

业务流程管理是一种以规范化构造端到端的卓越业务流程为中心，以持续地提高组织业务绩效为目的的系统化方法。

- 业务流程管理的优势

➢ 固化企业流程

只要不是单个人独立完成全部工作的个人作坊，企业从诞生起，就存在流程，并且随着企业的不断成长，其流程会越来越多，越来越复杂。几乎每个企业都针对各类业务流程和事务流程有一套规章制度，随着管理的细化和规范化，企业的规章制度越来越多，执行这些规章制度的人就会越来越坠入谜团中。可想而知，这些影响着企业生命的核心流程的执行效果会怎样了。

有些企业已经认识到了这点，甚至花巨资请专业的咨询公司来重新肃清流程、规划流程，但很多企业由于人的原因，如碍于情面、越级审批、不照章办事等，而造成应用的失败。

企业业务流程管理系统就能在应用的初期阶段达到这样的首要应用目标，通过系统固化流程，把企业的关键流程导入系统，由系统定义流程的流转规则，并且可以由系统记录及控制工作时间，满足企业的管理需求及服务质量的要求，真正达到规范化管理的实质操作阶段。

➢ 流程自动化

有人做过一个行为分析，发现一个流程的处理时间中 90% 是停滞时间，真正有效的处理时间很短。并且在流程处理过程中需要人员去用"腿"、用"电话"等其他手段去推进，不仅耗时耗力，而且效果差，时时有跟单失踪或石沉大海的情况发生。业务流程管理系统利用现有的成熟技术、计算机的良好特性，可以很好地完成企业对这方面的需求。信息只有唯一录入口，系统按照企业需要定义流转规则，流程自动流转，成为企业业务流程处理的一个"不知疲倦"的帮手。

➢ 实现团队合作

传统的职能式企业组织架构，自有它的应用范围和优势，但我们发现企业的很多流程不仅仅靠一个部门来完成，更多的是企业部门间的协同合作，特别是有些企业还存在着跨地域的合作，如采购流程，它涉及生产部门、采购部门、库管部门、财务部门、商务部门、合同签署中的法律部门以及企业的高层管理部门。如果我们还以传统的职能部门的思维考虑流程，就可能只注重部门利益而忽视企业利益、重视部门上司的感觉而忽视实效，并且还容易导致出现部门之间权责不清的灰色地带。而作为企业的业务流程存在着各业务部门的天然联系，其流畅的业务处理是需要各部门以企业的利益为最高利益，协同工作的。

业务流程管理系统以流程处理为导向，自动地串起各部门，即利用先进的互联网技术串起各地域，达到业务流程良好完成的目的，并且企业的很多高管人员的意识已远远超出一套业务流程管理系统，更多地希望凭借这样的系统，形成企业协同工作的团队意识，配合建设自己的企业文化。

> 节省时间、金钱

业务流程管理是提供业务流程建模、自动化、管理与优化的准则与方法。一个成功的业务流程管理方案包括正确的商业运作流程和技术的组合,可以大幅缩短流程周期(有时高达90%)和降低成本,这种效果在跨部门、跨系统和用户的流程中尤为突出。从技术的角度看,一个独立的业务流程管理系统能够轻易地与现有的应用软件,如客户关系管理(CRM)、企业资源计划(ERP)和企业内容管理(ECM)等相集成,而无须重新设计整个系统。

> 改善工作质量

除了前面所说的优点外,实施业务流程管理的企业也发现了其他几项关键优点:

可以大幅降低甚至消除造成企业损失的错误。如丢失表格和文件或错误存档、遗漏重要信息或必要审查环节。

显著改善流程的可视化程度。所有参与流程者不仅被授权了解自己在流程中的角色,而且确切地了解流程在任何时候的状态。

有了可视化,也就明确了职责。所有人都完全清楚地知道什么时候应当完成哪些工作,不再有借口造成延误、误会或疏忽。

可提高一致性。公司内部和外部各方对工作都有明确的期望。结果使得员工、客户和合作伙伴都有了更高的满意度和向心力。

> 优化流程

流程在制定出来以后,没有人能保证这样的流程就是合理、科学、有效的,即使是当时合理、科学、有效的系统,由于市场环境的变化,组织结构随之变化,营销服务策略随之变化,也很难继续保持优势。

一套好的业务流程管理系统不仅可以具备以上的诸多好处,而且随着流程的执行流转,系统能够以数据、直观的图形报表报告哪些流程制定得好,哪些流程需要改善,以便提供给决策者科学、合理决策的依据,而不是单靠经验,从而达到不断优化的目的,呈螺旋式上升的趋势。

- 业务部门员工积极参与企业流程管理体系建设与完善

企业流程制度建设是流程部门和业务部门共同的工作职责,而不仅仅是流程管理部门的事情。流程管理部门在流程建设中更多是组织和管理工作,由这个部门来组织业务部门进行流程建设。

而一些人错误地认为流程建设就是流程部门的事情,与业务部门无关。流程管理部门把流程建立好了,业务部门来执行就可以了。这种建立流程的方式会导致以下结果出现:

> 编写的流程、模板、制度与公司的业务工作相距太远,可执行性差。

> 由于业务部门没有参与流程制度制订,在执行时抵触情绪较大。

> 由于业务部门没有参与流程制度建设过程,给流程培训带来较大压力。

所以,对于企业的流程管理体系,我们每个人都要积极参与建设,并在使用中提出改进建议。而具体到各部门的业务,公司的流程管理体系不一定能覆盖所有的业务,在工作中,我们可能要直接负责部分业务流程的编写或完善,为部门业务的规范运作做出贡献。

（2）业务和培训平台需要你的贡献

"物质资源终会枯竭,唯有文化生生不息",华为的《致新员工书》中这样的一句话被广为流传。赚钱是企业生存和发展的基础,不是企业生存和发展的目标。对于企业来说,企业文化是企业最根本层面的东西,是企业的基因,是企业的种子,它不但决定了一个企业的根基命脉,更左右了企业的发展格局。

企业管理就像一座冰山,70%在水下,30%在水上。对于企业而言,在水面上的部分是规章制度;而真正能让冰山长期漂浮在水中的是70%,就是文化。

企业要想爬得高、走得远,要想实现不断发展壮大,就一定要有远大的使命追求,让企业核心骨干对未来有统一的愿景,有统一的价值观,让核心骨干具有企业家一样的远大追求,将企业从利益共同体上升到命运共同体的高度,这是企业文化的力量,对企业来说是更为持久的发展动力。世界最长寿企业日本金刚组,之所以能够存活上千年,与其在成立之初就确立了为日本建造最好的寺庙建筑的使命密不可分,可以说正是文化的力量让日本金刚组历经千年而不倒。

其实,这里的"文化"不仅指企业文化,还包括企业的"软"实力,包括业务管理体系、业务支撑体系、产品软件平台、产品资料和员工培训平台等。企业可能垮掉,但有了"文化",可以在一定条件下东山再起、重新振兴起来。

- 如何为企业的流程管理系统、业务支撑体系优化和发展做贡献

企业老板经常环顾员工下班后空荡荡的办公室,问自己的企业还剩下什么,还值多少钱。而业务流程管理系统、业务支撑体系通过固化流程,让那些随着流程流动的知识固化在企业里,并且可以随着流程的不断执行和优化,形成企业自己的知识库,且这样的知识库越来越全面和深入,让企业向"有生命、会呼吸"的知识型和学习型企业转变。

一个新进入公司的员工能够通过企业业务流程管理系统很快地熟悉企业及企业的业务处理,并且可以通过流程固化形成的知识库不断充实自己及提高处理流程的难度和水平。

对于企业的流程管理系统、业务支撑体系,作为员工要积极提出完善建议,所谓"小建议,大鼓励"就体现在这些细节的地方。

- 企业所有的公司资料和产品资料,你既是使用者,也是修订者

公司的流程管理系统、业务支撑体系等只是平台,而里面的内容才是重点,可能是各种管理资料,如研发管理资料、市场营销管理资料、售后服务管理资料等,也可能是产品研发资料,如产品代码、市场接口资料、产品介绍等,或者是市场营销资料,包括公司介绍、解决方案和产品资料,或者是售后服务资料等。

公司员工作为这些资料的使用者,要实时对资料进行修改和完善,保证更好地服务于公司客户;对于公司新产品,骨干员工要承担资料的开发等工作。这些资料也是公司文化的一部分,每个员工既要传承,也要发扬光大。

- 企业的培训体系和培训资料,更与员工的工作和成长息息相关

公司有健全的培养体系,而作为部门领导,可以摸索出一套适合部门员工的培养体系,比如针对入职新人的培训、对承担某些特殊任务的人的培训、技能进阶培训等,并让团队中的优秀成员一起参与培训体系的构建。

一个团队要进步,要持续发展,就需要培养下属,而培养下属是要花去领导很大的精

力的。如果构建出这样的体系,就不存在谁该培养,谁不该培养了,而是将每个人都纳入培训的系统。这个培训是普遍性的,以至于每个人都能掌握该部门相关岗位所需的所有技能,每个人都可以被本团队其他成员替代,在培养程度上,理想的状态是每个人一旦跳出公司都被社会高度认可。

同样,丰富而质量良好的培训资料才是最重要的"文化"资源,部门员工都要负责这些资料的编写、使用和更新。

另外,培训工作是要实实在在开展起来的,比如周末开展各种培训,员工可以挑选,参加任何感兴趣的培训,并不一定与自己的业务相关,但是培训时间累积要有硬性要求,也就是说,员工自我能力的培养是组织赋予他的权利和义务。

- 学习是自己的事情,你可以不参加培训,但组织保留对不合格员工淘汰的权利

我们都知道,学习是自己的事情,受益的也是自己。但还是有很多人总喜欢向别人进行说教,对别人进行规劝,事情到了自己头上时,就只说不做了。这是因为他们缺乏自主学习的意识,可恰恰就是自主学习能力,是我们想要学有所成必不可少的。

现代的社会,每个人都要做好终身学习的准备。为了不让自己被时代所抛弃,这也是一个人必须具备的基本素质。我们的学习是否具有竞争力,是否适应时代的发展,就决定了我们在工作上是否可以得心应手、游刃有余。通过学习,完成自我突破,就意味着我们得到了成长。

有的人通过自己的不断努力学习,改变了现状,达到了自己的目标,而有的人不学习,继续浑浑噩噩、混日子。为此,我们必须学习,必须进行自主地学习,利用一切机会和时间,丰富自己的知识,充实自己的头脑。学习过程是艰苦的,是考验意志和品格的。古今中外,凡有所成者,无不是脚踏实地、坚持学习的人。想要有所成就,必须要具备自主学习的素质。

同时,每一个成功的组织或企业,都十分重视员工培训。但很多公司的员工在培训中出现了热情不高、积极性锐减的现象。为此,应该强调学习始终是自己的事情,你可以不参加培训,但任何组织始终也保留对工作不胜任员工进行淘汰的权利!

二、实现参考:每个员工在培训中是学生也是老师

(一)活动二:不可思议的每日内训

1. 活动目的

认识到每个员工都是培训中的学生也是老师,更是丰富培训平台内容的贡献者,当然也是受益者。

2. 活动流程

(1)阅读案例

案例 5-5

不可思议的每日内训

每日培训制度成了员工发展的加速器。员工通过不断学习、做讲师,个人水平得到全

面提高。每日培训同时也使广州华微明天软件技术有限公司（以下简称"华微软件"）的团队具备了很多特征：目标明确，沟通高效准确，知识共享，互相支持，共同进步。

每天下班前的最后一个小时，即从17:30到18:30这段时间，都要用来对员工进行培训，这种做法乍听起来令人难以置信，然而，华微软件却已经坚持了四年，从未间断。"每日培训"给华微带来了不可估量的价值，塑造了很多技术高手、管理高手、金牌讲师，为其"质量第一，技术领先"的商业目标提供了强劲的后援。

- 丰富的课程来源

华微软件每日培训的课程种类非常丰富，有开发技术、项目管理、部门管理、商务、工具应用、团队建设、设计模式、分析模式、经验介绍、重用组件代码介绍等。华微软件根据不同时期的发展需要，制定当前的培训方向，安排培训课程。比如，如果华微软件正迈向CMMI5，培训方向就会向"过程改进"倾斜；如果近期发现员工对某项技术不够熟悉，影响了工作效率，就会安排该方面的技术培训。

按每月22个工作日计算，华微软件每月要进行22次培训，如此多的课程，都是由谁提供的呢？在华微软件，几乎所有的部门都承担着课程开发的任务。

➢ 研究部：主要提供新技术、重用组件、重用代码方面的课程。
➢ 质量保证部：根据当前事业部存在的质量问题，提供质量改进方面的课程。
➢ 电力行业部：提供电力方面的项目在管理和技术方面的课程。
➢ 交通行业部：提供交通方面的项目在管理和技术方面的课程。
➢ 政府采购部：提供政府采购项目在管理和技术方面的课程。
➢ IT基础架构部：提供IT基础架构方面的管理和技术课程。
➢ SEPG：提供过程改进相关的课程。

- 严谨的纪律和激励办法

为保证每个部门能"自觉"地提供课程，员工们能自觉参加并积极配合，华微软件制定了一套行之有效的个人绩效考核办法、培训制度以及激励办法。

华微软件实行目标考核制度，每月考核一次，由上级考核下级，考核的依据就是当月设定的工作目标的完成情况。针对部门经理的其中一项考核就是提供一定数量的培训课程。部门经理会把针对他的考核任务传递给部门员工，由员工提供培训课程，这样公司的培训目标就会逐层传递给每位员工。

华微有严谨的培训制度，详细规定了培训的各个方面，如课题收集、课程准备、讲课注意事项、课堂纪律、考试制度、讲课效果评估办法等。培训迟到就有明确的定义：进入培训室门口的时间，如果等于或者超过5:30，则为迟到，迟到的学员就要捐款5元作为活动经费，培训室门口就放着捐款箱。

如果培训结束后"忘记"对课程进行打分，要接受另外一种"惩罚"：忘记打分者的名字会在事业部主页上公示一天。所有讲课的讲师都有奖励，每月根据各课程得分进行排名，根据不同的排名给予不同等级的奖金。同时，公布各部门课程的提供情况，提供课程数量最多、得分最高的部门也予以公布。

- 学习效果与讲师评估

华微不要求全部员工参加全部的课程，员工只需要参加对他的工作有用或者感兴趣的课程。每次课程都会明确规定目标听众,目标听众必须参加当次课程,并接受考试。考试是评估学生学习效果的重要方法。华微有严密的培训考试制度,考试的题目由讲师提供,考试办法有以下三类:

系列课程的考试:系列课程是指需要多次课才能完成的课程,系列课程的考试一般会在最后一次课程结束后数天内安排进行。

当次培训立刻进行的考试:有的课程只讲某个知识点,一次课程便可完成,这时可以安排当场考试。

每月大考:每月最后一个工作日,会针对没有进行过考试的课程统一考试。

所有考试的成绩全部公布,通过考试可以督促员工认真听课并在课后认真复习。讲师可以根据考试分数情况,掌握学生的学习效果,为以后讲课提供依据。

讲师的授课水平直接影响学员的学习效果,华微软件通过对讲师评分来评估讲课的水平,评分分为"群众评分"与"专家评分",各占30%和70%的比例。"群众"为参加培训的学员,他们对"课程准备""讲课情况""内容收获"三方面进行评分。"专家"是在公司中对某个领域比较熟悉,能客观评价课程效果的人员,专家从员工中挑选,资料通过专家库来管理。专家库记录了专家的名单,并且详细说明每位专家适合对哪类课程进行专家评分。每次从专家库中挑选至少三位专家对课程进行评分。专家评分的标准更为严密,评分的大致标准有:讲课目标的有用程度、讲课目标的实现程度、讲课节奏控制、学生积极性调动。专家还会根据讲师讲课存在的问题,提出改进的意见。

通过效果评估,每月得分最高的讲师就成为当月的"金牌讲师"。金牌讲师的名字以及相片,除了在培训网站公布以外,同时也在公司展示室的"金牌讲师牌匾"上展示出来。

- **强有力的培训管理平台**

Share Point是华微重要的办公平台。华微软件通过Share Point建立的"培训网站",则是培训的重要工作平台。

进入培训网站的首页,就会看到"今天的培训课程",进入"课程表"可以看到以前的所有课程,以及即将进行的课程。培训网站是一个巨大的知识库,课程的讲义以及示范代码等培训资料可以在相应的课程找到。培训网站还可查阅到全部课程的评分情况、考试成绩等,另外全部员工都可以在培训网站提交"讲课申请",审批通过后的课程,会出现在"课程表"中。

公司没有独立的部门来专门负责培训,华微认为培训是全体员工的事情,每个人都是讲师,每个人也都是学生,每个部门都需要提供课程,人人都是"培训部"的成员。华微专门设有一名总经理助理,总体协调培训的各个方面,保证培训体制的正常运作。"每日培训"得以顺利实施离不开以下三个方面的支持:

高层领导坚决支持:开始实施每日培训的时候,高层"身先士卒",带头承担了大部分的课程,带动公司的学习高潮。

由点到面的讲师发展策略:刚开始能胜任讲师工作的员工不多,挑选知识比较全面、表达能力比较好的员工担当讲师,加以指导与训练,将他们培养成首批成熟的讲师。然后,再通过他们以点带面,吸引更多的员工担任讲师,逐渐发展成"全员皆讲师"的局面。

讲课题材的选择:经历了"自底而上收集"到"商业目标驱动"的过程。华微最初的课程题材都是对员工进行调查收集的,都是大家感兴趣的。后来,公司意识到学习要能对工作有用,为公司带来商业价值,讲课题材的产生慢慢转向"商业目标驱动"。华微每年都会规划本年度的发展方案,对培训提出要求,根据培训的要求再分解成一个个的课题,再做出相应的讲课申请。

每日培训制度成了员工发展的加速器。员工通过不断学习、做讲师,个人水平得到全面提高。每日培训同时也使华微的团队具备了很多特征:目标明确、沟通高效准确、知识共享、互相支持、共同进步。很多项目经理、部门经理的领导能力得到了锻炼,成了华微的中坚力量。

（资料来源:根据网络信息整理）

(2)快速思考、讨论
- 案例中的内部培训方式,你认可吗?你有什么好的学习培训建议?
- 对于员工个人成长,当培训老师是不是更好的自我学习、提升方式?

(二)每个员工在培训中是学生也是老师

1.员工培训的意义

目前在激烈的市场竞争条件下,一个企业要想有长足的发展,就必须有人才、技术、信息、资源做支撑,其中人才素质对企业发展发挥着不可估量的作用。在面临全球化、高质量、高效率的工作系统挑战中,培训显得更为重要。

培训使员工的知识、技能与态度明显地提高与改善,由此提高企业效益,获得竞争优势。具体体现在以下方面:

(1)培训能提高员工的工作能力

员工培训的直接目的就是发展员工的职业能力,使其更好地胜任现在的日常工作及未来的工作任务。在能力培训方面,传统的培训重点一般放在基本技能与高级技能两个层次上,但是未来的工作需要员工具备更广博的知识,需要培养员工学会知识共享,创造性地运用知识来调整产品或服务的能力。

同时,培训使员工的工作能力提高,为取得良好的工作绩效提供了可能,也为员工提供更多晋升和提高收入的机会。

(2)培训有利于企业获得竞争优势

面对激烈的国际竞争,一方面,企业需要越来越多的复合型经营人才,为进军世界市场打好人才基础;另一方面,员工培训可提高企业新产品研究开发能力,以获得竞争优势,这已是不争的事实。尤其是人类社会步入以知识经济资源和信息资源为重要依托的新时代,智力资本已成为获取生产力、竞争力和经济成就的关键因素。

企业的竞争不再依靠自然资源、廉价的劳动力、精良的机器和雄厚的财力,而主要依靠知识密集型的人力资本。员工培训是创造智力资本的途径。智力资本包括基本技能(完成本职工作的技术)、高级技能(如怎样运用科技与其他员工共享信息、对客户和生产系统了解)以及自我激发创造力。

一项研究资料表明,企业技术创新的最佳投资比例是5:5,即"人本资源"投资和硬件投资各占50%。人本为主的软技术投资,作用于机械设备的硬技术投资后,产出的效益成倍增加。在同样的设备条件下,增加"人本资源"投资,可达到1:8的投入产出比。

发达国家在推进技术创新时,不但注意引进、更新、改造机械设备等方面的硬件投入,而且更注重以提高人的素质为主要目标的软技术投入。

因此,这要求建立一种新的适合未来发展与竞争的培训观念,提高企业员工的整体素质。

(3)培训有利于改善企业的工作质量

工作质量包括生产过程质量、产品质量与客户服务质量等。毫无疑问,培训使员工素质、职业能力提高并增强,将直接提高和改善企业工作质量。

培训能改进员工的工作表现,提升效率,培训可增加员工的安全操作知识,提高员工的劳动技能水平,增强员工的岗位意识,增加员工的责任感,规范生产安全规程,提高管理者的管理水平。

因此,企业应加强对员工敬业精神、安全意识和知识的培训。

(4)培训能增强员工对企业的归属感和主人翁责任感

就企业而言,对员工培训得越充分,对员工越具有吸引力,越能发挥人力资源的高增值性,从而为企业创造更多的效益。

有资料显示,某公司对深圳270名员工中的100名进行一次调查,这些人几乎全部参加过培训。其中80%的员工对自己从事的工作表示满意,87%的员工愿意继续留在公司工作。

培训不仅提高了职工的技能,而且提高了职工对自身价值的认识,对工作目标有了更好的理解。

(5)培训可以满足员工实现自我价值的需要

在现代企业中,不少员工的工作目的是满足高级需求——自我价值实现。

培训不断教给员工新的知识与技能,使其能适应或接受具有挑战性的工作与任务,实现自我成长和自我价值,这不仅使员工在物质上得到满足,而且使员工得到精神上的成就感。

(6)培训有利于高效工作绩效系统的构建

在21世纪,科学技术的发展导致员工技能和工作角色的变化,企业需要对组织结构进行重新设计(如工作团队的建立)。

今天的员工已不是简单接受工作任务、提供辅助性工作,而是参与提高产品与服务质量的团队活动。在团队工作系统中,员工扮演许多管理性质的工作角色。他们不仅具备运用新技术获得提高客户服务与产品质量的信息、与其他员工共享信息的能力;还具备人际交往技能和解决问题的能力、集体活动能力、沟通协调能力等。

总之,培训可以让员工自强,可以让企业的血液不断得到更新,让企业永远保持旺盛的活力,永远具有竞争力,这就是企业进行培训的最大意义。

2. 员工培训的基本内容

(1)企业文化讲解

让员工了解本企业的发展战略、企业愿景、规章制度、企业文化、市场前景及竞争;员工的岗位职责及本职工作基础知识和技能；如何节约成本，控制支出，提高效益；如何处理工作中发生的问题。

(2) 企业工作流程演示

要在新员工培训中对企业工作流程进行讲解，特别是员工日常工作过程中需要知道的流程，为员工营造良好工作环境打下基础。

(3) 安全生产教育

无论哪类企业，安全教育都相当重要。企业应根据自身特点编制培训内容和选择培训方式。

(4) 技能、技巧培训

技能是指为满足工作需要必备的能力，而技巧是要通过不断练习才能得到的，熟能生巧。

企业高层干部必须具备的技能是战略目标的制定与实施，领导力方面的训练；企业中层干部的管理技能是目标管理、时间管理、有效沟通、计划实施、团队合作、品质管理、营销管理等，也就是执行力的训练；基层员工是按计划、按流程、按标准操作实施，完成任务必备能力的训练。

(5) 工作态度培训

态度决定一切！没有良好的态度，即使能力好也没有用。员工的态度决定其敬业精神、团队合作、人际关系和个人职业生涯发展，也关乎能不能建立正确的人生观和价值观，塑造职业化精神。员工工作态度的培训是企业常常忽略的一项。

3. 传统企业内部培训方式的不足

对个人来讲，学历代表过去，能力代表现在，学习力才代表未来。对企业更是如此，打造学习型的组织、学习型的团队成为很多企业的口头禅。大多数企业，特别是中小企业，搞学习型组织，刮一阵风，雷声大、雨点小，最后，不了了之。这些企业的做法之所以不成功，是因为没有建立团队学习的长效解决机制。

一般情况下，企业打造学习型团队常用两个手段，其中存在明显的不足之处：

- **企业高层培训员工**

企业的高层认为，定期对员工进行单项培训，就是打造学习型团队。这种方法是打造学习型团队的一个方法，但这种方法是有缺陷的，因为企业高层对员工的单方面"填鸭式"培训，效果并不理想，由于存在上下级的关系，员工对高层培训的内容，很少提出质疑，也不能产生良好的互动，导致培训效果大打折扣。

- **外聘培训师培训员工**

这也是很多企业经常使用的方法。这种通用的做法，对企业打造学习型团队的帮助也非常有限。大部分外聘培训师，只能做为期几天的短期培训，培训师对企业的了解只是浮光掠影，不可能很深入。所以，培训的内容通用性多，专用性少，不可能为企业量身定制。员工的接受程度很可能是当时不错，培训完又把所学内容大部分还给了培训师。企业可能花费不菲，但效果往往平平。

4. 员工在培训中的角色

企业的管理者在打造学习型组织和团队的时候，要挖掘自己公司内部、自己部门身边员工的"宝藏"，相信对企业的每个员工都会有所裨益。内部培训是员工学习、内部沟通和分享交流的平台。在这个平台上，员工从学生变成了老师，从配角变成了主角。

这样一来，每个员工既是学生也是老师，其优点是显而易见的。一是员工作为培训老师是主角，充分调动了每位员工的积极性，使员工有更强的主动参与意识，变"要我学"为"我要学"；二是能营造团队内部非常强烈的学习气氛和学习环境，对员工施加良性的学习压力。员工作为老师准备教学材料，会对自己负责的工作领域掌握得更深，作为学生也会对其他同事讲的内容学得更深。

其实，企业的每个员工在工作过程中，都无形中扮演着老师的角色：

- **销售人员是培训师**

销售人员拜访客户、网络营销或会议营销，都是与客户进行培训的过程，让客户卸下防备，建立信任，并最终以购买的行为表示对培训的认可。这个培训从开始说的第一句话，到后续和客户成为朋友，让客户贯彻始终，身临其境，仿佛置身销售人员所主讲的培训课程当中。

- **文职人员是培训师**

文职中，以人力资源、培训部、行政办公室人员为主，他们要组织员工招聘，会举办招聘宣讲会；员工入职了，他们要组织并主讲新员工培训；公司举办各大活动，尤其是年会，他们要全程安排，并运用一些方法和技巧，让员工在年会上更加信任公司，找到更多的归属感。

- **技术人员是培训师**

技术人员（从美工，程序员的角度思考）虽然面对的是电脑，很少跟人打交道，但是优秀的技术人员，要从客户的角度思考，从心理学的专业出发，让自己设计的图片、程序符合客户的期望，让客户拥有良好的体验。这整个过程，也是课程开发的过程。并且有些公司，当美工和程序员设计出来成品，还需要做产品演示、成果汇报，让领导和客户更好地了解他们的作品。

- **管理者是培训师**

管理者都有下属，都要开部门会议，都要带团队，与团队沟通的过程中，一对一的谈话是私人定制的培训；一对多的讲话，是公开课的培训。目前很多企业的内训师，在招募的过程中都是自愿的，而部门经理、高管这样的管理者，都是必须兼任内训师的，原因就是，如果管理者不懂培训，那就无法带好团队，实现预期的业绩。

- **老板是培训师**

老板是公司的形象，公司没有钱，要去融资，要进行项目路演，要主讲自己的项目，将自己的梦想介绍出去，让投资人给予资金上的支持。公司没有合伙人，老板要从身边，甚至整个社会，物色优秀的人才，并进行一对一的培训，让对方辞掉原来的工作和他一起去打拼。公司草创时期没有员工，都是老板上台讲话，招募并培训公司的第一批员工。公司发展时期，各种活动都是老板出席，在大会上发言。这些都需要培训能力，这就更加说明老板也是培训师。

因此，企业每个员工在内部培训中做培训师都是完全称职的。

案例 5-6

上实发展：员工人人变老师 小讲台变大舞台

上海实业发展有限公司（简称上实发展）组织开展了"员工大讲台"活动，改变以往员工培训形式单一、内容固定的单向授课方式，让员工结合自身专业背景、工作实际以及兴趣爱好选定课题，通过直接讲授、互动交流和情景模拟等多种方式开展企业内训，实现企业员工培训"全员来参与、人人都讲课、周周有讲座"，切实提升了学习培训效果。一年来，上实发展累计举办大讲台活动84期，参与人员达1 000余人次。

创新培训方式，小讲台变成大舞台。制定团队公约，规范员工授课与听课的基本行为。每次讲座前，重申"团队公约"，确保培训有序、规范。创建网络学习平台，及时发布当月课程、最新动态，提供课件下载和在线学习及评估。网络学习平台既方便课程考勤，也拓宽了知识分享与交流渠道，拉近了公司本部与外地项目公司的距离。发放员工学习卡，记录员工参与大讲台的学习情况，通过设定员工听课次数来保证员工的参训率。使用大讲台印章，考勤并确认员工的实际参与情况。完善KPI考核指标，将员工参与培训的情况量化并纳入个人年度考核，通过将员工参加大讲台的次数以个人考核指标的形式予以记录，有效促进了员工学习的热情。员工大讲台已不仅仅是员工自我培训的平台，更成为展示员工和团队风采、孕育和培植企业优秀文化的"大舞台"。

增强员工素质，激发学习创新热情。"员工大讲台"活动逐渐成为员工学习、内部沟通和分享交流的平台。在这个平台上，员工从学生变成了老师，从配角变成了主角。为了做好授课准备，主讲人中，有的多次深入实地考察项目，有的多日备课至凌晨，更有的则是先行给家人进行了试讲。

在内网开设"学习收获"栏目，员工在网上分享学习心得，投票评选出20名"最受欢迎老师"。在"员工大讲台"活动中，公司党委挖掘并组建了一支优秀的员工讲师队伍。

完善培训机制，丰富大讲台形式与内容。上实发展"员工大讲台"活动开设了"专业大擂台""专业连连看""专业同分享"三个子模块。"专业大擂台"模块以部门、兴趣小组为单位，鼓励员工结合公司项目、业务实际和社会热点开展课题探讨，形成课题报告并进行汇报，提升员工专业技能和公司业务水平，活跃企业文化氛围；"专业连连看"模块根据各专业条线内部培训和提升的需要，提供平台或协助组织专业间、行业间的交流学习活动，并做好经验总结和成果积累工作；"专业同分享"模块不定期组织本部与项目公司的专业人员进行互访交流，分享专业心得，交流专业经验，通过建立评定机制，启动内部讲师选拔准备工作。

（资料来源：根据网络信息整理）

通过内部培训，员工会感觉到："原来我们每一位员工都这么亮丽，身上都蕴藏了无限的潜能。""这种培训，打破了传统的培训方式，不但可以展示员工风采，还搭建了员工之间交流分享的全新渠道。""这里人人是老师，人人是学生。""讲课前虽然有很大的压力，但对年轻人是一次难得的突破自我的机会。"

三、任务实现：人人都来讲讲课

1. 任务目的
菜鸟要想变大咖，可以先从自己感兴趣的和擅长的主题开始分享。做一件事何时开始最好，答案是现在，不要追求所谓的完美主义，先做了再说。

一个理念：人人都是培训师，人人都是分享者，人人都有好主题。

2. 任务描述
授课对象就是同班同学，选择自己喜欢的主题，准备 PPT，时长 20 分钟。培训材料准备好后，统一汇总。

同学们分组，在组内进行讲解分享，每个学生进行培训评分，包括 PPT 制作、内容的吸引力、讲解水平、仪表肢体语言、个人收获等方面。

3. 结果应用
对每组排名前三的同学进行表彰，如发奖状等；对排名倒数的同学，进行象征性的趣味"惩罚"，如男生做 10 个俯卧撑、女生做 10 个仰卧起坐等。

四、任务总结：力所能及关注组织建设和平台建设

组织建设包括组织发展、组织能力建设等；平台建设是指所在企业或部门的业务管理体系和培训平台。

组织的人员招聘是每个员工都可以关注的，比如内推招聘；而提升自身的能力和素质也是组织能力建设的一部分。业务管理体系服务于日常工作，使用过程中的优化"小"建议能使系统更好用，也是可以获得"大"鼓励的。培训平台更是与自身的成长息息相关。因此，看似"高高在上"的组织建设和平台建设，每个人一定要关注，因为它们会与日常工作密切关联。当你成长为公司的中高层管理者后，就更得心应手了。

第四节 "外部"视野

任务：拓展项目——七巧板

1. 任务描述
完成拓展项目——七巧板。

2. 任务分析
跨部门合作并不仅仅是部门领导的事情，我们每个人在工作中都会遇到。怎样才能做好呢？怎样才有体验呢？

实现准备	课堂活动	活动一：你跟客户确定见面时间怎么也该问问我吧？
	课堂讲解	跨部门合作是工作的重要部分
实现参考	课堂活动	活动二：人力资源部的无奈
	课堂讲解	如何做好跨部门协作
任务实现	课堂实训	完成拓展项目七巧板
任务总结	课后思考	跨部门协作需要多方位思考和全面落实

一、实现准备：跨部门协作是工作的重要部分

（一）活动一：你跟客户确定见面时间怎么也该问问我吧？

1. 活动目的
了解、体会跨部门沟通的实际情况，思考如何解决类似的问题。

2. 活动流程
（1）阅读案例

章某是某广告公司一位非常能干的客户经理，最近一直努力争取一家大客户的一整套策划业务。她与客户高层见过几次面，建议书也提交了，距离胜利似乎越来越近了。

星期一早上，章某刚进屋，客户的大老板打来电话："长话短说。我看了你的建议书，也看了你对手的。我们要星期四做决定。现在对你的视频创意我不很满意，你带上制片人来为我讲解一下。后面我都要出差，只有今天下午和明天上午有空。你什么时候来？"

这个老板脾气很暴，章某根本插不上嘴。她想尽量给创作人员争取一点时间："那明天上午十点怎么样？"

挂了电话，章某立即联系制作部负责视频创作王某，请她明天上午跟着去见客户。最坏的事情发生了："我跟百德公司约好了，明早要开会。谁都有客户要照顾啊。"

章某开始焦虑了："这客户非常重要，而且看来对手抢先了，大家都要支持销售。是你做的设计，不管有什么计划都必须去。"

王某："等等，小章。你跟客户确定见面时间怎么也该问问我吧？"

章某有点气急败坏："王某，要是设计做得好一点，就不会有这次会面了吧。"

王某:"章某,你怎么说话?建议书上每个字都经你同意的吧?要是你这个客户经理那么能干,不会看不出问题吧?再说了,对手做得好还不是人家对客户的需求把握得更准?"

你一言我一语,言辞越来越激烈。最后,惊动了各自的领导。

(2)分组讨论

- 造成沟通出现冲突的主要原因是什么?你觉得章某该怎么办呢?
- 如果你是王某的部门领导,你该怎么做呢?

(3)课堂分享

各小组安排1人分享小组讨论结论,其他成员可以补充,也可以分享不同观点。

(二)跨部门合作是工作的重要部分

一个企业无论规模大小,内部必然需要成立相互独立的部门,通过合理分工,让专业的部门、专业的人才干专业的事情,才能实现每个部门、业务单元有效运作,通过各个部门有效合作才能实现企业目标和组织绩效。

为了维持企业竞争优势,保持企业高效率,提高企业创新绩效能力,企业往往需要采取措施,通过问题导向和需求导向,加强跨部门信息交流,加强人与人之间的合作,促进跨部门协作能力,减少部门冲突,合理有效利用组织资源,提振组织活力、效率和绩效。否则,就会出现相互推诿、工作难以推动的情况。

1. 什么是跨部门合作

跨部门合作是能带来更好的决策和结果、带来方法创新以达到整个公司可持续发展的基本工具。

它确保了知识共享,所有关键问题和部门工作都得到适当的考虑,在适当的场合制订决策和采取行动。它在具体问题上,动用所有部门资源和利益以共同达到具体的目标,它并不替代每个部门在各自负责的项目上的责任。

案例 5-7

究竟是谁的问题?

销售部说下来一个新项目,需要短期内找10个技术员,向技术部提出需求。

技术部很恼火:"这么短的时间,让我去哪儿找10个人技术人员呢?为什么不提前沟通,让我们有准备的时间?"

销售部也很恼火:"单子没有签下来,我们也不能确定,也没有办法提前通知啊!"

技术部很干脆:"我们短时期内很难找,你们找人力资源部招吧!"

人力资源部更恼火:"你们都解决不了的问题推给我们,这么短时间我们怎么找?"

(资料来源:跨部门沟通与团队合作 百度文库2020年08月08日)

2. 跨部门合作的重要性

- 独木难撑大局,单打独斗的个人英雄主义时代已经过去。
- 公司大部分流程是若干部门共同合作来完成的,只有加强部门合作,才能共同协助、相互取长补短、提高作业效率并得以有效降低成本,一起实现理想。
- 对于公司内部而言,共同协作可以满足员工主观能动性等情感上的需求,共同实现公司经营目标。
- 对于公司内部而言,共同协作可以树立公司的良好形象,众志成城,成就大事业。

3. 跨部门合作的特点

在组织架构日益复杂的今天,靠一个人单打独斗完成工作或项目越来越难,也越来越不可能。我们都知道,几乎所有企业都在强调"团队合作"。这里的团队不光指的是同部门协作,还包括公司内部的跨部门合作,甚至是跨公司与客户团队一起工作。那么,跨部门合作有哪些特点呢?

- 和部门团队合作不同,跨部门协作具有时效性,项目结束,项目组随之解散。
- 目标一致,为实现既定目标共同合作。
- 由一个部门牵头,成员来自其他部门。牵头部门成员一般担任项目组负责人,或称项目经理。
- 项目成员基本是平级同事。项目经理和组员之间没有任何上下级汇报关系,无法使用行政命令要求成员,因此容易出现不积极、不配合的情形。
- 因为该项目只是每个成员日常工作的一部分,不同部门的本职工作量不同,所以完成效率不高。

正因为跨部门项目具有如上特点,要想使项目如期且高质量完成,就需要各个环节提高效率,否则,整个项目就会如一盘散沙,一再延误,拖沓不前。

4. 跨部门合作是员工工作的重要部分

跨部门合作是我们工作中重要的一部分,而且,这种跨部门合作的难度和复杂性会随着公司规模的扩大而更难和更复杂。

通常在企业中存在两种跨部门协作的工作内容,一种是常规性跨部门协作,主要是基于工作流程的上下游协作,因为是常态化存在的工作内容,往往部门之间经过磨合之后,能够在衔接效率、结果质量方面有所保障。另一种则是基于特定任务的跨部门协作,这是协作配合度出现问题的高发场景。

一般来说,跨部门协作出现配合度的问题往往表现为:

- **目标一致性的问题**

往往项目总体目标是统一的、明确的,但是分解到不同部门时,部门容易从自身职责的视角出发理解目标,忽视本部门所承担的子目标与其他关联子目标、总目标的关系,导致执行层面出现步调不同、结果质量要求不一致等情况,影响部门间协作的效果。

- **过程管理弱的问题**

对于跨部门的项目而言，如果是某个部门的负责人担任项目经理，情况往往还好些；如果是员工担任负责人，即便是资深专家级别的员工，由于项目组成员之间是平级关系，项目经理和项目组成员之间不存在任何硬性的汇报关系，无法用行政命令来要求项目组成员，也容易出现组员工作不配合、不积极的情况。

- **执行效率低的问题**

由于项目组成员在承担、完成项目工作的同时，往往还需要继续推进本部门、本岗位的既定工作任务，因此，在不同工作的优先级安排上，项目组成员往往有不同的考虑。尤其是在缺乏相关机制保障的前提下，项目组成员多半更倾向于将所在部门、岗位的工作优先考虑，毕竟其考核结果是由部门经理给出的，而不是项目经理。

案例 5-8

秦峰的工作何其难？

同事协作：一场活动需 5 部门合力

30 岁的秦峰，在重庆渝北某文化传媒公司上班："我主要做活动策划，例如一些酒店开业、公司周年庆等活动，有时接到大单需要公司其他部门支持。"

秦峰在公司做了 3 年多，是策划部的一名小组长。2019 年 5 月上旬，他接到公司安排的任务，当月底给永川一家酒店策划开业庆典，"根据客户喜庆热闹的要求，我策划了一场旗袍走秀活动，老板点头答应，参照策划方案执行。"

秦峰琢磨了一下，立刻召集公司策划部、设计部、工程部、活动服务部、摄影摄像部 5 个部门负责同事开会。之所以要惊动 5 个部门，秦峰解释说，策划部要负责完善活动细节，设计部设计宣传海报，工程部搭建舞台道具，活动服务部负责现场安保及执行，摄影摄像部则要拍照录像等，"只有 5 个部门通力协作，才能保证各环节不出错，否则客户不满意，活动就算搞砸了，谁也承担不起责任。"

单打独斗：每天成了"催命先生"

作为一名策划员，秦峰不仅要负责前期策划案，还要负责现场执行。"现在把所涉及的各个部门的同事加在一起有 13 人，跨部门重新调配成一个团队，类似情况以前很少遇到，困难可想而知。"

沟通对性格内向的秦峰来说是一大短板，更糟糕的是，他们每一个人手头上还有自己部门的事情，这场活动只是他们工作的其中一部分，"有的人整天嘴上'画饼'，就是不干事。"

因为都是各个部门的人，秦峰也不想耽误大家时间开会，只是通过邮件、微信群和电话与大家沟通，相互间也就习惯了单打独斗，出现问题也不及时汇报。

有一次，任务下达一周后，设计部迟迟交不出酒店宣传海报样刊，秦峰找到设计师催促,对方表示工作忙海报还没开始制作,还要再等两三天,等海报做出来也没及时传给秦峰审查,以至于后来根本没时间修改调整。

还有次安排工程部制作横幅,过了三天依然没回复,后来还是秦峰反复催三次才交上来。"不知道是我沟通能力有问题,还是其他原因,每次都要催促他们才会给我回应,一次还不行,还要反复催,我每天都成了催命先生了。"秦峰困惑道。

活动搞砸:老板责怪办事不力

一来二去,各部门的同事对秦峰的这场活动都不太上心。"我有几次分配下去的任务,其他部门同事都爱答不理,我特别想到老板那儿去说说,但总觉得这些琐碎的事情麻烦老板出面有些小题大做了,还是忍了。"

到了活动当天,秦峰惊讶地发现,公司设计的宣传海报上把酒店介绍都写错了,舞台音响效果也很差,更糟糕的是,活动现场人气惨淡。这下子让客户非常不满,并扬言要公司赔偿,经过秦峰好说歹说,客户才消气。

回到公司,老板召集策划部开会,话锋突然一转,就成了批斗会。"今天要批评那些工作不积极、不团结的人,尤其是秦峰,办事不力,有问题不及时沟通,客户对活动很不满,其他人要吸起这次教训。"

活动搞砸了,秦峰作为活动策划者,自然是逃不脱干系。秦峰对此毫无怨言,只是很郁闷,"跨部门协作,如果不催他们,我该怎么办才好。"

同事回应:

- 经常用命令语气催任务令人难受

老板经过核查了解到,活动搞砸是多个部门协作不力造成的,也不算秦峰一个人的失误。事后,公司还出了一项新规,以后所有策划活动至少由一名中层以上领导牵头,需要跨部门协作的就专门抽调人员成立临时团队,杜绝类似协作不力情况再次发生。

负责此次活动海报设计的宋先生说,平常不止一个活动需要设计,难免有顾及不了的地方,加上秦峰平常很少当面沟通,客户的需要也不能及时转达。"每次他来都是催任务,经常还以命令的口气,让人听了很难受,谁遇到都会多少有点脾气。"

- 七嘴八舌:

王鹤良(男,28岁,程序员):我就遇到过,有次客户要求开发登录软件,从研发到测试,再交付到客户手里,至少得五六个部门协作,但有的就是不按时交任务,导致时间一拖再拖,最后还跟着受罚。

张莉丽(女,30岁,人力资源经理):公司以前也发生过类似情况,最后还是从制度上来约束,每次任务都跟个人绩效挂钩,还有做跨部门的事,必须要得到领导的支持才能更好地完成,有领导支持的确能事半功倍。

王欣(女,28岁,采购员):遇到这样跨部门的事,还是好说好商量,就比如我,其他部门同事要采购物料,好好沟通心里舒服,办起事来效率也更高,如果是命令我做事,当然是能躲就躲,工作将心比心最好。

(资料来源:同事之间跨部门协作难如登天？网易 2019 年 09 月 17 日)

作为企业员工,我们不仅要学会做好当前部门的工作,而且更要做好跨部门沟通。当你做好了跨部门合作,你在领导眼里就不是单纯的"你"了,你是很多部门的优质对接人,价值更高了。

二、实现参考:如何做好跨部门协作？

(一)活动二:人力资源部的无奈

1. 活动目的
了解跨部门合作的难度,思考跨部门合作的沟通方法。

2. 活动流程
(1)阅读案例

某公司人力资源部牵头实施企业文化建设项目。为配合企业文化宣传,开始在各部门征集企业文化案例,要求每个部门根据部门人数比例在一周内提交一定数量的案例,并强调如不能按时提交,将给予通报批评。

谁知一周过去了,提交案例的部门不到一半。新来的人力资源总监苏珊很恼火:公司这么重要的工作,其他部门却不当回事！

这天,她找到负责销售的总监贾总,开门见山地说:"贾总,我知道你也很忙,咱们就长话短说,公司在征集企业文化案例,要求销售部提交 5 篇案例,可是你们部门却一篇也没交,这影响了公司企业文化建设工作的进行。贾总,你是公司的创业者,应该知道企业文化建设对于公司有多重要。这样吧,我再给你们两天时间,你们一定要把 5 篇案例提交上来。"

贾总看了看她说:"苏总,你来了有 2 个月了吧？你知道公司今年的销售目标是多少吗？你了解目前市场的状况吗？公司的工作都应该围绕业务进行,否则就是空话。"

苏珊没有想到贾总会说这样的一番话,感觉像是被噎了一下,

她也有点急了:"我知道你的业务重要,没有那个业务部门是不重要的,否则公司没有必要设立这个部门。但公司要长远发展,就不能只埋头做眼前的业务,必须要建设好企业文化,希望你能从大局考虑,配合公司的活动安排,"

贾总的回答很干脆:"这个,我们配合不了。"苏珊很生气:"那我就要上公司高管会通告。""你请便！"说完,贾总拂袖而去。

望着贾总的背影,苏珊直发愣:"这是怎么回事？难道我做错了什么？"

(2)分组讨论

• 贾总和苏珊沟通中发生冲突的主要原因是什么？

• 你觉得他们应该怎样考虑？怎样沟通？请修改他们的对话。

(3)课堂分享

各小组安排1人分享小组讨论结论,其他成员可以补充,也可以分享不同观点。

(二)如何做好跨部门协作

跨部门协作一直是职场人的一个难题,也是老生常谈的话题。它不像部门内部成员的合作,而是涉及多个利益方,难度是倍增的。两个部门的协作难度可以认为是1+1＞2,如果是三个部门,恐怕是1+1+1＞3,跨部门协作的复杂性可见一斑。

1. 如何推动跨部门协作

(1)引导各级主管改变自己的观念

很多企业的组织就像一口深井,这些深井团队各自为政,互不关联,只听从最上面的井口领导者,通过层层传递信息和指令,这种职能型的组织结构,形成了职能部门的封闭系统,部门与部门之间的成员互不往来,甚至很多都互不认识,还互相抢夺资源。

案例 5-9

公司内部协调工作实在太难了!

市场部小周找技术部支持一下客户工作,希望负责A项目的技术小刘到现场协助解决客户在体验产品时遇到的产品问题。

小刘说:"虽然现在手头上暂时没有其他工作,但是这个事情要技术部门领导同意后他才能去处理,因为技术部门有专门的要求;如果任何人在没有经过部门经理同意的情况下去做其他部门的事情要被扣绩效"。结果当天上午技术部部门经理去参加一个技术研讨会,开会期间手机关机,电话联系不上。

小周非常着急,只好联系了自己市场部的经理求助。市场部经理给小刘来了一个电话,说了客户那边的情况,希望小刘能够站在客户的立场上给客户解决问题。即使这样,小刘仍心存顾虑,始终没有动作。直到中午,小周终于电话联系上技术部的部门经理,这才通过技术部部门经理让小刘陪着去客户现场处理问题。

(资料来源:编者收集案例整理)

各级主管改善自己的观念是推动跨部门协作的基础。企业要打破部门墙,治愈好每个人习惯待在单独、封闭"深井"中不出来的"深井病"。各级主管要树立以下观念:

- 全局观念:放下本位主义,树立聚焦客户的全局观念。
- 理解支持:理解是合作共赢的前提,支持是跨部门协作的保障。
- 合作共赢:共赢是合作之因,合作是共赢之基。

(2)每个人学习人际合作的法则:主动、给面子、解决问题

随着观念的改善,逐渐让每个人都能坚持以下法则,在推动跨部门协作中会起到事半功倍的效果。

- 人际黄金法则：人需要被赞同。
- 通情达理法则：要想处理好事情，先处理好心情。
- 情感账户法则：情感就是利益，今天你能取出多少，取决于昨天你存进多少。
- 协同焦点法则：多说怎么做，少说为什么。

比如，说破还是不说破？要看默契。例子：A 找 B 帮忙，B 说好忙呀，发出了什么信号？

又比如，这事能为还是不能为？例子：如果是公司的事，肯定要办！但我现在没有人手，又发出了什么信号？

(3) 制定跨部门合作的落地措施

当大家形成了共同的认知基础与共通的思维习惯，就可以从以下五个方面制订与实施组织层面的行动计划，改善跨部门合作与交流的质量：

- 给大家充分发表意见的机会，表明立场，梳理利益，然后求同存异，找到最大利益公约数。
- 通过头脑风暴和系统思考方法，构思出多项解决问题的备选方案。
- 确立方案筛选标准，按照民主集中制原则，选出最佳决策方案。
- 决策实施过程中，建立健全业务流程的跨部门沟通与协作的接口，在明确部门与岗位职责的基础上，理清灰色地带。
- 搭建跨部门沟通协作桥梁，通过建立敏捷式双向沟通机制与实时交互信息平台，确保行动计划有效落实。

2. 跨部门协作的技巧

跨部门协作的技巧有很多，此处列举一二：

(1) 凝聚共识、有效沟通

达成合作绩效的过程常会有一些冲突，所以，在凝聚团队共识的过程中，要注意与团队所有成员合作达成成熟的决定。

为了设定的目标，把信息、思想和情感在个人或群体间传递，并达成共同协议。有效沟通的步骤包括事前准备、确认需求、阐述观点、处理异议、达成协议和共同实施等。

(2) 明确职责、规范作业

编写职务说明书，制定岗位职责表，明确跨部门合作责任，并制定作业说明书；拟订作业流程，规定前后手作业配合原则和作业手册。

(3) 遵守承诺、换位思考

守信是合作的基石，在跨部门合作业务中或在处理跨部门问题时，一旦做出许诺，必须按时、保质、保量，不打折扣地兑现；没有把握，不要轻易许诺；公司的各项制度、规章、作业规范所规定的内容是合作各方共同承诺的体现，必须信守执行。

部门合作需要各方互相了解、理解。换位思考是加强各方相互了解、理解的有效手段；换位思考的前提是了解对方，换位思考的核心是思考，是以对方或对方的业务开展为中心考虑问题,而最好的换位思考方式是岗位轮换。

(4)管理冲突、责任共担

冲突是阻碍合作的拦路石,但同时也是促进更加有效合作的催化剂。在强化冲突管理过程中,每次在讨论目标、责任分配的时候,冲突是最明显的。冲突并不可怕,唯有在冲突之下产生的共识,才是大家能一致共同遵守的目标。冲突的发生是合作的业务与原来的业务相比有了新的发展,是业务发展的矛盾,不能上升为个人矛盾或部门间的矛盾。在跨部门合作中,胸怀坦荡、互敬互让,是化解冲突最好的方式。

跨部门合作时,任何一个配合环节出了问题,都不仅仅是哪一个环节或哪一个部门的问题。跨部门合作不仅仅是某一个部门按作业流程规定做完自己分内的事情,亦有责任跟进和协助前后手完成任务。跨部门合作业务未达成预期指标的责任应由所涉部门共同担负。

(5)绩效分享

跨部门合作中绩效往往只体现在合作各方中的最末端一方,这是需要改进的。实质上,在跨部门合作中,离开任何一方,业务都不能正常开展,更无法产生预期的绩效。在跨部门合作中,分工不同,对于绩效贡献的比例亦不同。在绩效考核中对跨部门合作工作的绩效考评必须重视绩效分享问题。

(6)流程再造

流程就是完成业务、获得绩效的过程,流程再造提出了与以前解决思路(从企业内部寻找提高效率的突破口)完全不同的思路,"再造"就是"使流程最优"。

站在企业外面,先看看企业运作的流程哪些是关键,并使之尽量简捷有效,必须扬弃枝节(当然还包括可有可无的人)。过程如果不合理,就重新设计企业流程,再看看企业是否以流程作为企业运作核心,如果不是,将企业再造成围绕流程的新型企业。

3. 做好跨部门协作的步骤

(1)确定最高领导者

因为是跨部门协作,那么就不能各自为政了。但是,各个协作单元里的成员究竟要听谁的指挥呢?

这个时候就必须有一个最高领导者作为跨部门的中间人,这个角色可以不用从事具体的执行层面的工作,但是享有一定的决策权,而且往往做出比较少但是非常重要的决策。

中间人的确立也为多个部门之间的沟通架起了桥梁,可以召集各个部门的最高负责人和主管,在会议上了解各部门合作进展,以及突显出来的问题。与此同时,各部门之间也能及时同步信息,避免出现信息不对称的问题,导致"沟通鸿沟"。

(2)发起协作请求

这个步骤和上一步骤的先后顺序并没有什么严格的界限,可以同步进行。

发起协作请求最好正式些,以开启协作之路。通常,需要一封跨部门协作请求的邮件。邮件的内容可以简单说明一下协作的相关事宜,并且约好第一次跨部门协作会议,会上明确最高领导者、牵头人,及其几位重要的部门负责人,但是大可不必讨论那些细枝末节的问题,第一次会议主要是启动仪式,牵头人宣布协作计划、里程碑和协作制度的确立,分配主要的工作。毕竟最高领导者在场,时间都是宝贵的,不要纠结小问题。

此后,大大小小的各种会议会充斥整个跨部门协作的过程。如何高效地召开会议也是各级管理者的一门必修课。

(3)沟通,沟通,还是沟通

跨部门协作的过程有大量的信息需要在各个干系人之间传达。为了能让这些信息更为精准无误地到达目标,需要进行大量的沟通工作。不得不说,沟通是一项极具技巧性的能力。在实际工作中,运用这项技能有一些注意的事项。

• 站在对方角度表述

因为在实际协作的过程中,不免会与不同层次、不同职位、不同知识背景的人打交道。设想以下情景:

一位项目经理对技术不甚理解,当他面对开发人员,该如何表达自己的想法?

仍然是那位项目经理,当他面对运营人员,又该如何表达自己的想法?

……

这种情景时常会遇到,其特点就是不太擅长某项技能的人面对这项技能的专业人员,该如何进行沟通。

首先,态度一定要温和,这不是去找碴,而要抱着谦逊的学习姿态。

其次,有问题说问题,将表象说清楚,并诚恳地请求对方的帮助,切忌先入为主,"替"对方做出决策。

再次,花些时间研究自己不太擅长的技能,不求甚解,但也不可一知半解,只求能在沟通的过程中,使用双方能听得懂的专业术语,以期提高沟通效率。

• 站在对方角度思考

在协作过程中,明明分配了一项工作,但是却迟迟得不到贯彻,或者执行进度缓慢。工作无法切实推动是一个令人抓狂的问题。这个时候千万要冷静,因为稍不慎,情绪管理不当,就会陷入"争执"的局面,到那时候就难以收场了。

接着需要思考对方为什么迟迟没有执行。原因可能有很多:

➢ 低估了这个任务的难度,对方需要花费比预期更多的时间。

➢ 发现这个任务还需要其他人员配合完成,这也是事先没有预见的。

➢ 这个任务在对方看来并不紧急,不在近期的工作计划内。

➢ 即使完成了这个任务,对对方来说也无关痛痒,最重要的是,对提升绩效考核没有大的帮助。

➢ 可能因素:私人恩怨,阳奉阴违,明争暗斗。

• 找对人

沟通对象很重要,如果沟通对象没找对,无疑是在浪费彼此的时间。这在跨部门协作中的很多方面有所体现,比如召开会议,不要每次都是全员,或者召集了一些看似有关系,其实可有可无的人员。

如果找不对人,那么极有可能是存在一些潜在的问题,部门之间的协作还是不到位。

(4)冲突管理

冲突管理其实算是沟通的一项重要技能。因为这项技能太重要了,所以,这里给出一些建议。

首先,我们需要把握一个原则:任何一项冲突随时都有可能升级成大问题,无论大小。

其次,冲突管理正是考验一个人的情商所在,因为所有冲突问题都可以归结为"人"的问题,而人是有思想、有感情的动物,人不像机器,能做到说一不二,正因为有独立的人格和意志,管理者才需要费尽心思去揣摩和剖析冲突的关键点在哪,以便更好地解决冲突。

大部分人的做法都提到了一点:搞好私人关系。没错,这就是个人情商的体现。如果再上升一个境界,那就是一个管理者能洞察人性,在他眼里,什么冲突都不是问题了。再列举几个常见的处理方式:

➢发现他人的长处,并让其在擅长的领域发挥作用。
➢积极肯定他人的工作成果,必要时,在公众场合进行表扬和奖励。
➢不要高姿态,学会退让,有原则地妥协。
➢吃亏是福,主动承担一些责任,比那些事不关己高高挂起的做法更容易取得他人的信赖。
➢做一名认真耐心的倾听者。
➢言必行,行必果,在跨部门团队中树立威望。
➢求同存异,能够容忍人与人之间的性格差异。

最后,沟通还有一个升级原则,当发现一项冲突无法通过一己之力解决,那么可以请求上级的干预,由上级与对方的上级进行必要的交涉。当然,沟通升级也要慎用,用多了的话,领导可能认为这位管理者沟通协调能力还不够强。

(5)善用工具

工欲善其事,必先利其器,如今的社会早已脱离了低效机械化的体力劳作时代,信息化时代,企业最注重效益。如果能有几样"神器"傍身,也能帮助我们跻身为高效能人士!

• 沟通工具

工具可大可小,最可靠的工具就是人的五官和四肢。此外,还有一些基础的工具,类似邮箱、电话和各类的即时通信系统(如微信、钉钉、Welink)等。

其实,面对面是最有效的沟通工具,但是如果缺乏必要的记录手段,存在"沟通漏斗",也可能成为最低效的沟通工具。因此,沟通时要做好沟通记录,在当面沟通结束之后,需要及时整理总结,再发一封沟通纪要的邮件给相关人员。

即时通信(IM)系统也不例外。某种程度上,IM系统可以有效代替面对面沟通,但还是要强调记录,将一些重要的消息历史记录截图或者导出保存在本地电脑上。

• 工作任务工具

Microsoft Office 套件可是这类工具的经典,除了常用的 Word、PowerPoint、Excel 这

三类经典中的经典,还有 Visio、Project 这类优秀的工具。

而国产软件如 WPS 等,由于了解国内用户的需求,有后发优势,也越来越受到青睐。近些年来,各种项目管理、团队管理、任务管理等工作的管理工具层出不穷,也产生了一批后起之秀。当然,工具不在于用得多,而在于用得精。

(6)复盘总结

到做复盘总结,意味着跨部门协作终于要告一个段落了,当然是要善始善终,所以,一次复盘总结会议是必须召开的。

会议的形式可以多种多样,可以轻松,也可以严肃,这就要看企业文化了。但是,必要的几个议程包括:

➤最高领导者发言,应该围绕此次跨部门协作的过程而展开的。

➤负责人汇报完成情况,罗列重要的指标数据。

➤兑现承诺,奖金该发就发,该表扬的就表扬,该提出改进的也不能落下。

其实,跨部门协作可大可小,但是无论规模大小,其过程是一样的,技巧也是一样的,解决了"人"的问题,接下来的一切都不是问题。

所以,跨部门协作的牵头人不是每个人都能胜任的,这项工作对其综合性素养要求较高,每个置身其中的人,或多或少都会有一些收获和感悟。

4. 跨部门协作的实例

(1)跨部门难协作的类型

你是否常见图 5-6 这样的跨部门难协作类型?这几类都不是好的跨部门协作的典型情况,工作中要避免这些情况的发生。

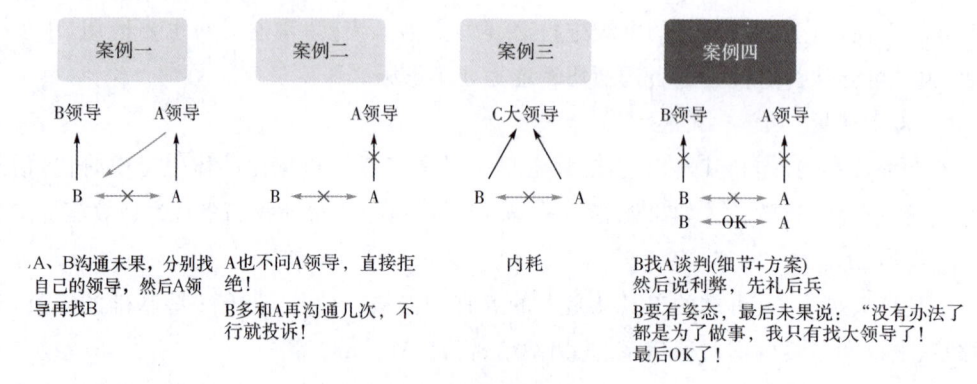

案例一：A、B沟通未果,分别找自己的领导,然后A领导再找B

案例二：A也不问A领导,直接拒绝! B多和A再沟通几次,不行就投诉!

案例三：内耗

案例四：B找A谈判(细节+方案)然后说利弊,先礼后兵。B要有姿态,最后未果说:"没有办法了都是为了做事,我只有找大领导了!"最后OK了!

图 5-6 跨部门难协作类型

(2)别人找你进行跨部门协作,应该怎么做?

• 明确你的权力

如何提升权力和影响力呢?考虑展示自我和经营自我。

• 这事该不该办

如何判断这事该做不该做?要站在领导的角度去思考,这样,你的影响力会上升。即使判断不该干,也一定不能直接说"不能",要找到合适的沟通方式。

- **一定要表态**

打电话或见面说明你是支持的、关心的。

先讲大义,比如,你的事,就是公司的事,公司的事就是我的事;再告诉对方我会怎么做,包括个人付出和支持的方法等。

(3)你如何去协调别人呢?

- **目的**

请他帮忙,并且能优先做你的事。

- **当你提出请求、遇到困难时**

可能遇到的困难包括:精力、时间确实不够;对方认为这事不重要;你的态度、方式,对方不能接受;曾经双方有不满或隔阂;你找错了沟通对象,有可能他真的没有能力去做你需要的事等。

- **让对方重视**

方法有:帮对方分析利弊,引起重视。可能还会出现,对方并不认为他自己不重视(事前要告诉他重视的标准);他不认为这事这样做很重要。

当发现说服不了他,就用表明做成此事对他的好处以及自己以后也会帮他等方式去沟通。

那如何做一个有面子的人呢?需要有权力或有影响力、有才华等,总之,要在工作中树立影响力、建立良好的工作品牌。每次展示才华时,要认真对待,千万不能不说或胡说。

- **表达方式**

沟通时要肯定对方的付出,并赞美对方。比如,有个项目推进,需要你们的支持,看你平时那么忙,这事肯定要占用你的额外时间,不好意思啊!如图 5-7 所示。

图 5-7 如何去协调别人

(4) 做一个不投诉的人

找对方式最重要,在跨部门沟通时,不要对对方进行批评,只讲客观事实,有理有据,也可以讲讲自己的感受,一定要尽量做一个不投诉的人。

- 觉得对方和领导关系比我好,投诉了会被骂。
- 自己忍忍还是可以做的,投诉了也没用。
- 不给领导找麻烦。
- 投诉的话,领导肯定会觉得自己无能。

三、任务实现:完成拓展项目活动——七巧板

1. 项目简介

分至七组,模仿公司里的不同部门。这七组要组成各个小团队完成项目分配的复杂任务,在任务进行的过程之中体验跨团队沟通、团队合作、信息共享、资源配置、创新观念、高效思维、领导风格、科学决策等管理主题,系统整合团队。

2. 项目说明

(1) 项目场地

- 户外类型:选取一块平整场地,最小 4×4=16 平方米。
- 室内类型:最小 4×4=16 平方米,可以用来进行项目即可。

(2) 项目道具

- 每组若干把椅子,按照图 5-8 位置摆好。每个组之间要距离 1.5 米,实际上七个组为一个正六边形的六个顶点和一个中心点。
- 五种颜色的七巧板,共 7×5=35 块。材料可以选择硬纸板、塑料板或者有机玻璃板。制作方法:先选择五种颜色同种材料的正方形,然后按照图 5-9 右图将正方形分成七块,这样 5 种不同颜色的正方形被分成 35 块七巧板。
- 任务书(后面的内容会提到)一至七组各一张,共 7 张。图一至图七(后面的内容会提到),各一张,共 7 张;图 5-9 左图长方形图八、右图正方形图九各一张。

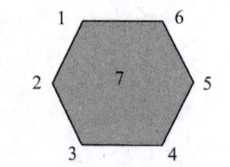

图 5-8 活动小组位置安排

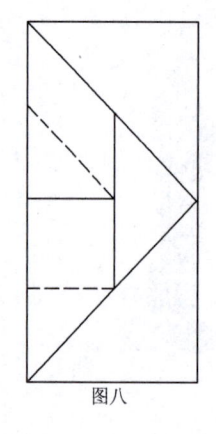

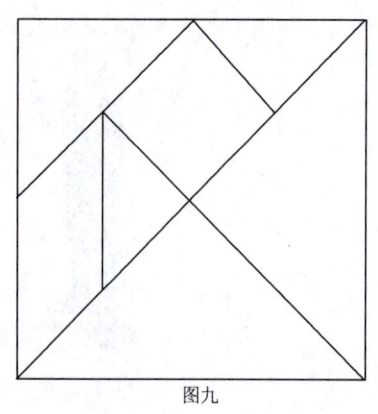

图 5-9 项目用图

- 按照图 5-10 做好的积分表一张或直接在白板上做记录。

	图一	图二	图三	图四	图五	图六	图七	图八	图九	总分
1										
2										
3										
4										
5										
6										
7										

图 5-10　七巧板活动积分表

（3）各组任务书
- 第一、三、五组任务书（图 5-11）

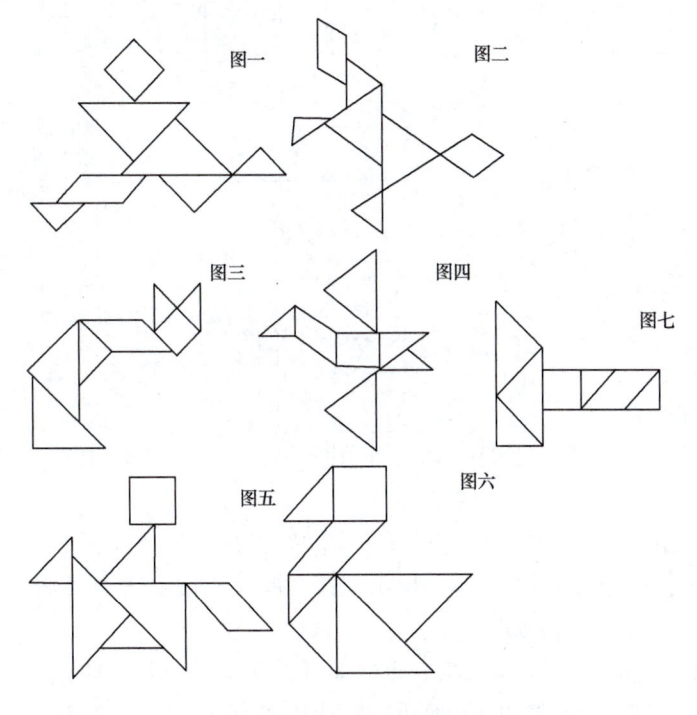

图 5-11　第一、三、五组任务书

你们组的任务是：

➤用五种颜色的图形分别组成图一至图六，每完成一个图案将得到 10 分，小计 420 分。

➤用同种颜色的图形组成图七，每完成一个图案将得到 20 分，小计 140 分。

➤用三种颜色的七块图形组成图八的长方形，每完成一个图案将得到 30 分，小计 210 分。

➤接受第七组安排的任务，每完成一个图案将得到 40 分，小计 280 分。

每完成一个图案,请通知培训师,培训师确认后,将登记分数,累计目标达到1 000分。

• 第二、四、六组任务书(图5-12)

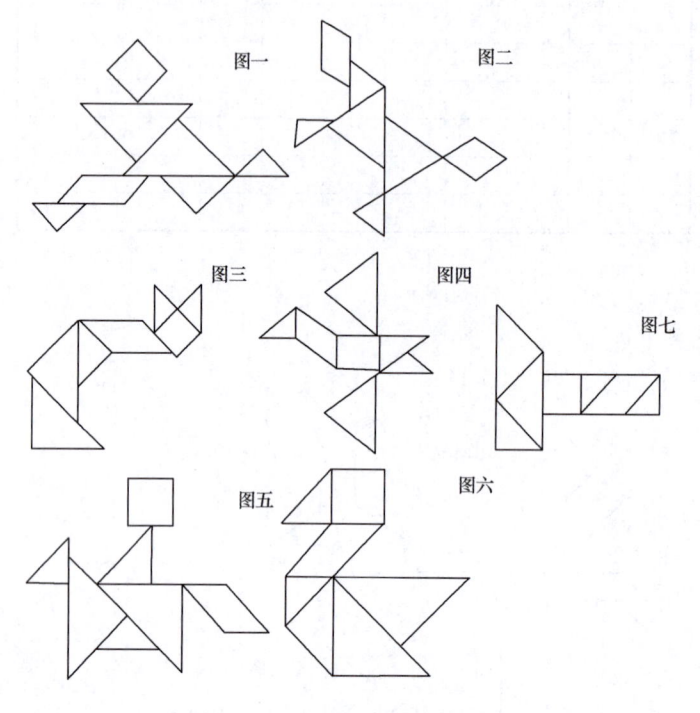

图5-12 第二、四、六组任务书

你们组的任务是:
➢用同种颜色的图形分别组成图一至图六,每完成一个图案将得到10分,小计420分。
➢用五种颜色的图形组成图七,每完成一个图案将得到20分,小计140分。
➢用三种颜色的七块图形组成图八所示的长方形,每完成一个图案将得到30分,小计210分。
➢接受第七组安排的任务,每完成一个图案将得到40分,小计280分。

每完成一个图案,请通知培训师,培训师确认后,将登记分数,累计目标达到1 000分。

• 第七组任务书
你们组的任务是:
➢支持其他各组成员,在规定时间内得到更多的分数,其他各组总分的10%将作为你的加分奖励,六组全部完成任务,你们将获得超过500分。
➢指挥其他各组成员,用所有的35块图形组成正方形(图九),每个正方形必须由同种颜色的7块图形组成。每完成一个正方形图案将得到20分,一共700分。

你们的任务目标也是要达到 1 000 分。

3. 七巧板项目规则与操作
- 分为七个组。把七个组成员分别带到摆好的椅子坐好,宣布七组的编号。
- 向所有成员宣布:这个项目叫"七巧板"。
- 大家所坐的椅子是不得移动的,否则每次扣 5 分。
- 在项目进行过程中,所有人的身体不得离开你们所坐的椅子,否则每次扣 5 分。
- 不允许传递任务书,否则扣 5 分。
- 只可以与相邻的一组相互传递七巧板,如要与不相邻的一组传递只能由第 7 组传递,否则每次扣 5 分。
- 你们的任务写在任务书上,完成任务,会有积分,全队在规定的 40 分钟内,总分达到 1 000 分,团队才算项目成功。
- 把混在一起的 35 块七巧板随机发给七组,每组 5 块。提醒学员在项目中使用七巧板时注意安全,只能用手传递,严禁抛扔;否则每次扣 5 分。
- 然后将图一至图七按顺序发给 7 个组,最后将任务书一至七按顺序发给七组。
- 向所有成员宣布:现在项目 40 分钟计时开始,请大家遵守规则,注意安全。

4. 项目回顾、总结、分享
- 觉得自己团队做得好的地方?做得不足的地方?
- 解释跨团队沟通;解释"赢"——奉献、沟通、时间、资源、细节。
- ……

更多的分享、总结和启发,请扫描二维码阅读。

七巧板项目总结

四、任务总结:跨部门协作需要多方位思考和全面落实

在任何组织里,长期沟通不畅,部门间人际关系紧张,团队凝聚力差,会导致运作效率低、管理成本增高等,将直接影响到企业目标的实现。

有效地开展跨部门协同可以使合作顺畅,使复杂问题在多个环节配合下得以解决,把不可能变成可能,使工作效率大大提升。

只有切实了解并熟练运用跨部门沟通的技巧,了解跨部门沟通的改善方法,我们才能更好地降低跨部门沟通的内耗,全面提升工作效率,实现个人和企业的目标。

参考文献

[1] 黄勋敬.领导力模型与领导力开发.北京:北京邮电大学出版社,2008.
[2] 许慧清.培养医科女大学生职业素养的探索和思考.温州医科大学学报,2005年03期.
[3] 谭燕.订单式高职院校学生职业素养训练探讨.合作经济与科技,2017年06期.
[4] 吴献文.基于PDCA模式的高职生职业素养训练探索与实践.中国多媒体与网络教学学报,2019年10期.
[5] 邵政.高职院校学生职业素养培养途径研究.职教通讯,2018年23期.
[6] 如椽巨笔.如何正确理解领导的工作意图？知乎,2020-06.
[7] 张应春.如何做到事毕回复？2017-03-15.
[8] 案例研究:不可思议的每日培训.培训,2016-11-27.
[9] 不会汇报工作,还敢当财务经理？搜狐网,2016-11-08.